Zwischen Sprache und Geschichte

TREFFPUNKT PHILOSOPHIE

Herausgegeben von Matthias Kaufmann

BAND 16

Zu Qualitätssicherung und Peer Review der vorliegenden Publikation

Die Qualität der in dieser Reihe erscheinenden Arbeiten wird vor der Publikation durch einen Herausgeber der Reihe geprüft.

Notes on the quality assurance and peer review of this publication

Prior to publication, the quality of the work published in this series is reviewed by one of the editors of the series.

Giuseppe Cacciatore / Matthias Kaufmann /
Fabrizio Lomonaco (Hrsg.)

Zwischen Sprache und Geschichte

Vicos Methode beim Umgang mit Recht und Naturrecht

PETER LANG

Bibliografische Information der Deutschen Nationalbibliothek
Die Deutsche Nationalbibliothek verzeichnet diese Publikation in der Deutschen Nationalbibliografie; detaillierte bibliografische Daten sind im Internet über http://dnb.d-nb.de abrufbar.

Umschlagabbildung:
Giambattista Vico, De Universi Juris Uno Principio, et Fine Uno,
a cura di Fabrizio Lomonaco, Napoli: Liguori Editore

ISSN 1619-585X
ISBN 978-3-631-78733-5 (Print)
E-ISBN 978-3-631-78734-2 (E-PDF)
E-ISBN 978-3-631-78735-9 (EPUB)
E-ISBN 978-3-631-78736-6 (MOBI)
DOI 10.3726/b15517

Peter Lang – Berlin · Bern · Bruxelles ·
New York · Oxford · Warszawa · Wien

Diese Publikation wurde begutachtet.

www.peterlang.com

Inhaltsverzeichnis

Siglenverzeichnis

BCSV	«Bollettino del Centro di studi vichiani».
CMA3	Miglioramenti ed Aggiunte Terze, in *SN30 XIII H 59.*
DA	*De Antiquissima Italorum Sapientia con gli Articoli del «Giornale de' Letterati d'Italia» e le Risposte del Vico,* a cura e con introduzione di F. Lomonaco, postfazione di C. Megale, Napoli, Diogene edizioni, 2013.
DA 2005	*De Antiquissima Italorum Sapientia*, a cura di M. Sanna, Roma, Edizioni di Storia e Letteratura, 2005.
DAD	*Liber metaphysicus (De Antiquissima Italorum Sapientia liber primus) 1710. Risposte 1711–1712,* übers. von S. Otto und H. Viechtbauer, München, Fink, 1979.
DAE	*On the Most Ancient Wisdom of the Italians unearthed from the Origins of the Latin Language.* Including the Disputation with the «Giornale de' letterati d'Italia», translated with introduction and notes by L. M. Palmer, Ithaca-London, Cornell University Press, 1988.
DC	*Liber Alter qui est De Constantia jurisprudentis* (1721), in *OG*.
DC 1936	*De constantia iurisprudentis,* in *De uno 1936.*
DC 2013	*De constantia iurisprudentis, Liber Alter qui est De Constantia jurisprudentis* (Napoli, 1721, con postille autografe, ms. XIII B 62), a cura di F. Lomonaco, Napoli, Liguori editore, 2013.
De rat.	*De nostri temporis studiorum ratione,* a cura e con introduzione di F. Lomonaco, Napoli, Diogene edizioni, 2014.
De rat. 1971	*De nostri temporis studiorum ratione*, in *OF.*
De rat. 1990	*De nostri temporis studiorum ratione,* in *O.*
De rat. 2000	*De nostri temporis studiorum ratione*. Prima redazione inedita dal ms. XIII B 55 della Bibl. Naz. di Napoli. Indici e ristampa anastatica dell'edizione Napoli 1709, Firenze, Olschki, 2000.
De rat. D	*Von Wesen und Weg der Geistigen Bildung,* übers. Von W. Otto, Godesberg, Helmut Küpper, 1947.

De rat. E	*On the Study Methods of Our Time*, translated with an introduction and notes by E. Gianturco, préface by D.Ph. Verene, Ithaca-London, Cornell University Press, 1990.
De uno	*De universi juris uno principio, et fine uno* (1720), in *OG*.
De uno 1855	*Dell'unico principio e dell'unico fine dell'universo diritto*, a cura di C. Giani, Milano, Lombardi, 1858 [1855].
De uno 1936	*Il diritto universale*, a cura di F. Nicolini, Bari, Laterza, 1936.
De uno 2007	*De universi juris uno principio, et fine uno* (1720), a cura di F. Lomonaco, Napoli, Liguori, 2007.
De uno D	*Von dem einem Ursprung und Ziel allen Rechtes,* übers. von M. Glaner, Wien-Salzburg, Braumüller, 1950.
Epistole	*Epistole con aggiunte le Epistole dei suoi corrispondenti,* a cura di M. Sanna, Napoli, Morano, 1992.
IL	*Le iscrizioni e le composizioni latine*, a cura di G. G. Visconti, Roma, Edizioni di Storia e Letteratura, 2013.
Notae	*Notae in duos libros* (1722), in *OG*.
Notae XIII B 62	*Notae in duos libros* (Napoli, 1722, con postille autografe, ms. XIII B 62), a cura di F. Lomonaco, presentazione di F. Tessitore, Napoli, Liguori, 2013.
Notae AEE	*Vindication of Vico. Notes of Giambattista Vico on the Acta Eruditorum of Leipzig of the month of August in the year 1727*, translated by D. Ph. Verene, in *Giambattista Vico. Keys to the New Science*, ed. by T. I. Bayer and D. Ph. Verene, Ithaca, Cornell University Press, 2009.
O	*Opere*, a cura di A. Battistini, 2 tt., Milano, Mondadori, 1990.
Obras EdU	*Obras. el Derecho Universal*, presentación de E. Hidalgo-Serna y J. M. Sevilla. Edición, introducción, traducción del latín y notas de F. J. Navarro Gómez, Rubí (Barcelona), Anthropos Editorial, 2009.
OF	*Opere filosofiche*, introduzione di N. Badaloni, a cura di P. Cristofolini, Firenze, Sansoni, 1971.
OG	*Opere giuridiche*, a cura di P. Cristofolini, Firenze, Sansoni, 1974.
OHE	*On Humanistic Education (Six Inaugural Orations, 1699–1707)*. From the definitive latin text introduction and notes of G. G. Visconti, translated by G. A. Pinton and A. W. Shippee, introduction by D. Ph. Verene, Ithaca-London, Cornell University Press, 1993.

Or. I…VI	*Le Orazioni inaugurali I-VI*, a cura di G. G. Visconti, Bologna, il Mulino, 1982.
Poesie	*Poesie*, in *O*.
PoesieL	*Versi d'occasione e scritti di scuola*, Bari, Laterza, 1941.
Risp. I	*Risposta del Signor Giambattista di Vico nella quale si sciogliono tre opposizioni fatte da dotto Signore contro il primo libro «De antiquissima italorum sapientia» ovvero Metafisica degli antichissimi italiani tratta da' latini parlari* (1711), in *DA*.
Risp. II	*Risposta di Giambattista Vico all'articolo X del tomo VIII del Giornale de'Letterati d'Italia»* (1712), in *DA*.
Sinopsi	*Sinopsi del Diritto universale* (1720), in *OG*.
SN25	*Principj di una Scienza Nuova intorno alla natura dellenazioni per la quale si ritruovano i Principj di altro sistema del diritto naturale delle genti (…).* In Napoli, per Felice Mosca, 1725, ristampa anastatica a cura di T. Gregory, Roma, Edizioni dell'Ateneo & Bizzarri, 1979, poi a cura e con introduzione di F. Lomonaco, Napoli, Diogene edizioni, 2014.
SN25E	*The First New Science,* edited and translated by L. Pompa, Cambridge, University Press, 2002.
SN30 XIII H 59	*Cinque libri di Giambattista Vico de' Principj d'una Scienza Nuova d'intorno alla comune natura delle Nazioni in questa seconda Impressione con più propia maniera condotti, e di molto accresciuti (…),* Napoli, Mosca, 1730, ed. anastatica dell' esemplare postillato, ms. XIII H 59, a cura di F. Lomonaco e F. Tessitore, con una *Nota* di M. Sanna, Napoli, Liguori editore, 2002.
SN30	*Cinque libri di Giambattista Vico de' Principj d'una Scienza Nuova d'intorno alla comune natura delle Nazioni in questa seconda Impressione con più propia maniera condotti, e di molto accresciuti (…),* Napoli, Mosca, 1730, edizione critica a cura di P. Cristofolini, con la collaborazione di M. Sanna, Napoli, Guida, 2004.
SN44	*Principj di Scienza Nuova di Giambattista Vico d'intorno alla comune natura delle Nazioni in questa terza Impressione dal medesimo Autore in un gran numero di luoghi corretta, schiarita, e notabilmente accresciuta.* In Napoli, nella stamperia Muziana, a spese di Gaetano, e Stefano Elia, 1744, edizione critica a cura di P. Cristofolini e M. Sanna, Roma, Edizioni di Storia e Letteratura, 2013.

SN44 1990	*Principi di una scienza nuova d'intorno alla comune natura delle nazioni* (1744), in *O*.
SN44D	*Prinzipien einer neuen Wissenschaft uber die gemeinsame Natur der Volker,* übers. von V. Hösle und Ch. Jermann, Hamburg, Meiner, 1990.
SN44E	*The New Science of Giambattista Vico,* unabridged Translation of the Third Edition (1744) by Th. G. Bergin and M. H. Fisch, Ithaca-New York, Cornell University Press, 1948.
SN44E[2]	*The New Science of Giambattista Vico.* Unabridged Translation of the Third Edition (1744) with the Addition of «Practic of the New Science» by Th. G. Bergin and M. H. Fisch, Ithaca-New York, Cornell University Press, 1976.
UR	*Universal Right*, translated from latin and edited by G. A. Pinton and M. Diehl, Amsterdam-Atlanta Rodopi, 2000.
Varia	*De mente heroica e gli scritti latini minori*, a cura di G. G. Visconti, Napoli, Guida, 1996.
Vita	*Vita scritta da se medesimo,* introduzione e cura di F. Lomonaco, postfazione di R. Diana e contributo bibliografico di S. Principe, Napoli, Diogene edizioni, 2012.
Vita 1990	*Vita di Giambattista Vico scritta da se medesimo*, in *O*.
Vita 2007	*Vita di Giambattista Vico scritta da se medesimo,* in *Opere,* a cura di A. Battistini, Milano, Mondadori, 2007.
Vita D	*Autobiographie*. Nach dem Text von 1725, den Erg. von 1731 und dem Zusatz von Villarosa mit erklärenden Anm. und einer Einf. in Vicos philosophische Bedeutung, hrsg. von V. Rüfner, Zürich, Occident, 1948.
Vita E	*The Autobiography of Giambattista Vico*, translated from italian by M. H. Fisch and Th. G. Bergin, Ithaca-London, Cornell University Press, 1944; then Ithaca-London, Cornell University Press, 1975.

Giuseppe Cacciatore, Matthias Kaufmann, Fabrizio Lomonaco

Einführung

Die komplizierte geopolitische Lage der gegenwärtigen Welt stellt die kritisch reflektierenden Menschen aller Nationen vor entsprechend komplexe ethisch-juridische Fragen, denen sich noch kein vorangegangenes Zeitalter mit vergleichbarer Dringlichkeit gegenüber sah. Der Wegfall einiger geographischer wie kultureller Grenzen, die traditionell als Wasserscheiden zwischen den diversen, für gewöhnlich als „Kulturen" oder „Zivilisationen" bezeichneten menschlichen Siedlungszonen dienten, zumindest mehrheitlich so wahrgenommen wurden, bringt Moralvorstellungen und Rechtssysteme in kontinuierlichen und direkten Kontakt, die sich über Jahrhunderte in relativer Unabhängigkeit von einander entwickelt hatten. Dieser Kontakt macht es schwieriger, Konflikte und divergierende Sichtweisen durch eine schlichte Einteilung in „wir" und „sie", Freund und Feind zu vereinfachen.

Das Problem stellt sich mit besonderer Intensität für die rechtsstaatlich verfassten Nationen mit demokratischer Regierung (ob eher liberal oder kommunitarisch ist dabei ebenso nebensächlich wie die genaue Kodifikation der Verfassung). Seit der Französischen Revolution zählen die meisten demokratischen Systeme eine besondere Art des Universalismus zu ihren leitenden Prinzipien: den *Universalismus der Rechte*. Dieser induziert sowohl in der ethisch-juridischen Theorie, als auch in der politischen Praxis eine *Spannung* angesichts einer expansiven Tendenz jenes Rechts, welches die beiden anderen fundamentalen demokratischen Prinzipien garantiert und potenziert: die Freiheit und die Gleichheit. Wenngleich diese *Spannung* häufig durch kontingente Entwicklungen der historisch-politischen Wirklichkeit überdeckt wird und wenngleich die Definition und die Umsetzung dieser Prinzipien erheblichen Variationen unterliegt, je nachdem, ob man sich auf *Menschen oder Bürger* bezieht, so bleibt doch der *Universalismus der Rechte* zumindest nominell ein grundlegendes Kennzeichen der modernen Demokratien. Dazu gehört sowohl die Anerkennung (innerhalb des Staates) der grundlegenden Rechte – wie etwa das Recht auf Leben, auf Freiheit, auf moralische Autonomie und die Freiheit des religiösen (oder nicht-religiösen) Bekenntnisses der einzelnen Individuen, als auch der universelle Einsatz für eben diese Rechte. Lassen sich angesichts der massiven Migrationsbewegungen unserer Tage unter diesen Voraussetzungen ein nationales Verfassungssystem und ein nationales Ethos beibehalten, ohne die legitimen ethisch-juridischen Ansprüche von Bürgern aus anderen, dem Gastland oft radikal fremden Kulturkreisen zu beeinträchtigen? Können zudem auf transnationaler Ebene diese verschiedenen Universen ohne Konflikt miteinander kommunizieren, falls ihre Rechtssysteme auf inkompatiblen Vorannahmen basieren? Lässt es sich schließlich vermeiden, dass die mit der Harmonisierung unterschiedlicher Werte einhergehende, angebliche „Lockerung" der auf die politische Gemeinschaft bezogenen Moral das Bürgerethos selbst verwässert? Was in den achtziger Jahren des 20. Jahrhunderts oft wie ein akademischer Streit, etwa zwischen Liberalen und Kommunitariern, erschien, erhält nunmehr unmittelbare politische Brisanz.

Auch auf diese Fragen versuchte die internationale Tagung über Giambattista Vico, die 2015 in Halle stattfand, mögliche Antworten zu ermitteln. Die hier publizierten zugehörigen Akten gehen von Vico als Philosophen und Historiker seines Zeitalters (dem 18. Jahrhundert Montesquieus und Kants) aus, um mit ihm einige Denker der frühen Neuzeit (aus dem Kreis der Spanischen Scholastik) und der Neuzeit (Bacon, Descartes, Galileo, Grotius und Spinoza) zu Wort kommen zu lassen. Der Leitgedanke ist, dass die Auseinandersetzung mit diesen Autoren, mit ihren zentralen Themen, vom Naturrecht zum Rechtspositivismus etc. in Verbindung mit dem stets legitimen Interesse an der Geschichte Einblicke in die Entwicklungsgeschichte gegenwärtiger Problemlagen und durch die Analyse der Gemeinsamkeiten und Unterschiede zudem Einsichten in deren Struktur vermittelt. So entsteht eine Verbindung zu gegenwärtiger Philosophie und politischer Theorie über Fragen des Bürgerseins (cittadinanza, citoyennité), der Inklusion und der Alterität, welche die Bestimmung einiger universeller Prinzipien erfordern, die mit den Grundsätzen rationaler Moral und der Menschenrechte zusammenfallen. Es gilt, die interkulturelle Kommunikation sicherzustellen, ohne eines der beteiligten Subjekte – seien es Individuen oder ganze Gesellschaften – zu übergehen und zugleich den Respekt vor der grundlegenden Menschenwürde zu garantieren.

Es ging uns darum, das Wissen um die Position Vicos innerhalb der zeitgenössischen Debatte über das Naturrecht zu vertiefen und seine Synthese von Philosophie, Philologie und Recht in ihrer Relevanz für die moderne Identität der *gentes* – ob nun Völker, Staaten oder Nationen – und im Vergleich zu den abstrakten Ausarbeitungen des protestantischen Naturrechts eines Grotius, Pufendorf und Selden einzuordnen. Die Initiative entwickelte sich im Rahmen und unter Einbezug der Vorlesungen und Seminare in Neapel und Halle, die für den *Premio filosofico Giambattista Vico* im Mai 2015 und im Juni 2017 von der Universität Neapel Federico II. und der Martin-Luther-Universität Halle-Wittenberg organisiert wurden, gemeinsam mit dem inter-universitären Konsortium

Civiltà del Mediterraneo, der *Società filosofica italiana* und dem Institut CNR. Das Online-Journal dieses Instituts (*Laboratorio dell'Ispf*) hatte eine erste italienische Version einiger der hier folgenden Beiträge publiziert.

Unser herzlicher Dank gilt Jennifer Knorr und Dafne De Vita, für ihren Einsatz bei der mitunter mühevollen Redaktion dieses Bandes.

Romana Bassi

Giambattista Vico und Francis Bacon: „De Uno" im Lichte des „Exemplum Tractatus De Iustitia Universali, Sive De Fontibus Iuris"*

Abstract: Reading *De Uno* in light of Francis Bacon's „Exemplum tractatus de iustitia universali, sive de fontibus iuris". Although Vico was admittedly disappointed by Bacon's *Exemplum tractatus*, a parallel reading of this text and selected passages of *De Uno* can provide insights as to how Vico ended up having to confront a series of thorny philosophical problems: how does the universal law project itself into history? where does the law stem from? is there a link between law, occasion, and utility? what are the sources and the scope of authority? whether and how does violence affect the law? what role for religion and piety? how to devise a philology for the laws and ancient fables? Bacon's scattered aphorisms offer glimpses into problems which find a solution in the all-encompassing order of *De Uno*.

Von den „vier Autoren", auf die sich Vico als ausgewählte Quellen bezieht, wird Francis Bacon zugleich am enthusiastischsten gelobt und am beharrlichsten kritisiert.[1] Eine solche Kritik findet sich in der *Vita*, wo es heißt, dass

> Bacon von Verulam erkennt, daß alles vorhandene menschliche und göttliche Wissen hinsichtlich dessen, was daran fehlt, ergänzt und hinsichtlich des Bestehenden verbessert werden muß. Aber was die Gesetze betrifft, so ist Bacon in seinem „Canones" doch nicht so weit gelangt, das Allgemeine des Städtewesens, den geschichtlichen Ablauf aller Zeiten und die Ausbreitung aller Völker zu erfassen.[2]

---

* Die Verfasserin dankt der Stiftung Fondazione Cariparo für die Verleihung eines „Visiting Scholar Grant". Während des damit finanzierten Aufenthalts am Londoner Warburg Institute wurden die Recherchearbeiten durchgeführt, auf denen dieser Artikel beruht. Diese Arbeit ist Teil der im Rahmen des strategischen Projekts EVERE (European and Venetian Renaissance) ausgeführten Forschungen, das von der Universität Padua finanziert wird. Sofern nicht anders angegeben, sind alle auf Deutsch wiedergegebenen Zitate eigene Übersetzungen. Matthias Kaufmann wird für die Überarbeitung des Textes gedankt.

1 Das Lob, das Vico dem englischen Philosophen entgegenbringt, hat in den Augen seiner Rezipienten in anderem Kontext oft seine Vorbehalte Bacon gegenüber überschattet. Unter denjenigen, die sich damit befasst haben, welche Bedeutung seiner Kritik an Bacon beizumessen sei, sticht insbesondere P. Rossi hervor (Rossi 1999, 354–355); (Miner 2002, 6–9); (Bassi 2016, 237–249).

2 „Bacone vede tutto il saper umano e divino, che vi era, doversi supplire in ciò che non ha ed emendare in ciò che ha, ma, intorno alle leggi, egli co' suoi canoni non s'innalzò

Hinsichtlich der allgemeinen Beweggründe, auf deren Grundlage Vico nach eigenen Angaben seine weiteren Quellen ausgewählt hat, scheint sich der Diskurs hier detaillierter zu entwickeln. Die Bezugnahme auf Bacon dient zweifelsohne dazu, einen graduellen Übergang von Tacitus, der die Dimension der historischen Fakten „hier und dort, wirr und ohne System" repräsentiert, zu Grotius, gepriesen für die Vollkommenheit seines „Systems eines universellen Rechts" (ebd.) erkennbar zu machen. Diese Zwischenposition kann Bacon als Denker erscheinen lassen, der eine systemische Dimension zwar anstrebt, diese aber nicht erreicht. Nicht zu übersehen ist jedoch der Tenor von Vicos Kritik: Vico unterstellt dem Lordkanzler insbesondere, bei der Anwendung der Prinzipien zur Entfaltung der Erkenntnis, die er selbst in *De augmentis scientiarum* dargelegt hat, auf das Rechtswesen versagt zu haben. In diesem Werk hatte Bacon eine Übersicht allen Wissens angefertigt. Dazu gehörten ausgereifte, noch zu vertiefende, ja selbst nur skizzenhaft umrissene Erkenntnisse. Im achten Buch, das der Politik oder *scientia civilis*[3] gewidmet ist, findet sich der Abschnitt *Exemplum tractatus de iustitia universali, sive de fontibus iuris, in uno titulo, per Aphorismos* (Bacon 1857–1859, Bd. I, 803–827). Auf eben diese Seiten bezieht sich implizit Vico in seiner *Vita*. Schon in Bacons Titel ist eine gewisse Familienähnlichkeit mit den Betrachtungen Vicos klar erkennbar.

Gemäß der Absicht des Autors sollte die auf die Identifikation der Quellen des Rechts abzielende Schrift Bacons beispielhaft eines der *desiderata*[4] des Wissens im rechtlichen Bereich erläutern. Die Darlegung erfolgt in Form einer Sammlung von siebenundneunzig Aphorismen. Anhand dieser stilistischen Ausprägung kann das noch skizzenhafte Profil dieser nicht gänzlich strukturierten Wissensformen umrissen werden, bei deren Darstellung die Berücksichtigung erst künftig zu fuellende

---

troppo all'universo delle città ed alla scorsa di tutti i tempi né alla distesa di tutte le nazioni" (*Vita 1990*, 44. Auf Deutsch: *Vita D*, 81).

3 F. Bacon: *De augmentis scientiarum* (= *DAS*), VIII, 1, in: ders.: *Works*, London 1857–1859, Bd. I, S. 746–747: „Scientia Civilis tres habet partes, juxta tres societatis actiones summarias; Doctrinam de Conversatione, Doctrinam de Negotiis, et Doctrinam de Imperio sive Republica. Tria siquidem sunt Bona, quae ex Societate Civili homines sibi parare expetunt; solamen contra Solitudinem; adjumentum in Negotiis; et protectio contra Injurias. Suntque istæ tres prudentiæ plane inter se diversæ, et sæpenumero disjunctæ; Prudentia in Conversando; Prudentia in Negotiando; et Prudentia in Gubernando".

4 *Exemplum tractatus* (=*ET*) wird erstmals in *DAS* (1623) vorgestellt und präsentiert sich als Ergänzung zum entsprechenden Abschnitt im *Advancement of Learning* (1605). Vgl. F. Bacon (Bacon 2000, 180: „De prudential legislatorial, sive, de fontibus Iuris").

Leerräume unumgänglich ist[5]. Das *Exemplum tractatus* stellte daher für Bacon nichts weiter dar als die bewusste Annäherung an einen hypothetischen Diskurs über die mögliche Gliederung einer Untersuchung der Quellen des Rechts. Die Lesart Vicos ist eine andere: Unter allen Erkenntnissen, die im enzyklopädischen Text *De Augmentis Scientiarum* vorgebracht wurden, richtet er seine Aufmerksamkeit in erster Linie auf diese Seiten und beurteilt sie daher als auffallend unzulänglich.

Obgleich anerkanntermaßen „im Unterschied zu den übrigen der ‚dritte Autor' von Vico (sozusagen) bevorzugt behandelt wurde, da wir in den Texten Vicos nur von ihm erkennbare Spuren und gedankliche Übereinstimmungen finden, die ganz sicher nicht zufällig zustande kamen" (De Mas 1978, 73), fehlt bis heute weitestgehend eine Auslegung, die Vicos Werk, ausgehend von *De Uno*, im Lichte des baconschen Diskurses über die Quellen des Rechts betrachtet. Die Gegenüberstellung, die sich hier aufdrängt, kommt einerseits nicht ohne eine Analyse der von Vico formulierten Kritik aus (§ 2), die die weit voneinander entfernten und nur schwer zu vereinenden Sichtweisen deutlich macht, auf die sich die beiden Autoren berufen (§ 3). Andererseits wird es dennoch in diesem Rahmen möglich sein, verschiedenen gedanklichen Anstößen nachzuspüren, die eine Verbindung zwischen den Ausführungen Vicos und denen Bacons darstellen. Insbesondere sei hier auf lexikalische Entscheidungen und textuelle Übereinstimmungen hingewiesen (§ 4). Sie sind keine simplen Stilmittel, sondern lassen eine besondere Aufmerksamkeit für konzeptuelle Schnitt- und Knotenpunkte erkennen. Zu ihnen gehören der Begriff der Geschichtlichkeit des Rechts (§ 5), das Verhältnis zwischen Gesetz, Gelegenheit und Nutzen, hinsichtlich dessen Vico betont, wie unzufrieden er mit der Behandlung dieses Themas bei Grotius ist (§ 6), die Suche nach einem philologischen Kriterium für eine sprachlich reine Kodifizierung des Rechts, ein Vorhaben, das vor allem die Frage nach dem Ursprung des Rechts stellt, welcher in Religion und Barmherzigkeit und zudem auf eine Art zu suchen sei, in der die Ausübung von Gewalt und Macht nicht etwa zweitrangig ist (§ 7), sowie die Frage nach der Beziehung zwischen antikem Gesetz und mythologischen Erzählungen (§ 8). Fließen diese Probleme in *De Uno* in der Betrachtung des Autoritätsbegriffs zusammen, so stellt sich auf Seiten der baconschen Studien die Frage, ob letztlich in dessen Text eine ureigene Form von Naturrecht erkennbar ist (§ 9).

---

5 Vgl. *DAS*, I, 29; *Works*, Bd. I, S. 460: „alius error […] est præmatura atque proterva reductio doctrinarum in artes et methodos; quod cum fit, plerumque scientia aut parum aut nihil proficit. Nimirum ut ephebi, postquam membra et lineamenta corporis ipsorum perfecte efformata sunt, vix amplius crescunt; sic scientia, quamdiu in aphorismos et observationes spargitur, crescere potest et exurgere; sed methodis semel circumscripta et conclusa, expoliri forsan et illustrari aut ad usus humanos edolari potest, non autem porro mole augeri".

1. Zwischen Bacon und Vico: eine methodologische Vorbemerkung

Obgleich man in diesem baconschen *desideratum* den ausschlaggebenden Faktor (Fassò 1949, 22) erkannt zu haben glaubte, der Vico dazu veranlasste, Bacon zu seinen bevorzugten Quellen zu zählen, sei vorweggenommen werden, dass diese Sicht hier noch nicht einmal als mögliche Prämisse angenommen wird. Vielmehr wird eine derartige Lesart offen in Frage gestellt. Nicht übergehen kann man hingegen die offenkundige Enttäuschung, die Vico in seiner *Vita* hinsichtlich des *Exemplum Tractatus* zum Ausdruck bringt. Im Übrigen scheint bis auf sehr wenige Ausnahmen der Großteil der mit Bacon befassten Autoren eine ähnliche Enttäuschung mit Vico zu teilen und in Bacons Schriften zum Recht allenfalls eine ausgelassene Gelegenheit zu sehen[6]. Angesichts dessen ist zumindest einzuräumen, dass Vico über den Text des *Exemplum Tractatus* gründlich nachgedacht haben muss. Man könnte so weit gehen, zu behaupten, dass der baconsche Text tatsächlich, entgegen den Annahmen, die sein Titel weckt, gar nicht so sehr auf das Auffinden der Quellen des Rechts abzielte, als vielmehr darauf, Leitlinien für eine mögliche Reform vorzugeben[7], gezielt entwickelt mit

---

6 Siehe (McCabe 1964, 111–121, hier S. 113–114): „one can read Bacon's legal writings as a tale of lost opportunities. An appendix to his great *De Augmentis scientiarum*, for example, offers a series of aphorisms entitled *Tractatus de Justitia Unviersali sive de Fontibus Juris*; yet the material is disappointing: after a general statement about the nature of legal rights (which, Spedding remarks, is more than anything else Hobbesian in its non recognition of the principle that moral ideas lie at the root of civil rights) Bacon confines his discussion to the severely practical question of the need for certainty in the law —*Legis tantum interest ut certa*. We look for something larger. Beyond the Axioms of natural science stand the final truths, he tells us, the *philosophia prima*; behind the Maxims of law, the *legum leges*, should stand some conception of natural law, but Bacon remains silent about it". Vgl. auch P. Kocher: *Francis Bacon on the Science of Jurisprudence*, in: Journal of History of Ideas 18, 1957, S. 3–26; später in: B. Vickers (Hg.): *Essential Articles for the Study of Francis Bacon*, London, 1972, S. 167–194. Andere haben es vorgezogen, die „*inopinata inattualità* della dottrina civile del Verulamio" und die „distratta attenzione che è stata per lo più concessa nel corso del Novecento alla filosofia giuridica e politica baconiana" zur Kenntnis zu nehmen (Pagallo 1995, 1 und 2). Seine Beurteilung der juristischen Schriften Bacons innerhalb des eigenen philosophischen Gedankengebäudes steht in deutlichem Gegensatz zur Monographie von (Coquilette 1992), das in der Reihe „Jurists: Profiles in Legal Theory" erschienen ist. Siehe Fußn. 119 für eine Bibliographie der Sekundärliteratur zu den baconschen Rechtsschriften und zu deren Rolle innerhalb der baconschen Philosophie.

7 Siehe insbesondere (Coquilette 1992, 282–283): „no contemporary Continental humanist or English civilian ever proposed a juristic method and a law reform project that

Blick auf die Schwierigkeiten, auf die jene hätte reagieren sollen, ohne ihre Ziele aus dem Auge zu verlieren. Aus eben diesen Gründen musste Vico die Anlage jedoch fast zwangsläufig wie ein fragmentarischer, eigentümlicher, von problematischen Anregungen, kritischen Hervorhebungen, Schwierigkeiten und Hinweisen auf Ungereimtheiten beherrschter Katalog für die Auslegung der Gesetze erscheinen.

Die Hypothese, dass das Lesen dieses Textes, wenngleich erklärtermaßen enttäuschend, die Überlegungen Vicos beeinflusst haben mag, legt vor allem nahe, die Aufmerksamkeit auf die von Vico formulierte Kritik an Bacon zu richten, der sich nicht nur mit rechtlichen Fragen befasst, sondern sich auch als Rechtstheoretiker betätigt. Zudem ermöglicht sie die Vorstellung einer schematischen, parallelen Lektüre, die *De Uno* über eine Auswahl von Schlüsselstellen in einen Dialog mit dem *Exemplum Tractatus* treten lässt. Ziel ist die Gegenüberstellung der gemeinsamen Themen und geteilten Aspekte, obgleich diese von Vico und Bacon aus recht weit voneinander entfernten Blickwinkeln betrachtet werden. Es bietet sich daher an, aufzuzeigen, wie Vico diese im *Exemplum Tractatus* umrissenen Elemente aufgreift, sie im Zeichen von *De Uno* umdeutet und in einem einheitlichen Diskurs neu anordnet. Um sein Vorgehen besser verstehen zu können, scheint es unumgänglich, sich mit seiner Lesart der baconschen Aphorismen auseinanderzusetzen und zu versuchen, zu verstehen, was er in ihnen entdeckt, inwiefern er sie präsent hat, welche Anregungen er eventuell daraus bezieht, wie er sich ihrer bedient, um seinen eigenen Überlegungen Ausdruck zu verleihen und schließlich, inwiefern er die von Bacon behandelten Elemente umdeutet.

Eine parallele Lesart ist darüber hinaus insbesondere für den Entwurf eines Rasters zum Vermessen der Distanz nützlich, jenseits aller affinen Motive, die man eventuell vorfindet. Den Diskurs entlang vermeintlich gemeinsamer Themen auszurichten impliziert jedoch keineswegs, dass Bacon und Vico diesbezüglich konform gingen, es diente allenfalls einem Vergleich ihrer Vorgehensweisen und des Tenors ihrer Standpunkte. Gleich zu Beginn kann die Hypothese aufgestellt werden, dass Vico aus der Enttäuschung lernt und im baconschen Ansatz die Wurzel eines Problems auszumachen vermag, dessen Lösungsansatz er in *De Uno* ausarbeitet. Mehr noch als eine Fragestellung könnte er im *Exemplum Tractatus* ein keineswegs klar umrissenes Indiz zum Zweifel gefunden haben, und

even began to approach the thoroughness and insight of Bacon's, particularly in relation to case law. And none, with the exception of Bodin, could approach him as a philosopher".

das Problem, das Vico darin erkennt, könnte gar in der Art und Weise, in der sich Bacon in dieser Passage damit auseinandersetzte, nicht unmittelbar erkennbar sein. Wenn einerseits Vico den baconschen Vorschlag einer *expurgatio legum* nicht als Lösung für die eigenen Fragen anerkennen kann, so vereinen andererseits die baconschen Aphorismen in sich eine ganze Gruppe problematischer Elemente, in denen die erste Schwierigkeit in der Art ihrer inneren Korrelationen liegt. Während diese Frage im baconschen Werk in einer nicht nur ungelösten, sondern auch unklaren Form gestellt wird, deutet Vico das Problem, als er es sich aneignet, um. Er nimmt die Verantwortung an, eine Lösung vorzuschlagen, versteht es neu und positioniert es als einheitliches Aussageelement des *De Uno*. Möglicherweise findet Vico hier bei Bacon die Anregung für seine Hinwendung zu einem Kriterium zur Philologie der Gesetze und der antiken Fabeln, wobei er diesen fernen baconschen Ursprung preisgibt.[8] Eine so durchgeführte, notwendigerweise schematische Erkundung dient vor allem der Untersuchung möglicher Berührungspunkte und distanzierender Elemente und richtet die Aufmerksamkeit darauf, wie ähnliche Problemgeflechte zutage kommen, die selbst Bacon und Vico in sehr unterschiedliche konzeptuelle Kontexte einordnen, innerhalb derer die Reaktion Vicos verständlicher ist, wenn sie in Beziehung gesetzt wird und ihr Wert als Reaktion auf das baconsche *desideratum* verstanden wird.

Es ist kaum zu leugnen, dass Bacons Text nicht die Lösung darstellt, nach der Vico sucht.[9] Dennoch umreißen die Aphorismen die Frage nach dem Recht in einer Weise, dass sie in demselben Maße, in dem Vico zutiefst unzufrieden mit ihnen ist, einen wirksamen Einfluss haben und weit weniger vordergründig sind. Vicos Lesart des *Exemplum Tractatus* erscheint somit wie ein eigenwilliger Katalysator: Auf eine Art, die man sicher nicht als Assimilation bezeichnen könnte, sondern die im Grunde eine Ablehnung ist, regt sie ihn an, eigene und eigenständige Lösungen zu diesen Problemen zu erarbeiten, die in Bacons Text weder eine befriedigende Antwort, noch angemessenen Raum zur Betrachtung finden. Bei der Ausarbeitung des *Diritto universale* muss Vico als überaus eifriger Leser[10] zunächst das enttäuschende *desideratum* zu den Quellen des Rechts von Bacon

8 Zur Art und Weise des baconschen Einflusses auf das Werk Vicos siehe insbesondere (De Mas 1978, 66–71).

9 Im Rahmen der allgemeinen Zustimmung zu diesem Aspekt finden sich verschiedene Auslegungen von (Fassò 1949, 117–126); (De Mas 1978, 29) und (Giarrizzo 1981, 85–86).

10 Siehe (Battistini 1991, 3–4, 249–259); (Battistini 1994, 32–46); (Battistini 1995, 115–138).

implizit neu formulieren,[11] um sich dann Grotius' *De iure belli ac pacis* widmen zu können. Dass anschließend nicht einmal sein *quarto auttore* von der Art dieser streitbaren Lektüre verschont und mit einem „quid in Grotio desideretur" einbezogen wird,[12] wirft ein weiteres Licht auf die Feststellung, dass „das antike und moderne *Naturrecht* für Vico keine Lösungen, sondern Probleme bereithielt, die er als Philosoph untersuchte und neu formulierte" (Lomonaco 2011, 23). Über die Modalitäten dieser aus dem *Exemplum tractatus* hergeleiteten Neuformulierungen Vicos soll hier reflektiert werden.

2. Vicos Kritik der baconschen Rechtsphilosophie

Gleich vorab zeigt sich eine Schwierigkeit bei der Einordnung Bacons in das Bild der Überlegungen Vicos im *Diritto universale*. Sie leitet sich aus der Feststellung ab, dass Vico in diesem Werk in nur zwei Passagen, die im übrigen beide nicht in *De Uno* erscheinen, den „magnus Verulamius" erwähnt. Die zwei Verweise[13] sind zudem an Themen und baconsche Texte gebunden, die dem *Exemplum Tractatus* so fern sind, dass es sich fast schon um eine von Vico vergessene Lektüre handeln könnte. Cuntreri (Cuntreri 2015, 194) kommt daher beim Erstellen der Bibliographie der expliziten Quellen des *Diritto Universale* nicht umhin, für die Werke Bacons ausschließlich auf *De sapientia veterum* zu verweisen. Die Verweise auf das *Exemplum Tractatus* erscheinen hingegen in anderen Werken Vicos: in seiner *Vita*, wie bereits vorweggenommen, und, wie in Kürze zu zeigen ist, in den *CMA3*. In beiden Fällen sind die von Vico gemachten Beanstandungen offen kritisch, woraus eine zusätzliche Reihe von Schwierigkeiten erwächst.

Übernimmt man die Vorgehensweise dieser Kritik, um zu verstehen, mit welchen Augen Vico das *Exemplum tractatus* liest, kommt man leicht dazu,

---

11 Im Zusammenhang mit den *Correzioni, CMA3*, in *SN30* wird noch verständlicher, dass dies tatsächlich nicht nur implizit geschieht.

12 *DC 1936*, Kap. XXX [47]. In *De uno 1936*, Bd. 2, S. 539. Vgl. auch *CMA3*, in *SN30*, 494.

13 *DC 1936*, Kap. V [7]. In: *De uno 1936* Bd. 2, S. 333 und: *Dissertatio IV, De Homero eiusque utroque poemate* [78]; *De uno 1936*, Bd. 3, S. 700. Beide Schritte erinnern an die baconsche *desiderata*. Im ersten Fall in der Bezugnahme auf die Zusammenstellung eines Wörterbuches der Eleganz der einzelnen Sprachen und im zweiten Fall in dem Versuch, aus alten Mythen das Wissen der Antike herauszuarbeiten, womit sich Bacon auf der von Platon vorgegebenen Linie bewegt: „Quare a Platone ad nostra usque tempora (namque id est unum ex magni Verulamii desideriis conatibusque) veterum sapientiam ex poetarum fabulis eruere flagrantissime, sed irrito omnium voto, desideratum".

den Grund für Vicos Enttäuschung in der „armseligen Darbietung des Engländers" (Fassò 1949, 124) zu sehen. Vicos Beanstandung wird jedoch mit präzisen Begriffen zum Ausdruck gebracht:

> Aber was die Gesetze betrifft, so ist Bacon in seinem „Canones" doch nicht so weit gelangt, das Allgemeine des Städtewesens, den geschichtlichen Ablauf aller Zeiten und die Ausbreitung aller Völker zu erfassen.[14]

Es handelt sich um eine Kritik, die offenbar auf einer einzigen Achse ruht: Vico erfasst im baconschen Titel den Wunsch nach einer Universalität der Rechtserkenntnis und sieht diesen in einem Spannungsverhältnis zur Herausarbeitung der philosophischen Rechtswahrheit. Gegenüber dieser erklärten Absicht kann er jedoch nicht umhin festzustellen, wie wenig ihn die baconsche Darstellung befriedigt, und dies geschieht, so meint man zu verstehen, weil letztere sich nicht von der Ebene der absoluten Gewissheit zu lösen vermag. Das *verum* des Naturrechts, obgleich „eterno nella sua idea" (*Sn25*, § 20). und als universell zu verstehen, war nach Vico erkennbar an der Vielfalt und Fülle der Arten, in denen sich das Recht selbst in drei Dimensionen abzeichnet, die ein uniformes Wissen gliedern, obgleich sie sich hinsichtlich ihrer Perspektive unterscheiden. Daher kann der Horizont nicht klar umrissen sein, sondern muss sich insbesondere über das „Universum der Städte (*universo delle città*)" erstrecken, ein Ausdruck,[15] mit dem Vico sich auf den Erhalt der einzelnen Völker im Gegensatz zum Erhalt der gesamten Menschheit bezieht. Das *verum* kann darüberhinaus über den „Lauf aller Zeiten" erreicht werden, wenn über die diachrone Ebene des historischen Dynamismus die Universalität anvisiert wird. Letztendlich ist es in der „Weite sämtlicher Nationen" zu suchen, was bedeutet, dass die Größe

---

14 „Intorno alle leggi egli [Bacon] co' suoi canoni non s'innalzò troppo all'universo delle città ed alla scorsa di tutti i tempi nè alla distesa di tutte le nazioni" (*Vita 1990*, 44. Auf Deutsch: *Vita D*, 81).

15 Vgl. *Sn25*, § 22: „il diritto naturale introdotto privatamente nelle città deve essere stato pur quello che avvezzò e dispose i popoli perché, alle occasioni poi di conoscersi tra loro le nazioni, si ritrovassero avere un senso comune senza che altra sapesse nulla dell'altra, onde dassero e ricevessero leggi conformi a tutta la loro umana natura". Unter den Fehlern die Grotius, Selden und Pufendorf im *Sn25* unterstellt werden, erscheint aufs Neue die Unfähigkeit, die Aufmeksamkeit auf diesen Aspekt zu richten: „il terzo ed ultimo comune errore è che essi trattano del diritto natural delle genti assai meno che per metà, poiché nulla ragionano di quello che appartiene alla conservazione privatamente de' popoli, e ragionano solamente di quello che riguarda in comune la conservazione di tutto il genere umano" (*ebd*).

der Völker und Kulturen in einem sicher nicht auf rein räumlich-geographische Fakten beschränkten Verständnis berücksichtigt werden muss,[16] bis schließlich die gesamte Menschheit inbegriffen ist.

Die Schlussfolgerung, dass „dieses *exemplum* recht armselig war und sehr viel mehr versprach, als es schließlich hielt" (Fassò 1949, 124) ist im Übrigen nicht strikt allein an Vicos Bewertung des baconschen Textes gebunden, sondern spiegelt den Zwiespalt zwischen dem Titel und dem von Bacon entwickelten Diskurs wider. Der Titel „*Exemplum tractatus*" erscheint bedeutungsreicher, wenn er aus vichianischer Perspektive mit der Frage nach dem Verhältnis von Gewissheit und Wahrheit betrachtet wird. Die Rolle des *Exemplum* besteht in einem Verweis auf die Ebene der Philologie und der Besonderheit des Gewissen. Der Bezug auf einen *Tractatus* erscheint als Suche nach einer universell wahren philosophischen Erkenntnis und spiegelt somit eine Inkohärenz im baconschen Text wider, die für Vico offensichtlich gewesen sein muss. Das Wortpaar *tractatus/exemplum* scheint die Spannung der Konversion von Gewissheit zur Wahrheit zu reproduzieren, ohne diese jedoch lösen zu können. Und trotz des Titels, der programmatisch klingt, in Wirklichkeit aber einen Reformvorschlag birgt, erscheint die Tragweite des baconschen Textes hinsichtlich der Allgemeingültigkeit des Rechts schwer bestimmbar, was auch Vico wahrgenommen haben muss (vgl. De Mas 1978, 29).

Wie Bacon selbst einräumt, strebt er danach, ein Gesetz der Gesetze[17] (*legum leges*) zu verfassen. Wie dennoch auch aus den Einwänden Vicos hervorgeht, erstellt er schließlich eine Sammlung ausgewählter Notizen zu technischen Aspekten, Deutungen und Verfahren, die das von ihm selbst mit der Wahl des Titels bekräftigte Ziel verfehlt, sich auf die Ebene des Verständnisses universeller Prinzipien zu erheben. Während Vico vor der Frage steht, verstehen zu müssen,

---

16 Vgl. u.a. *Sn44*, § 345, wo diese Dreiheit der Dimensionen erneut bestätigt wird: „il leggitore pruoverà un divin piacere, in questo corpo mortale, di contemplare nelle divine idee questo mondo di nazioni per tutta la distesa de' loro luoghi, tempi e varietà". Im Übrigen müssen die Dimensionen *distesa* und *durata* im Text Vicos oft vereint werden (siehe *Sn25*, Widmung und § 395), und der Vorstellung von *distesa* im Sinne von Weite und Ausdehnung (siehe *Sn25*, § 202) scheint auch der Sinn nicht fremd, der einen Bezug zur Größe der Völker im moralischen Sinne erahnen lässt (siehe u.a. *Sn25*, § 281: „ma in distesa incomparabilmente più ampia di quella de' greci, e quasi infinita, il popolo di Dio, per la di lui unità e verità, la qual è pur una, divise il mondo della nazioni tra ebrei e genti").

17 *ET*, Aph. 6; *Works*, Bd. I, S. 805. Das Syntagma erinnert an ein weiteres bedeutendes Werk Bacons, das *Sylva sylvarum*.

wie Gewissheit und Wahrheit einerseits, Gleichheit und Gerechtigkeit andererseits miteinander zu vereinbaren wären, finden sich im *Exemplum tractatus* trotz seines Titels, der auf die Wahrheit abzuzielen scheint, mehrere Kanons, die sich im Bereich der Gewissheit halten, ohne, dass verständlich wäre, unter welchen Umständen und mit welchen Modalitäten sich Bacon deren Beziehung untereinander vorgestellt haben mag. Bacon hat es sich im Übrigen nicht nehmen lassen, die Aufmerksamkeit bewusst auf eben diesen grundlegenden Aspekt zu lenken: In der Einleitung zu seiner Sammlung von Aphorismen erklärt er sein Vorhaben, „zu den Quellen der Gerechtigkeit und des öffentlichen Nutzens vorzudringen und den Charakter sowie die Idee der Gerechtigkeit *(Character quidam et Idea Justi)* in jeden Gesetzesbereich zu tragen, um dann die Gesetze der einzelnen Königreiche und Republiken dieser Gerechtigkeit anzupassen und von dort ausgehend zu erneuern und zu verbessern."[18] Betrachtet man diese Quellen im historischen Kontext, so kann man hinter Bacons Worten den Sinn erkennen, den Vico hier erkennen musste. Letzterer machte es zu seiner Mission, zu durchschauen, welche Formen die Vorstellung von Wahrheit und Gerechtigkeit im Laufe der Geschichte entsprechend dem Wandel der menschlichen Natur angenommen hat. Vico bereinigt den baconschen Diskurs durchaus von den Äderungen einer präskriptiven Dogmatizität. Und das *Exemplum tractatus* musste für ihn einen unverständlichen Doppelsinn bergen: Bacon zielte zwar auf die Wahrheit ab, war aber nicht in der Lage, den Blick von der Gewissheit zu lösen und schränkte so seine eigene Sicht auf das der englischen Tradition eigene Gewohnheitsrecht de facto weiter ein. Hätte sich Vicos Kritik vollständig auf diesen begrifflichen Rahmen beschränkt, wäre es indessen unverständlich, aus welchem Grund er es an anderer Stelle für angebracht hält, Bacon als „*Filosofo*, e non *Filologo*" (*CMA3*, in *SN30*, 450) zu bezeichnen.

3. Welche *desiderata* für die Jurisprudenz?

Schon beim erstmaligen Lesen wird deutlich, dass die zwei Texte verschiedene Blickwinkel darstellen, sich mit verschiedenen Fragen befassen oder, sofern sie ähnliche Themen ansprechen, divergente, wenn nicht gar gegensätzliche Positionen einnehmen. Die Gründe für diese Distanz gehen auch aus der Strukturanalyse des *Exemplum Tractatus* deutlich hervor: Nach einer Präambel in sieben

---

18 *DAS*, VIII, 3; *Works*, Bd. I, S. 803; „id nunc agatur, ut Fontes Justitiae et Utilitatis Publicae petantur, et in singulis Juris partibus Character quidam et Idea Justi exhibeatur, ad quam particularium regnorum et rerumpublicarum leges probare, atque inde emendationem moliri, quisque cui hoc cordi erit et curae possit".

Aphorismen widmet sich Bacon dem, was er für den entscheidenden Aspekt ansieht, der Frage nach der Gewissheit als wichtigste Voraussetzung der Gesetzgebungspraxis.[19] Nachdem dieses Ziel festgelegt ist, befasst er sich mit dem Problem der vom Gesetz nicht berücksichtigten Fälle und erwägt die Legitimität eines Rückgriffs auf die Analogie mit dem Zweck einer Erweiterung der Gesetze. Dies führt ihn zur Diskussion der Rolle von Beispielen im Rahmen des Gewohnheitsrechts und zur Formulierung des Problems der Obskurität und Kumulierung der Gesetze. So entsteht der Vorschlag neuer Digesten (Bacon 1857–1859, Bd. I, Aph. 59–64, S. 817–818), deren Ziel unter anderem das Vermeiden interpretativer Unsicherheiten sein sollte. In dieser Absicht verweilt Bacon lange bei den fünf Modi, die ermittelt wurden, um „das Recht herauszuarbeiten und Ambiguitäten zu beseitigen" (Ebd., Aph. 72–92, S. 820–825).

Auch wenn man sich auf die Gegenüberstellung der beiden Titel beschränkt, zeigt sich im Übrigen, dass während der baconsche Text auf das Erfassen der vielfältigen Quellen des Rechts (*de fontibus iuris*) ausgerichtet ist, um zu den „Quellen der Gerechtigkeit vorzudringen" (*DAS*, VIII, 3; Bacon 1857–1859, I), Vico dieser Pluralität implizit den Gedanken der Einzigartigkeit des Prinzips des Universalrechts gegenüberstellt (*de universi iuris uno principio et fine uno*) und vom *verum fons omnis iuris naturalis* spricht (*De uno 1936*, Kap. LV; Bd. 1, S. 61). Obgleich er von dem Vorhaben angetrieben wird, über die allgemeine Gerechtigkeit nachzudenken, räsoniert Bacon im Grunde sogleich über die dreigestalte Quelle der Ungerechtigkeit (*ET*, Aph. 1; Works, Bd. I, S. 803), so wie sie sich im Privatrecht darstellt. Vico begreift dagegen die Frage nach der Gerechtigkeit in der viel breiter gefassten Sphäre der Gleichheit. Dass Bacon sich der Dimension der Universalität nicht bewusst wird, zeigt sich daran, wie er den Diskurs über das Gesetz unverzüglich dem Element des Kampfes zwischen gegensätzlichen Gruppen unterordnet.[20] Wenn man bedenkt, dass Vico demgegenüber das Element der Gleichheit berücksichtigt, welches im baconschen Diskurs tatsächlich gänzlich fehlt, erkennt man, wie es ihm aufgrund dieses Umstands möglich ist, den reinen Gegensatz zwischen Gruppen zu erfassen (er behandelt sie aus Sicht

---

19 *ET*, „Titulus I: De prima dignitate legum, ut sint certae"; *Works*, Bd. I, S. 805. Zur unterschiedlichen Bedeutung des Begriffs „ Grundsätze (*degnità*)" bei Bacon und Vico vgl. (De Mas 1978, 45).

20 Ebd., Aph. 2; *Works*, Bd. I, S. 804: „sollte […] es geschehen, dass diejenigen, die durch ein Gesetz in Gefahr gebracht werden, zahlreicher und mächtiger sind, als diejenigen, die dadurch beschützt werden, so wird eine Gruppe das Gesetz auflösen, wie es so oft geschieht".

des Rechts der *genti maggiori* und der *genti minori*) und den historischen Entwicklungsweg der Gerechtigkeit in Bezug zum Prozess der politischen Anerkennung der Gleichheit zu setzen.

Neben den dargelegten Gründen der Distanz müssen auch die Affinitäten benannt werden, obschon sie in den zwei Werken recht unterschiedliche Rollen spielen. Bacon besteht darauf, dass das Gesetz gewiss ist. Zwischen der Annahme der baconschen Gewissheit und dem, was Vico als das Gewisse bezeichnet, besteht jedoch ein tiefer Zwiespalt. Beide gründen das Konzept der Gewissheit des Gesetzes auf dessen Wörtlichkeit, und dennoch sieht Bacon in ihr den einen übergeordneten Zweck, an dem sich die legislative Praxis idealerweise orientieren soll. Er erkennt die fehlende Mehrdeutigkeit des Gesetzes als eine Art Garantie an und bringt sich selbst dazu, einen Interpretationsmodus als erstrebenswert zu erachten, der nicht ohne Strenge auskommt. Die Distanz Vicos von dieser Position basiert darauf, dass er den Diskurs auf Ebene der natürlichen Gleichheit,[21] beziehungsweise der „ewigen und universellen Gleichheit" (*De uno 1936*, Kap. CLXXXVII [10], Bd. 1, S. 219) (*aequum naturale, sive aequum aeternum bonum*) ansiedelt und das Gewisse der Sphäre der zivilen Gleichheit vorbehält. In dieser Hinsicht ist die unterschiedliche Art und Weise bezeichnend, mit der sich beide auf das Richtscheit des Aristoteles berufen.[22] Bacon hatte davor gewarnt, „zur Steigerung von Bedeutung und Autorität des Gesetzes auf eine zu knappe, konstruierte Form zu setzen, insbesondere in heutiger Zeit, aus Furcht, dass selbige zum Richtscheit der Architekten von Lesbos werde (*ne forte sit lex instar Regulae Lesbiae*). Man muss in einem gemäßigten Stile schreiben und allgemeine, klar definierte Ausdrücke verwenden, die auch ohne akribische Beschreibung aller dazugehörigen Fälle keinen Zweifel daran lassen, welche Fälle ausgeschlossen sind".[23] Vico hingegen nimmt, indem er sich die aristotelische Lehre zu eigen macht,[24] schon in den ersten Zeilen von *De Uno* vorweg,

21 *De uno 1936*, Kap. XLVII; Bd. 1, S. 56 und Kap. CLXXXIX, Bd. 1, S. 219–220. Eine überzeugte Wiederaufnahme des aristotelischen Gleichheitsprinzips konnte Vico auch im Traktat von J. L. Vives, *Aedes legum* aus dem Jahr 1520 finden, siehe (Norena 1990, iii).

22 Zum Topos des aristotelischen Richtscheits bei Vico siehe insbes. (Giarrizzo 1977, 5–30) und (Vaglio 1999, 129, Nr. 25).

23 *ET*, Aph. 67; *Works*, Bd. I, S. 819. Fassò weist zudem darauf hin, wie Bacon damit auf eine schon von Polybios vertretene Position verweist.

24 Aristoteles: *Nikomachische Ethik*. Aber auch die Wiederaufnahme der Thematik des aristotelischen Richtscheids bei Erasmus: *Adagia*, 493 (I, V 93: „Lesbia regula dicitur, quoties præpostere non ad rationem factum, sed ratio ad factum accommodatur et

wie wichtig es ist, „das Recht geschickt den Tatsachen anzupassen“[25] und vertritt damit eine Rechtsprechung, die zum einen von der Philosophie als Wissen um die universellen Prinzipien und zum anderen von der Geschichte als Sphäre einzelner Verhaltensweisen geprägt ist. Wenn er dann den Gegensatz zwischen dem ehernen Richtscheit der antiken Rechtswissenschaft[26] und einer wohlwollenden, an die *formula naturae* varronischen Ursprungs angelehnten Rechtsprechung[27] umreißt, stellt sich das Richtscheit von Lesbos als idealer Bezugspunkt dar, „da es sich den Körpern anpasst, anstatt dass sich die Körper ihm anpassen, so dass alle unbilligen Vorteile auf eine Gerechtigkeit zurückgeführt werden können“.[28]

Angesichts dieser Auffassungen kann Vico in seiner *Vita* Bacon unterstellen, es sei ihm nicht gelungen, seine Betrachtungen des Rechts auf eine universelle Ebene zu heben, während er ihn daraufhin in den *CMA3* beschuldigt, ein Philosoph und kein Philologe zu sein. Die vermeintliche Inkohärenz erweist sich als bloßer Schein. Während sich Bacon von der Frage wegbewegt, was die Quellen des Rechts seien (Vico kann dies im doppelten Sinne einer Suche nach dem historischen Ursprung oder einer Untersuchung der metaphysischen Grundlagen verstehen), diskutiert er schließlich das Recht unter abstrakt bleibenden Gesichtspunkten: Er hypostasiert einen Aspekt der historischen Dimension des Rechts, den Imperativ seiner Gewissheit, um ihn zu einem Maßstab der

---

cum lex moribus applicatur, non mores ad legem emendantur aut quoties princeps se populi moribus accommodat, cum contra conveniat plebem ad principis arbitrium vitam instituere, si modo princeps ipse ad honesti regulam ac scopum respiciat“) und in Bodin: *De Republica*, VI, 6.

25 *De uno 1936*, „De opera proloquium“ [2], Bd. 1, 26: „Die Philosophie sucht nach den zwangsläufigen Ursachen der Dinge; die Geschichte macht uns mit den verschiedenen, aufeinander folgenden Bestrebungen und Entschlüssen bekannt; drei Teilbereiche formen also die Rechtswissenschaft: Philosophie und Geschichte sowie ein gewisses Geschick, das Recht den Tatsachen anzupassen (*iurisprudentia universa coalescit ex partibus tribus: philosophia, historia et quadam propria arte iuris ad facta accomodandi*)“. Vgl. auch ebd., Kap. CLXXXI [3]; Bd. 1, S. 199: „iurisconsulti antiqui, non, ut nostri, leges ad facta, sed ad leges facta accommodabant.“

26 Ebd., Kap. CLXXVII, Bd. 1, S. 197–198. Vgl. *Sn44*.

27 Ebd., Kap. CLXXXVIII, Bd. 1, S. 219. Vgl. 327.

28 Ebd., Kap. CLXXXVII, [10], Bd. 1, S. 219: „nullas formulas verborum sed formulam mentis, non certum sed verum, non aequum civile sed aequum naturale, sive aequum aeternum bonum […] atque ad eam [formulam naturae], tanquam ad regulam lesbiam, quae se ad corpora, non ad se corpora dirigit, aequat omnes iniquas utilitates: quare omnibus caussis benigna adest“. vgl. *De rat. 2000*, S. 87–88 des anastatischen Nachdrucks, hier S. 420–421.

universellen Gerechtigkeit zu erheben, begibt sich damit jedoch unbemerkt auf eine zunehmend präskriptive Ebene. Auch aus diesem Grund qualifiziert er sich also in den Augen Vicos vollständig als Philosoph, wenngleich, paradoxerweise, als ein Philosoph, dem es nicht gelingt, das Universelle zu erfassen, weil er es nicht geschafft hat, seine Überlegungen auf eine gute philologische Basis zu stellen. Dem Vater der induktiven Methode würde dies als Fall schlechter Induktion aufgrund einer lückenhaften Sammlung von Ausgangsdaten erscheinen, aus denen Schlüsse gezogen werden, die Vico als schlecht durchdacht erscheinen mussten.

Bacon, der aufgrund mangelnder Erwägung der historischen Dimension die Konvergenz zwischen Philologie und Philosophie nicht erkennen kann, muss sich schließlich von Vico vorhalten lassen, „non seppe nemmeno *desiderare*",[29] was dem Motiv Abbruch tut, für das Bacon im Allgemeinen doch von Vico gelobt wird, nämlich seine Fähigkeit, die *desiderata* des Wissens und der Erkenntnis aufzuzeigen. Vicos Vorwürfe an Bacon richten sich also nicht nur gegen das Fehlen angemessener Lösungen für das sich aus der Kenntnis des Rechts ergebende Problem, sondern sehr viel radikaler noch gegen die Unfähigkeit, die Richtung zu erkennen, in die dieses Wissen hätte gerichtet sein müssen, sprich: das, was das eigentliche, wahre *desideratum* des *Exemplum tractatus* hätte sein müssen. Wenn man dann untersucht, was dieses im Sinne Vicos transfigurierte *desideratum* ausmacht, stößt man auf ein beunruhigendes Zeichen, das im Unterschied zu allen baconschen *desiderata* nicht auf eine hypothetische und somit eher vage zukünftige Entwicklung einer Erkenntnisform ausgerichtet ist, sondern vom unmöglichen Wiedererlangen einer definitiv verlorenen Vergangenheit und Herkunft spricht. Die baconschen *desiderata* mögen prophetisch klingen, in denen Vicos hingegen schwingt Nostalgie mit:

> Aus allen obengenannten Gründen kann man verstehen, was sie [Tribonianus, Theophilus und Dorotheus] für einen irreparablen Schade an dem römischen Jus verursacht haben, da sie *die Bücher der römischen Rechtsgelehrten auf sehr kleine Textabschnitte* reduziert haben. Wenn sie die Bücher ganz in einem einzigen Band gelassen hätten, hätten die Philologen andere Beweise, statt Marmor oder Medaillen gehabt, während die Philosophen andere Erleuchtung gehabt hätten, mit denen Erstere die römischen

29 *Sn30*, 450. Siehe die Kommentare zu diesem Abschnitt in (Fassò 1949, 121) und in (Nicolini 1978, Bd. II, 173: „Der englische Philosoph übrigens ist weit entfernt vom Wunsch einer unmöglichen Wiedererlangung der Schriften antiker Rechtskundiger des alten Roms und fordert stattdessen ein neues und sehr viel kürzeres Digest, frei von rückständigen Gesetzen, von Widersprüchen, Wiederholungen, Weitschweifigkeiten und anderem").

Antiquitäten und Letztere die Natur dieser Welt der Länder entdecken hätten können, die selbst Bacon, der Philosoph, und nicht Philologe war, und sich da die Engländer weniger für das römische Recht interessieren, hätte er sich diese Erleuchtung nicht wünschen können. Die Kraft (nerbo) und die Tiefe, die nicht in den wenigen Kanons, die Bacon über die Wissenschaft der Gesetze in seinem goldenen Buch de *Augmentis Scientiarum* formuliert, zu finden sind, sind aber anwesend in den Wünschen und Entdeckungen, die *Novus Orbis Scientiarum* verzieren.[30]

Der Verweis auf die „Scienza delle Leggi" ist möglicherweise Vicos Neubenennung des baconschen Konzepts des „leges legum". Während auf der einen Seite dieses *desideratum* Vicos durchaus chimärenhafter als diejenigen erscheint, für die Bacon im *Incipit* des *De ratione* beschuldigt wird, unendliche und unerfüllbare Wünsche zu hegen, muss man auf der anderen Seite festhalten, dass es im *Exemplum tractatus* dennoch einen Aspekt gibt, der sich auf die Suche nach einer Antwort auf das Problem der Beziehung zwischen Recht und Geschichte begibt, und das vichianische *desideratum* muss, wie in § 6 deutlicher herausgestellt wird, unter Berücksichtigung des von Bacon vorgebrachten Vorschlags gesehen werden. Nachdem nun einige der Elemente herausgearbeitet wurden, die die Distanz zwischen den Texten Bacons und Vicos vor Augen führen, ist es nun an der Zeit, zur Betrachtung der diesen zugrundeliegenden übereinstimmenden Aspekte überzugehen, um die Fragmente eines nicht offen ausgetragenen Dialogs zu rekonstruieren.

4. *Uti oratorem, philosophum et iurisconsultum*: Wer ist zur Diskussion über die Gesetze berechtigt?

Im Rahmen der Betrachtung paralleler textlicher Elemente muss auch hervorgehoben werden, dass beide Texte mit Passagen eingeleitet werden, in denen die Verfasser Belege für ihre Fähigkeit und Eignung zur angemessenen Besprechung

30 „Per le quali cagioni tutte, s'intenda che *guasto* hanno essi [Triboniano, Teofilo und Doroteo], dato alla *Giurisprudenza Romana* con irreparabil danno, avendo fatti in *minutissimi brani i libri de' Romani Giureconsulti*; i quali se avessero lasciati *interi* tutti *uniti in un Corpo*, altra testimonianza, che *marmi*, e *medaglie* arebbon'avuto i *Filologi*, altri *lumi* i *Filosofi*, per iscuoprire *quelli* le *Romane Antichità*, e *questi* la *Natura di questo Mondo di Nazioni*: lo che *Bacone da Verulamio*, tra perchè fu *Filosofo*, e non *Filologo*, e perchè gl'*Inghilesi* nulla o poco curarono la *Romana Giurisprudenza*, non seppe nemmeno *disiderare*: e que'pochi *Canoni*, che dà dintorno alla *Scienza delle Leggi* nel suo aureo Libro de *Augmentis Scientiarum*, non hanno nè 'l nerbo, nè 'l fondo, c'hanno gli altri *disiderj*, e *discoverte*, delle quali si adorna il suo *Novus Orbis Scientiarum*" (*CMA3*, in *SN30*, 450).

des Themas liefern. Die rhetorische Patina und der offenkundig zielgerichtete Einsatz der Überredungskunst, die beide Verfasser dazu bringen, an dieser Stelle die Zeugnisse ihrer Fähigkeiten auszubreiten, dürfen jedoch nicht die zugrundeliegende Sorge um eine grundlegende konzeptuelle Verknüpfung übersehen lassen, die beiden gemeinsam ist. Vico gibt vor, das ihm von Gaetano Argento beschiedene Lob wiederzugeben, und präsentiert sich dem Leser mit einem Diskurs, in dem er sich damit rühmt, dass es ihm gelungen ist, seine Gaben als Redner, Philosoph und Rechtsgelehrter miteinander zu vereinen.[31] So skizziert er sich nicht nur als Autor im Schnittpunkt einer disziplinären Vielfalt, die er in ein einheitliches methodologisches Gefüge bringt, er nimmt auch gleich mit der Eröffnungsrede das Infragestellen der Beziehungen zwischen Rhetorik, Philosophie und Rechtsprechung vorweg. Seine erklärte Absicht erhält entsprechend eine ebenfalls dreifache Gliederung, in der jeder Disziplin im Hinblick auf die anderen eine bestimmt Rolle zufällt: Vico ordnet zunächst die Rhetorik der Philologie unter, die er wiederum als Funktion der Philosophie betrachtet (*ut philologiam philosophiam submitterem*) und arbeitet dann unter Bezugnahme „auf das strikte Gleichgewicht (*severa trutina*) der Philosophie" (Ebd.) anhand der philosophischen Methode die der Rechtsprechung zugrundeliegenden Prinzipien heraus. So ist die Philologie also der Philosophie untergeordnet, die Rechtsprechung jedoch ist ihrerseits von einer philosophischen Grundlegung unabhängig. Vico formuliert hier das von Platon im Dialog *Politikos* erörterte Problem um, in welchem die Frage der Beziehungen zwischen Rhetorik, Rechtsprechung und Politik (Platon: *Politikos*, 304d–305d.) herausgearbeitet und dabei letztere zur königlichen Wissenschaft erklärt wurde, der die beiden anderen untergeordnet waren. Um die Konsequenzen der Umformulierung durch Vico gänzlich zu fassen, ist es jedoch sinnvoll, die entsprechende Passage bei Bacon zu berücksichtigen, da andernfalls weder nachvollziehbar ist, warum Vico die Bindung an eine philosophische Grundlegung so vehement einführt, noch vor welchem Schicksal die Politik als königliche Wissenschaft steht, die aus seinem Diskurs gänzlich verschwunden zu sein scheint.

---

31 *De uno 1936*, „De opera proloquium" [1], Bd. 1, S. 25: „Caietanus Argentius [...] id iudicium palam omnibus protulit: me super eo argumento disseruisse uti oratorem, philosophum et iurisconsultum oportebat. Quo nullum sane aliud evenire mihi optatius opterat, namque ea ipsa tria omnino praestare conatus eram, ut philologiam, qua pratores ornantur maxime, philosophiae submitterem, eiusque severa trutina expenderem, eaque ratione iurisprudentiae principia statuminarem."

Bacon hatte nämlich, ebenso wie Vico, die Frage nach den Ordnungsbeziehungen zwischen den einzelnen Disziplinen an die implizite Frage danach geknüpft, wer sich in einer angemessenen Position befände, um über das Recht zu diskutieren. In diesem Fall hatte Bacon mit seiner Position gleichwohl eine grundsätzlich misstrauische Haltung gegenüber dem berechtigtermaßen zu erwartenden Beitrag der Philosophie in den Diskurs eingebracht: „Mit dem Gesetz haben sich Philosophen und Juristen befasst. Die Philosophen haben viele gute Vorschläge, die leider fernab der tatsächlichen Praxis liegen (*multa dictu pulchra, sed ab usu remota*)" (Bacon 1857–1859, Bd. 1, 803). Nicht geringer war übrigens seine Unzufriedenheit mit dem Werk der Juristen, die, „um in allem und um alles den Gesetzen ihrer Heimat wie auch denen des alten römischen Rechts und des Papstes treu zu bleiben, es nicht gewagt haben, sich frei zu äußern, sondern beinahe wie unter Druck gesprochen haben (Ebd.). Wenn Philosophie und Rechtsprechung durch diesen dichotomen Ansatz, der der reinen Theorie die ebenso reine Praxis gegenüberstellt, gleichermaßen disqualifiziert wurden, traf die Frage, wer sich zur Systematisierung der Gesetze äußern durfte, bei Bacon auf ein Echo der platonischen Lösung, da eine solche Verantwortung Politikern und Staatsmännern (*viros civiles*) übertragen wurde. Bacons Entscheidung, den Politikern die Fähigkeit zuzuerkennen, „gemäß den Prinzipien und dem Diktat sowohl der natürlichen Gleichheit als auch der Politik über die Gesetze zu sprechen", unterliegt dem speziellen Hinweis, dass nur jene „wissen, was die Gesellschaft fordert, was dem Wohl des Volkes diene, was die natürliche Gleichheit, die Sitten der Völker (*gentium mores*) und die verschiedenen Formen des Staates seien".[32]

Vico gibt daher implizit auch eine Antwort, die sich auf den von Bacon vorgestellten Ansatz bezieht. Wenn Vico anhand seines eigenen Werks ein Selbstbildnis von sich als Philosoph, Rechtsgelehrter und Redner entwirft, in welchem er seine rechtliche Bildung einerseits und sein Wirken als Dozent der Rhetorik andererseits unter dem allumfassenden Blick der Philosophie vereint, so versucht er in Wirklichkeit auch, den von Bacon verursachten Bruch zusammenzufügen. Dieses Zusammenfügen erfolgt anhand einer Neupositionierung

32 „Certe cognitio ista ad viros civiles proprie spectat; qui optime norunt quid ferat societas humana, quid salus populi, quid aequitas naturalis, quid gentium mores, quid rerumpublicarum formae diversae; ideoque possint de Legibus, ex principiis et praeceptis tam aequitas naturalis quam politices, decernere" (Bacon 1857–1859, Bd. 1, 803). Zur Notwendigkeit, eine umfassende Vision zu entwickeln, die sowohl *mores*, als auch *leges* berücksichtigt, vgl. *De uno 1936*, Kap. CXLII-CXLIII, Bd. 1, 134–135: „summa iuris civilis divisio in mores ac leges [...] mores et leges iuris naturae interpretamenta".

der Philosophie im Zentrum des Diskurses über das Recht, wohingegen Bacon bei der Besprechung der Rechte den Ort des Ausgleichs zwischen der idealen Spannung der Philosophie einerseits und der rechtlichen Praxis andererseits in der Politik ausgemacht hatte. Im Übrigen zeigte sich jenseits der Kontroverse um den Vorrang der Kenntnisse, die es zu Rate zu ziehen gilt, auch im baconschen Text ein Selbstbildnis des Autors. Dessen Absicht war es, sich als Vermittler einer politischen Weisheit zu präsentieren, die er im Moment der Einigung und der Überwindung der philosophischen Abstraktion einerseits, in der rechtlichen Praxis andererseits ansiedelte und so für sich selbst die Rolle dessen beanspruchte, der durch seine fachliche Kompetenz zur Erörterung von Rechtsfragen berechtigt ist. Es ist ein Bild seiner selbst, das Bacon in seinen Schriften entwirft und auf das sich Vico beim Verfassen der Lobrede in seiner *Vita* bezieht.[33] Auch wenn es zweifellos unangebracht ist, dass Bacon sich in den Augen Vicos als Synthese[34] aus Platon und Tacitus darstellt, so besteht doch andererseits kein Zweifel daran, dass er sich als Versöhner gegensätzlicher Ansprüche präsentiert, hier als „Philosoph von seltener Güte", dort als „großer Staatsminister". Dies erklärt die Schwankungen, denen Vicos Urteil über ihn unterliegt, wo neben offenen Lobreden zum einen auch der feine Tadel ausgesprochen wird, dass es Bacon nicht gelungen sei, sich über die Kanons der rechtlichen Prozeduren zu erheben. Zum anderen steht dann aber die Anschuldigung im Raum, Bacon sei nicht Philologe, sondern Philosoph, der den Bezug zur Praxis verloren habe. Vor diesem

---

33 „Quando finalmente venne a lui in notizia Francesco Bacone signor di Verulamio, uomo ugualmente d'incomparabile sapienza e volgare e riposta, siccome quello che fu insieme un uomo universale in dottrina ed in pratica, come raro filosofo e gran ministro di stato dell'Inghilterra. E, lasciando da parte stare gli altri suoi libri, nelle cui materie ebbe forse pari e migliori, in quelli *De augmentis scientiarum* l'apprese tanto che, come Platone è il principe del sapere de' greci e un Tacito non hanno i greci, così un Bacone manca ed a' latini ed a' greci; che un sol uom vedesse quanto vi manchi nel mondo delle lettere che si dovrebbe ritruovare e promuovere, ed in ciò che vi ha, di quanti e quali difetti sia egli necessario emendarsi; né per affezione o di particolar professione o di propria setta, a riserva di poche cose che offendono la cattolica religione, faccia a tutte le scienze giustizia, e a tutte col consiglio che ciascuna conferisca del suo nella somma che costitovisce l'universal repubblica delle lettere" *Vita*, 30. Auf Deutsch: *Vita D*, 55.

34 „Welche Position der Autor Grotius in der geschichtlichen Entwicklung der Gedanken Vicos einnimmt, ist offensichtlich [...], doch ist noch nicht erkennbar, welche Rolle dem Autor Bacon zukommt. Er repräsentiert mit einiger Wahrscheinlichkeit einen Zwischenmoment: den des bislang unbefriedigten Bedürfnisses nach einer Synthese" (Fassò 1949, 123).

Hintergrund kann man verstehen, warum Vico der Frage welche Disziplinen zur Reflexion über das universelle Recht beitragen sollten, seinen eigenen hermeneutischen Stempel aufdrückt. Hinter der Position, die die auf philologischer Basis neu interpretierte Rhetorik in seinem Diskurs einnimmt, kann man die Rolle der Politik erkennen, der Bacon eine Vorrangstellung einräumt, die aus Vicos Sicht zugunsten der Philosophie verdrängt wird.

5. Die historische Dimension des Gesetzes

In den baconschen Kanons des *Exemplum tractatus* wird die historische Dimension des Gesetzes (*ET*, Aph. 59–78; Works, Bd. I, S. 817–822), die sich auch aus dem Infragestellen der Legitimität der *Digesten* Tribonians ergibt, besonders stark beansprucht: „Es wäre wünschenswert, dass diese Wiederherstellung der Gesetze (*Legum Instauratio*) in besseren Zeiten vonstatten ginge, als den vorigen, deren Rechtshandlungen und Werke geändert werden sollen; in Zeiten größerer Kultiviertheit und umfangreicheren Wissens. Etwas, das über die Kodifizierung des Justinian nicht gesagt werden kann" (Ebd., Aph. 64; 818). Diese Kritik, die auch in den Werken Vicos mit Nachdruck widerhallt, stellt im baconschen Diskurs die Prämisse dar, aus der der Vorschlag zur Ausarbeitung einer neuen Gesetzessammlung hervorgeht (*de novis Digestis Legum*). Im Einklang mit dem Gewohnheitsrecht müsste diese Sammlung durch eine Urteilssammlung ergänzt werden, hinsichtlich deren Grundordnung Bacon fordert, die Untersuchung der historischen Zusammenhänge nicht zu übergehen. Bacons Vorstellung von der Geschichtlichkeit des Rechts kann jedoch nicht als Ausgangspunkt dienende anerkannte Tatsache gesehen werden: Sie präsentiert sich als Ergebnis einer Wiedergewinnung und als Wiederbelebungsversuch, dessen Erfolg ein volles Bewusstsein über die grundlegende philologische Dimension voraussetzt. Vico mag nun zwar Bacons Diagnose eines Mangels an Geschichtsbewusstsein zustimmen, der die systematische Aufarbeitung des justinianischen Rechts beeinträchtigt hat,[35] mit der von Bacon anvisierten Lösung ist er aber gewiss nicht einverstanden. Ein solches Vorhaben musste Vico derart undurchführbar erscheinen, dass er in den *CMA3* entgegnet, man hätte sich

35 Vicos Einverständnis mit dieser Position lässt eine explizite Formulierung nur unter der Voraussetzung zu, dass die baconsche These von den gelegentlichen anti-päpstlichen Salven auf das römische Rechtswesen befreit wird. Vgl. u.a. *DAS*, VIII, 3; *Works*, Bd. I, S. 803: „Jurisconsulti autem, suae quisque patriae legum, vel etiam Romanarum aut Pontificiarum, placitis obnoxii et addicti, judicio sincero non utuntur" und *Vita*, S. 30.

auch wünschen können, den historischen Ursprung des Rechts ohne Filter oder vermittelnde Elemente noch einmal herzustellen. Ziel ist es, genauer zu erkennen, wie nach Bacons Vorstellung eine philologisch bewusst durchgeführte Wiederherstellung der historischen Dimension des Rechts vonstattengehen könnte.

Nach der Feststellung, „der Zweck, dem das Gesetz zustrebt und auf den seine Bestimmungen und Sanktionen ausgerichtet sind, ist einzig das Glück des Bürgers (*ut cives fœliciter degant*)“ (Ebd., Aph. 5, S. 805), zeigt Bacon, dass er Gesetze als „Instrumente und Nerven“ sieht, die auf das Erreichen dieses Ziels hinarbeiten. Im historischen Fluss der Zeit und im Angesicht dr Untergänge (vgl. Rossi 1995), auf die sich die großen Zivilisationen zubewegen, sieht Bacon die Gesetze als eine Garantie für einen relativ stabilen politischen Zustand und bedient sich der Metapher der Verankerung, um zu verdeutlichen, dass gleich den „Urteilen, die Anker des Gesetzes sind […], die Gesetze Anker des Staates sind“ (*ET.*, Aph. 73; *Works*, Bd. I, S. 821). Dies ist daher der Kontext, in dem sich Bacon mit der Methode befasst, wie die Urteilssammlungen vorzubereiten sind, und indem er versucht, Schwierigkeiten infolge der überhistorischen Anlage der *Pandekten* und des *Codex* des Justinian zu vermeiden, schreibt er vor, dass „die Urteile in chronologischer Ordnung zu übertragen (*in ordine et serie temporis digerito*) und nicht systematisch und nach Themen zu gliedern seien (*non per methodum et titulos*) (Ebd., Aph. 76; *a.a.O*).“ Dass es sich dennoch nicht um ein rein chronologisches Ordnungsprinzip handelt, wird unmittelbar darauf erläutert, denn „diese Sammlung muss tatsächlich eine historische Beschreibung der Gesetze sein (*sunt enim scripta ejusmodi tanquam historiae aut narrationes legum*): und die Kenntnis der einzelnen Rechtsschriften ist nicht ausreichend, auch der Zeitpunkt ihres Erlasses muss bekannt sein, um mit der Weisheit eines Richters urteilen zu können“ (ebd.). Man hat es mit einer Historisierung des Rechts zu tun, (Vgl.: *De rat. 2000*, XI.) die sich einer ihrem Wesen nach ahistorischenr Auffassung des Naturrechts gegenüber spiegelbildlich positioniert.

Ohne das Naturrecht überhaupt zu erwähnen, bleibt Bacon den Prinzipien des Gewohnheitsrechtes treu und verweist auf die historische Variable, um die Abgrenzung zwischen *common law* und *statut law* zu begründen: „bei der Zusammenstellung dieser neuen Digesten müssen diejenigen Gesetze ausgewählt und separat behandelt werden, die als gemeines Recht seit jeher gelten (*quae tanquam immemoriales sunt in origine sua*); auf der anderen Seite stehen die Vorschriften, die nach und nach hinzukommen (*de tempore in tempus superaddita*)".[36] Wer Bacons Person als Denker mit den Schmähreden gegen das Autoritätsprinzip und die falsch verstandene Vorstellung von der Antike als Quelle der Weisheit verbindet, mag überrascht sein, dass er in den vorliegenden Aphorismen die These vertritt, dass die Aspekte Autorität und Antike im Bereich des Rechts fundamentale Rollen einnehmen und wechselseitig voneinander abhängig sind. Für die Wiederherstellung des Rechts nach seinem Sinne ist es daher erforderlich, die Gesetze in eine neue Struktur (*structura nova*) zu bringen, die historisch ist[37] und dem Erhalt dient, welche sich in dem Willen manifestiert, den „Worten der antiken Gesetze und der alten Sammlungen treu zu bleiben" (ebd., Aph. 62; 818). Bedenken, formelhafter Treue anzuhängen, scheinen nicht auf ein stilistisches Ansinnen zurückzugehen, sondern finden ihre Rechtfertigung in dem philologischen Bewusstsein, dass „man im Recht weniger auf Stil und Schreibweise achtet, denn auf Autorität - und das Altertum ist der beste Förderer der Autorität".[38] Angesichts dieses Prinzips, demzufolge Antike und Autorität intrinsisch miteinander verknüpft sind, verfällt Bacon letztlich bei der Auseinandersetzung mit der Frage nach der Rolle antiker Fabeln innerhalb der Rechtsprechung in Widersprüchlichkeiten (siehe unten § 8).

Diesen historischen Blickwinkel aus dem Bacon das Recht betrachtet und seine Umgestaltung vorschlägt, hat man im Vergleich zu den Ansichten der gesamten Epoche als ganz und gar außergewöhnlich beschrieben,[39] ganz gleich,

---

36 *ET*, Aph. 61; *Works*, Bd. I, S. 817. Bacon merkt an, dass die Unterscheidung zwischen gemeinem und kodifiziertem Recht das von Tribonian in den *Digesten* und im *Codex* erarbeitete Konzept nachbildet.

37 Ebd., Aph. 63; *Works*, Bd. I, S. 818. „es dürfte nicht unangebracht sein, die nachmaligen Änderungen der antiken Gesetze zu berücksichtigen." Vgl. Aph. 64: „Die Zergliederung und Neukomposition der Vorlagen eines Zeitalters, das weiser und kultivierter war, als das heutige, kann nicht gut gelingen. Doch häufig wird das Notwendigkeit, was nicht immer gutes Tun ist."

38 Ebd: „in huiusmodi Legum Regeneratione atque structura nova, veterum legum atque librorum legis verba prorsus et textum retineto [...] In legibus, non tam stilus et descriptio, quam Authoritas, et hujus patronus Antiquitas, spectanda est".

39 (Coquilette 1992, 282): „This historical perspective was utterly lacking both from the Roman law and the previous English abridgements. For this extraordinary historical perspective, Bacon may, indeed, be indebted to the Continental humanists of the Renaissance, including Jacques Cujas (1522–1590); Guillaume Budé (1467–1540); François Hotman (1524–1590); and Jean Bodin (1530–1590). Much of Bacon's language in *De augmentis*, urging critical examination of both old statutes and cases in light of historical context, reflected the earlier arguments of the French humanists against Bartolism in the sixteenth century, and their revolt against the slavish acceptance of Roman law outside its proper historical context. Bacon had at least a passing

ob man die Aufmerksamkeit dabei auf die britischen Inseln oder auf den gesamten europäischen Kontinent richtet. Zwei Aspekte fallen dem Leser dieser Aphorismen besonders auf und stellen sie ideell auf eine Linie mit den Schlüssen Vicos: Zum einen bietet sich die dem historisch-philologischen Aspekt zugeschriebene Rolle als potentielles Leitkriterium für die Strukturierung an und wird in diesem Sinne, mehr denn je in vollendeter Form, auch in anderen Werken Bacons relevant, die Vico stets im Hinterkopf hat. Dies gilt insbesondere für *De sapientia veterum*. Zum anderen verweist der Nachdruck, mit dem eine Rechtsreform gefordert wird, die die *leges legum* auf die *historiae aut narrationes legum* zurückführt, auf die Möglichkeit, in den Gesetzen nicht nur den Widerschein und die Spuren historischer Veränderungen zu erkennen, sondern sie dank der Erzählungen und Geschichten, die sie demjenigen offenbaren, der sie auszulegen vermag, als Erkenntnisinstrumente zu sehen.

6. Zwischen dem Anlass und den Ursachen des Gesetzes: Die Rolle des Nutzens in der Geschichte

Unter den Vorwürfen, die Vico den Skeptikern im Allgemeinen entgegenbringt – Epikur und Machiavelli ebenso wie Hobbes, Spinoza oder Bayle – findet sich die Anklage, nicht zwischen Ursache und Anlass (occasione) unterscheiden zu können. Es handelt sich um einen Aspekt, den er in der *Sinopsi* und auch in *De Uno* besonders ausführlich bespricht. Ausgehend von der Feststellung, dass jene „nicht wahrnehmen, dass andere die Ursache und andere die Gelegenheiten der Dinge sind“[40],skizziert er einen auf deren Unterschied abzielenden Interpretationsvorschlag: „die Nützlichkeit ist eine Gelegenheit, dank derer im Geist des Menschen die Idee der Gleichheit aufwacht, die die ewige Ursache der Gerechtigkeit ist“[41] Der Unterschied zwischen Ursache und Anlass wird im Lichte ihrer unterschiedlichen Beziehung zur zeitlichen Dimension besprochen: „Der Nutzen ändert sich, aber die Gleichheit von denen (von den Ursachen) ist ewig“[42] „und hat zur Folge, dass der Anlass nebensächlich erscheint, die Ursache hingegen als

acquaintance with their writings, and even more familiarity with English civilians, such as Sir Thomas Smith (1513–1577) and Alberico Gentili (1552–1608), who took up the humanist cause in England.“

40 „Non avvertirono che altro sono le cagioni, altro le occasioni delle cose“, (*De uno 1936*, Bd. 1, 4).

41 „... l'utilità è occasione per la quale si desti nella mente dell'uomo l'idea dell'ugualità, che è la cagione eterna del giusto“ (a.a.O.).

42 „... le utilità cangiarsi, ma l'uguaglianza di quelle [cause] esser eterna“ (a.a.O.).

erforderlich. In dem, was hier als radikale Gegenüberstellung bezeichnet werden könnte, wirkt der Nutzen wie eine Art Scharnier, der einen potentiellen Gegensatz in eine von Vico erkennbare Gradualität verwandeln kann, die im Anlass ein der Ursache zeitlich vorgelagertes Ereignis vorfindet, das zu einer Anerkennung der ewigen Prinzipien von Gerechtigkeit und Gleichheit führen kann. Er scheut sich, offen auszusprechen, dass es sich um eine Vorzeitigkeit handelt, die nicht logisch sein kann, „non potendo il temporale esser cagione dell'eterno, né il corpo produrre l'astratto" (a.a.O.).

In *De Uno* wird der Vorwurf, den Unterschied zwischen Ursache und Anlass nicht erkannt zu haben, auf Grotius ausgeweitet.[43] Das von Vico diskutierte Problem bezieht sich auf das Erkennen der Ursache des Rechts, die nicht in der Sphäre des Nutzens zu finden ist, da der Nutzen bestenfalls einen Anlass für das Entstehen des Rechts darstellt – an sich eine mehr oder weniger ehrliche Art, mit der sich die Ungleichheit ebenso manifestieren kann wie die Gleichheit und die Gerechtigkeit. Vico zieht daher den Schluss, dass „der Nutzen ein Anlass, die Ehrlichkeit aber eine Ursache des Rechts und der menschlichen Gesellschaft ist" (ebd.). Um diesen Punkt zu illustrieren, nutzt er die Analogie der Beziehung von Körper und Geist, „da der Körper nicht Ursache, sondern Anlass ist, durch die sich im Geist die Vorstellung des Wahren fortpflanzt, so ist der körperliche Nutzen nicht die Ursache, sondern der Anlass, der in der menschlichen Seele den Willen zum Gerechten weckt (*De uno 1936*, Kap. XLVI [3], Bd. 1, S. 56)." Von der Identifikation des Nutzens mit der Sphäre der Körperlichkeit lässt Vico den Vergleich mit einer zeitlichen Dimension ableiten, die er als *fluxa* bezeichnet, um ihre innere Veränderlichkeit zu verdeutlichen: „Der Nutzen für den Körper, um des Körpers zu sein, ist vergänglich und währt nicht fort, doch ewig ist die Ehrlichkeit, damit ihre Essenz die ewige Wahrheit, der Geist ist."[44] In diesen dem Anlass gewidmeten

43 *De uno 1936*, Kap. XLVI [1], Bd. 1, S. 55: „Occasio autem caussa non est: quod Hugo Grotius in hac disputatione, cuius est cardo, non vidit. Non igitur utilitas fuit mater iuris et societatis humanae, sive ea sit necessitas, sive metus, sive indigentia, ut Epicuro, Macchiavellio, Hobbesio, Spinosae, Baylaeo adlubet: sed occasio fuit, per quam homines, natura sociales et originis vitio divisi, infirmi et indigi ad colendam societatem, sive adeo ad celebrandam suam socialem naturam raperentur."

44 Ebd., Kap. XLVI [1], Bd. 1, S. 54–55. „Utilitas corporis, quia corporis, fluxa; honestas autem aeterna, quia aeterno vero constat". Vgl. auch a.a.O, *Lemmata* III [*De opera proloquium*, 35], Bd. 1, S. 36: „Occasiones non esse caussas rerum. Corpora autem et quae sunt corporis, uti sensus, esse occasiones, per quas aeternae rerum ideae in mentibus excitentur. At fluxa, uti corpora et quae sunt corporis, uti sensus, quid aeternum supra

Passagen bringt Vico mit großer Beharrlichkeit die Metapher des Fließens der Zeit vor, die aus der Nähe betrachtet an die baconschen Akzente[45] des Flusses der Zeit erinnert, der das Risiko eines Schiffsbruches in den Weiten der Erinnerung und der Vergangenheit birgt (siehe Bacon 1985, 172–176). Die Unterscheidung von Anlass und Ursache geht aus der Gegenüberstellung von unsteter Vergänglichkeit des wechselvollen menschlichen Lebens und der konstanten Wahrheit alles Ewigen hervor.

Obgleich Vico nicht explizit angibt, wie er den Unterschied zwischen Ursachen und Anlässen im Hinblick auf die Ausformung von Gesetzen herausarbeitet, kann es von Nutzen sein, wenn man nicht vergisst, dass Bacon im *Exemplum Tractatus* in eben diesem Zusammenhang die Idee der Gelegenheit eingeführt hat. Ab dem zweiten Aphorismus der Präambel brachte er den Nutzen mit der Ungerechtigkeit in Verbindung und sah darin die Grundlagen des Privatrechts: „Dies ist die Grundlage des Privatrechts: Wer eine Ungerechtigkeit begeht, zieht daraus einen Nutzen (*utilitatem*) oder einen Gefallen."[46] Dies ist kaum mehr als eine Andeutung. Darüberhinaus jedoch setzt Bacon diesen Prozess im Rahmen seiner Überlegungen über die Ausformung der Gesetze im fünfzehnten Aphorismus mit zufälligen Umständen in Beziehung. Letztere sind insofern durch ihr kontingentes Wesen gekennzeichnet, als dass es im Umgang mit „Vorschriften, die offensichtlich an einen vorübergehenden Zustand gebunden und aus Anlässen hervorgegangen sind, die zum entsprechenden Zeitpunkt für den Staat von großer Bedeutung waren, schon viel ist, wenn sie nach Beendigung des Zustands, aus dem sie erwachsen sind, noch auf die von ihnen ausdrücklich geregelten Fälle angewandt werden können; es wäre jedoch unangebracht, sie

---

corpus gignere non posse, prae cuius vera ignoratione homines in Deum ingratos agere. Qui, quia, prae summa sua bonitate, ad quamvis sensus occasionem, tam tempori, tam exprompte, tanta praesentia, ideam rei, quae etrinsecus sensum movet, mentibus exhibet, res, quae sunt summe diversae, idem putant, et fluxa aeternis, ac vere maria coelo miscent".

45 Siehe Bacon: *De sapientia veterum*, *Works*, Bd. VI, „XI. Orpheus sive philosophia", S. 722: „Neque ita multo post (si hujusmodi furores continuentur) literae etiam et Philosophia certissime discerpitur: adeo ut fragmenta tantum ejus in paucis locis, tanquam naufragii tabulae, inveniantur, et barbara tempora ingruant; Heliconis aquis sub terra mersis; donec debita rebus vicissitudine, non iisdem fortasse locis, sed apud alias nationes erumpant et emanent". Vgl. P. Rossi: *Il passato, la memoria, l'oblio*, Bologna, 1991, S. 96–102.

46 *ET*, Aph. 2; *Works*, Bd. I, S. 803: „firmamentum Juris Privati tale est. Qui injuriam facit, re utilitatem aut voluptatem capit".

auch nur in kleinstem Umfang auf unberücksichtigte Fälle anwenden zu wollen".[47] Bacons Ausdruck *mutata ratione temporum* wird von Vico zu „setta dei tempi"[48] umformuliert, wobei selbst der Bezug auf das römische Rechtswesen erhalten bleibt. Während sich Bacon somit für seinen Anlass und seinen Nutzen des Verweises auf die historische Dimension bedient und über eine ereignisbezogene Betrachtung der gesetzlichen Vorschrift (*Temporis Leges*) nicht hinaus geht, lässt sich Vico dadurch zu einer Betrachtung selbiger im Lichte der Konvergenz von *verum* und *certum* einerseits sowie von *verum* und *aequum* andererseits anregen. Dabei erklärt er „(zumindest ausgehend von der Sünde) Nutzen und Notwendigkeit zu Ausgangsbedingungen (*occasiones*) jeder möglichen darauffolgenden rationalen Entwicklung" (Badaloni 1974, XXXIX).

7. Die Gewalt des Gesetzes

Der erste Aphorismus des *Exemplum tractatus* wird mit der Gegenüberstellung von *lex* und *vis* eröffnet: „In der bürgerlichen Gesellschaft herrscht entweder das *Gesetz* oder die *Gewalt* (*aut* Lex *aut* Vis *valet*)" (*ET*, Aph. 1; *Works*, Bd. I, S. 803). Wenn Bacon nicht sogleich die Formen aufzeigen würde, in denen sich die Pole dieser Antinomie gegenseitig eintrüben, könnte der Eindruck entstehen, dass es sich um zwei einander ausschließende Möglichkeiten handelt. Bacon präzisiert, dass es „auch diejenige Gewalt gibt, die sich den Anschein des Gesetzes gibt, und dasjenige Gesetz, das die Gewalt anstelle der Gleichheit des Rechts zu wahren scheint".[49] Er folgert daraus, dass „die Quelle der Ungerechtigkeit also dreierlei Natur ist: die reine, schlichte Gewalt, die Täuschung, die sich als gesetzestreu ausgibt, die Unterdrückung (*acerbitas*) des Gesetzes selbst" (a.a.O.). Auch wenn es den Anschein macht, dass er hier eine Art noch ungeordneter Kasuistik herausarbeitet, so ist es doch gerade diese Darlegungsstruktur, die auf der anderen Seite den Zweifel zulässt, dass sich die Art der Interferenz zwischen *vis* und *lex* ebenso

47 Ebd., Aph. 15; *Works*, Bd. I, S. 807: „Statuta quae manifesto *Temporis Leges* fuere atque ex occasionibus reipublicae tunc invalescentibus natae, mutata ratione temporum, satis habent si se in propriis casibus sustinere possint; praeposterum autem esset, si ad casus omissos ullo modo traherentur".

48 Vgl. u.a. *Sn44*, § 915 und § 975. Der Ausdruck liefert den Titel zum elften Kapitel des vierten Buches, während die Titel der vorhergehenden Kapitel desselben Buches als Hinweis auf die Dreigliederung der Augenblicke der idealen ewigen Geschichte zu verstehen sind und sich sämtlich auf den Ausdruck „drei Arten" (*tre spezie*) beziehen.

49 ET, Aph. 1; Works, Bd. I, S. 803: „est autem et vis quaedam legem simulans, et lex nonnulla magis vim sapiens quam aequitatem juris".

gut für eine Auslegung als graduelle Prozessualität eignet. Selbige würde in diesem Fall eine Dynamik implizieren, die den Übergang von der reinen, schlichten Gewalt (*vis mera*) hin zum unmittelbaren Festmachen am Gesetz in Zusammenhang setzt und erklärt, wenn auch in einer groben, weil noch nicht voll ausgereiften Form.[50] Die Vermischung und Entartung von Gewalt und Gesetz zu zeigen, die Art und Weise, in der sich das Aufeinandertreffen des rational-universellen Gesetzesprinzips und der speziellen, sensiblen Aspekte der Gewalt verwirklicht, die als Quelle der Ungerechtigkeit interpretiert und daher in ihrer Form ohne Rechtfertigung und in ihrem gewalttätigen Ursprung verurteilt wurde, musste wie ein Diskurs erscheinen, dem der stets an der Erkundung der Wirkungsweisen von Autorität interessierte Vico besonders aufmerksam und offen gegenüberstand.

Was bei Bacon eine weitgehend implizite und vielleicht kaum erahnte Anregung bleibt, lässt bei der Gegenüberstellung mit den entsprechenden Passagen bei Vico Raum für kühne Interpretationen. Tatsächlich verfolgt Vico die Idee verschiedener Formen der *lex iustae violentiae*, wobei letztere bereits die Weiterentwicklung einer *lex iustae libidinis* ist, der gegenüber jedoch die Unterscheidung zumindest weniger vage erscheint. Gemäß der Gliederung der ontogenetischen Ordnung folgt auf das „zügellose Verlangen (*effrenis libido*)“[51] des Appetits die Gewalt, an die Phantasie und geistige Fähigkeiten anknüpfen, um letztlich den Verstand zu erreichen. Die phylogenetische Entwicklung, die sich anhand dieses Schemas herausformt, ist auch in den Formen ausgeprägt, die das Naturrecht annimmt. Dies

> erscheint uns daher bei seinem Auftreten als die Wandlung des legalen Verlangens und der legalen Gewalt; es bleibt also in den Märchen, die die antike legale Gewalt darstellten, verworren; und schließlich, werden die Gesetze nach ihrer Vollkommenheit gelenkt, stellt es sich mit offener Vernunft und großzügiger Wahrheit dar.[52]

---

50 Bacon bezog sich zwar auf das Element der *acerbitas ipsius legis*, doch könnte man eventuell versuchen, eine mögliche Auslegung Vicos zu rekonstruieren, sofern die Verwendung des Syntagmas „immature, atque acerbe“ (*De rat. 2000*, S. 21 des Faksimiles, hier auf S. 387), berücksichtigt wird. In diesem Kontext verweist er im Übrigen auf an die Phantasie und Jugend geknüpfte Prozesse.

51 *De uno 1936*, Kap. CCXIX, Bd. 1, S. 256: „Iura pro humanae vitae corruptae ordine nata – Cur prima in terris effrenis libido? Deinde violentia? Tum phantasiae et ingenii vis? Demum ratio? – Mira iuris naturalis historia.“

52 *a.a.O.* „ita ius natural primum lege iustae, ut ita dicam, libidinis iustaeque violentiae ortum, deinde quibusdam iustae violentiae fabulis inductum, tandem ratione aperta et generosa veritate perfectum extaret.“

In der mönchischen Phase, also im gesetzesgemäßen Zustand der menschlichen Verlassenheit, den Vico im Lichte der historischen Berichte neu interpretiert, gemäß derer „non rispose falso Brenno ai romani: che la prima legge che nacque al mondo fu [legge] della violenza – ma lasciò il più importante – che sia dettata da una natura migliore",[53] ist bei Berücksichtigung der *Sinopsi* die Autorität der Vernunft durch das Gesetz der Gewalt geprägt.

Während Bacon in einer axiomatischen und ahistorischen Ordnung auf eine Erklärung zur Entstehung der Ungerechtigkeit abzielt und dabei das Ziel verfolgt, ihre Ursachen zu beseitigen oder zumindest die Bedingungen einzuschränken, aus denen diese erwächst, findet sich der Aspekt der Gewalt des Gesetzes bei Vico unter Rahmenbedingungen, die als Bindeglied zur Historisierung des Rechts nach bestimmten Formen fungieren. Diese veranschaulichen dabei eine Gradualität in deren Rahmen anhand der gegensätzlichen Pole des Gesetzes und der Gewalt ein Fortschritt skizziert wird, der es erlaubt, eine teleologisch ausgerichtete und historisch geordnete Entwicklung zu erkennen. Natürlich konnte Bacon hinter dem augenscheinlichen Gegensatz von *lex* und *vis* die vielfältigen Möglichkeiten der Vermischung beider Konzepte erkennen, die Vico im Geflecht einer systematischen historischen Gliederung auffächern konnte. Dennoch übersah Bacon, paradoxerweise vielleicht, inwiefern eine analoge Interpretationsweise auch auf die Polarität anwendbar gewesen wäre, in die er die Spannung zwischen Gesetz und antiken Gesetzesfabeln einordnet. Der Diskurs Vicos erweitert diese spezielle Lesart, welche sich bis hin zur Einbeziehung sowohl der *fictiones iuris* als auch die Gesetzesfabeln in die als „severa poesia" charakterisierte „antica giurisprudenza"[54] auf die den historischen Dynamismus rechtfertigende wechselseitige Beeinflussung konzentriert.

53 *De uno 1936*, Bd. 1, S. 6: „il primo è il ius della violenza privata nello stato exlege". Vgl. auch *De uno 1936*, Kap. XCVIII-XCIX, Bd. 1, S. 90: „Die erste vom Menschen in seiner Verlassenheit erlebte Autorität kann als ‚mönchisch' oder ‚vereinsamt' bezeichnet werden [...] aufgrund dieser mönchischen Autorität wird der Mensch Herrscher in der Einsamkeit; und wenn er, angegriffen, seine eigene Person schützen muss, wird er sich seiner Überlegenheit gegenüber dem Angreifer bewusst, diesen im Gefühl der Gerechtigkeit überwinden (*quia aggressori iustitia praestat*) und töten, womit er ein Recht der Überlegenheit oder Souveränität ausübt".

54 *Sn44*, § 1037; *Sn44D, 562*: „die alte Jurisprudenz war eine strenge Dichtung".

8. Die antiken Gesetzesfabeln und Bacons Vorschlag einer *expurgatio legum*

Von seiner Analyse der Beziehung zwischen Gewalt und Gesetz leitet Vico über die symbolische Formalisierung der Gewalt unter Bezugnahme auf die *fictio iuris*[55] zur Besprechung der antiken Fabeln[56] über, die als ursprüngliche, ausdrucksstarke und dem Gesetz eigene Form gelten. Im Zuge dessen vollführt Vico eine ganze Reihe thematischer Übergänge, um schließlich zum breitgefassten Diskurs über die Beziehung zwischen Mythologie, Poesie und Recht zu kommen.[57] Von seinem Standpunkt aus, und im Gegensatz zur von Bacon vertretenen Ansicht, verfestigte sich diese enge Verknüpfung im Bild von der historischen Notwendigkeit, so dass es sich nach seinem Vorschlag um Elemente handelt, die in unmittelbarer Nähe zu einander anzusiedeln und somit innerhalb eines gemeinsamen interpretativen Rahmens aufzufassen sind. Vico erkannte also sicher den Mangel an Kohärenz im Text Bacons, der zwar einerseits die Formen erfasst hatte, in denen sich *vis* und *lex* verbinden und vermischen können, der andererseits aber angesichts der *fictiones iuris* und der antiken Gesetzesfabeln nicht nur deren Bezug zum Gesetz nicht erfasste, sondern gar zu vergessen schien, selbst geäußert zu haben, dass das Altertum der beste Förderer der Autorität sei (*ET*, Aph. 62; *Works*, Bd. I, S. 818). und es „unsinnig ist, einen Teil des Gesetzes zu beurteilen, ohne das Ganze zu kennen" (Ebd., Aph. 26; *Works*, Bd. I, S. 809). Dies gilt auch für eine Interpretation des historischen Impetus, demzufolge sich die Art der Auseinandersetzung mit den antiken Autoren vollständig umkehrt, wenn man die – übrigens von Vico geteilte – Annahme akzeptiert, dass das, was „unter

---

55 *De uno 1936*, Bd. 1, S. 16–17: „La necessità della forza passò in necessità di civil ragione e restarono certe imagini delle vere violenze […] e questo dice essere quelle che Giustiniano chiama, nel Proemio delle *Instituzioni*, 'antiqui iuris fabulas' " (vgl. auch die parallelen Passagen: *De uno 1936*, Kap. CLXXXII, 1 und 2, *Sn25*, § 365; *Sn44*, § 1037). Für eine aktuelle Analyse des Begriffs *fictio iuris* siehe Sini 2014, S. 93–114.

56 *De uno 1936*, Kap. CCXX; Bd. 1, S. 256: „per iuris fabulas vitae verum excussum"; *De uno*, Kap. CLXXXII; *De uno 1936*, Bd. 1, S. 200: „Per eas ipsas fictiones et fabulas, iuris naturalis verum erumpebat".

57 *De uno 1936*, Bd. 1, S. 6: „Si dice mancare i princìpi a tutta la storia profana, perché si sono ignorati i veri princìpi della poesia, che esso [Vico] pruova essere la prima storia de' gentili, e però dover lei essere la fiaccola del ius delle genti".

zeitlicher Betrachtung in der Gegenwart als alt erscheint, für die Veränderung und Abweichung extrem neu ist" (Ebd., Aph. 24; *Works*, Bd. I, S. 808).

Die Tilgung der antiken Fabeln[58] war nach Bacons Urteil die grundlegende Voraussetzung für die Erstellung neuer Digesten, die er als eine Art „opus heroïcum"[59] in Aussicht stellte, das idealerweise der Nachwelt anvertraut würde. Er ging davon aus, dass die antiken Gesetze durch das Wirken der Zeit ihre Autorität verloren hätten und schätzte den größten Teil dieser Gesetze als „unnütz und oberflächlich"[60] ein. Im Latein Bacons erscheint das auf die antiken Fabeln angewandte Syntagma „inania et frivola" als Abdruck einer erasmischen Schablone, während sich zugleich zeigt, dass es sich homolog antonymisch zu den Fabeln Vicos verhält, die als „wirkliche und ernsthafte Geschichten" bezeichnet werden. Tatsächlich hatte Bacon selbst im Widmungsschreiben der *Instauratio magna* die Vorstellung von einer wirklichen und ernsthaften (*veram et severam*) experimentell orientierten Naturgeschichte verteidigt.[61] Davon unabhängig kann man vermuten, dass Bacon mit dem *Exemplum tractatus* dazu beiträgt, Vico mit der Frage nach der Rolle der antiken Fabeln im rechtlichen Kontext vertraut zu machen, und sekundär die möglichen Auffassungen von der Geschichtlichkeit des Rechts in dessen Verhältnis zum universalen Prinzip der Gerechtigkeit anzusprechen.

Es war gewiss bekannt, dass in den *Institutionen* des Justinian auf die „antiken Gesetzesfabeln" Bezug genommen wurde. Bei Bacon verband sich diese

58 Ebd., Aph. 60; *Works*, Bd. I, S. 817: „omittantur obsoleta, quae Justinianus *antiquas fabulas* vocat".

59 *ET*, Aph. 59; *Works*, Bd. I, S. 817: „Quod si Leges aliae super alias accumulatae in tam vasta excreverint volumina, aut tanta confusione laboraverint, ut eas de integro retractare et in corpus sanum et habile redigere ex usu sit; id ante omnia agito; atque opus ejusmodi opus heroïcum esto; atque authores talis operis inter legislatores et instauratores rite et merito numerantor".

60 Ebd., Aph. 86; *Works*, Bd. I, S. 823. Es kann nicht ausgeschlossen werden, dass Vico, wenn er in der *Sn44*, § 1037 den höhnischen Tonfall betont, mit dem über die antiken Gesetzesfabeln gesprochen wird, auch an diese Passage bei Bacon gedacht hat.

61 Bacon: *Instauratio magna*, Widmung: „Superest petitio, Majestate tua non indigna, et maxime omnium faciens ad id quod agitur. Ea est, ut quando Salomonem in plurimis referas, judiciorum gravitate, regno pacifico, cordis latitudine, librorum denique quos composuisti nobili varietate, etiam hoc ad ejusdem regis exemplum addas, ut cures Historiam Naturalem et Experimentalem, veram et severam (missis philologicis), et quae sit in ordine ad condendam philosophiam, denique qualem suo loco describemus, congeri et perfici".

Diskursebene jedoch mit anderen Elementen, die Vico dazu veranlassen mochten, jenseits der kaum verborgenen baconschen Inkohärenz einen organischen Sinn zu suchen. Neben der Besprechung der antiken Fabeln stieß Vico auf die Vorstellung vom Recht als an die Begleitumstände gebundenes und gegenüber Gelegenheit und Nutzen funktionales, historisches Produkt. Die *fictiones iuris* waren zudem schon Bacons Ansicht nach eine Art Inszenierung, so dass Bacon ihre Verwendung gerade aus diesem Grund missbilligte,[62] während Vico darin „un poema drammatico serioso" erkennen würde, das vor seinem Aufstieg „sopra i teatri" auf Straßen und Plätzen gefeiert werden sollte (*Sn25*, § 365). Andererseits war es Bacon gewesen, der in seinem Streben nach der Tilgung der antiken Fabeln und der *fictiones iuris* ursprünglich das Kriterium der Vergeschichtlichung des Rechts nicht konsequent auf dessen Quellen angewendet hatte: Beiden Elementen ist das baconsche Veto gemein, das sie von der restaurierten Sammlung von Gesetzen ausschließen wollte. Bei Vico hingegen verwachsen diese zwei Diskursebenen miteinander und werden in einer gemeinsamen Perspektive zusammengefasst.

Obschon der Hinweis auf die antiken Gesetzesfabeln bei Bacon ebenso allgemein gefasst ist wie schon bei Tribonian, und ihre Auslegung darüber hinaus für die Juristen eine *vexata quaestio*[63] war, erfüllte Vico den Ausdruck mit Sinn, indem er die antiken Gesetzesfabeln mit den mythologischen Erzählungen – insbesondere mit denen von Orpheus und Amphion – gleichsetzte. So ist es kein Zufall, dass in *De uno* die Sequenz der Etappen, die über die Imitation von Gewalt in symbolischer Form die Gewalt an sich mit dem Gesetz verbindet, ohne dauerhafte Lösung zur Beschreibung dieser Mythen führt:

> Zu jener Zeit, die man als Jugend der Menschheit bezeichnen könnte, ein Alter, in dem im Menschen die Fantasie besonders blüht und, das daher in der Geschichte das Jahrhundert der Poeten war, zu jener Zeit, die von der Geschichte vernachlässigt und im Namen von Helden und Sagengestalten aus ihr verbannt wurde, ersetzten die ersten Gründer bürgerlicher Gesellschaften das Recht der effektiven Gewalt der *gentes maiores*

62 *ET*, Aph. 91; *Works*, Bd. I, S. 824–825: „tentari judicia per causas et personas fictas [...] non placet. Dedecorat enim majestatem legum, et praevaricatione quapiam censenda est. Judicia autem aliquid habere ex scena deforme est". Diese rechtliche Praxis stößt auf Widerspruch, den Bacon einerseits an die *idola fori*, andererseits an die *idola theatri* richtet, für den Fall, dass eine Zwischenstufe der Theorie der *idola*, in der die *idola scenae* einen Platz fänden nicht in Betracht gezogen würde.

63 Nicolini, *Commento*, Bd. II, S. 112, bzgl. *Sn44* (§ 1037) und bzgl. *Sn30* (§ 1386), ebd., S. 194.

durch Gewaltimitationen [...] Mit ihnen schien im Recht der Quiriten des antiken Rom die Geschichte des Rechts der Menschen repräsentiert; und diese, nur diese, werden von Justinian recht kenntnisreich als „Fabeln des antiken Gesetzes" bezeichnet. Die hier dargestellten Dinge geben Anlass, die folgenreiche Hypothese aufzustellen, dass die natürliche, poetische Versinnbildlichung der Heldenzeiten die Wurzel der von den Poeten an uns weitergegebene Überlieferung ist, nach der Orpheus und Amphion die ursprünglichen Gründer der Städte waren (*De uno 1936*, cap. CXXIV, Bd. 1, S. 114)..

Man könnte über die Gründe nachdenken, die Vico dazu veranlassen, ausgerechnet Orpheus und Amphion als Figuren an der Wurzel der antiken Gesetzesfabeln auszuwählen. Vermutlich aufgrund der Art und Weise, wie sie den Ursprung des Rechts bewahren. Es lässt sich bezweifeln, dass Vicos Verweis auf das Theater, den er mit Bezug auf die *fictiones iuris* und sicher auch im Nachhall der baconschen Erwähnung von Szene und Inszenierung angebracht hat, seine Erinnerung an das ovidsche Theater des Orpheus[64] als idealisierten Ort der Unterdrückung der angeborenen Gewalttätigkeit wachgerufen hat. Dieses Detail hatte in Wahrheit in Bacons *De sapientia veterum* eine herausgehobene Stellung bei der Besprechung der mythologischen Erzählung eingenommen. Orpheus wurde dank der Harmonie seines Gesangs und des Klanges der Leier als Schöpfer der zivilen Eintracht dargestellt. Der Zustand bürgerlichen Friedens war das Ergebnis eines Gesangs über die Barmherzigkeit und die Anbetung der Götter. Doch auch beim Mythos der Sirenen kehrte Bacon zur Figur des Orpheus zurück, um zu zeigen, auf welch unterschiedliche Art und Weise Orpheus und Odysseus den Sirenen widerstehen, die für die Schmeicheleien der Leidenschaften und Vergnügungen stehen: „er schlug die Leier und erhob die Stimme zum Lob der Götter, erstickte der Sirenen Stimmen und entging so allen Gefahren" (Bacon 1857–1859, Bd. VI, 684). Während die Lösungen des Odysseus denen der Philosophie entsprechen, ist die Lösung des Orpheus von der Religion geprägt, hatte Bacon betont, denn „mit Gesang zum Lob der Götter beirrte und erstickte er die Stimmen der Sirenen, denn die göttliche Andacht übersteigt die Freuden der Sinne nicht nur an Macht, sondern auch an Lieblichkeit" (Ebd., 685). Unter eben diesen Begrifflichkeiten nähert sich auch Vico dem Bild des Orpheus. Er bedient sich also dieses Mythos in angemessener Lesart, und zeigt damit die Rolle der Barmherzigkeit und der Religion[65] als Quellen des

64 Siehe Ovid: *Metamorphosen*, XI, 22; für das Paar Orpheus-Amphion siehe Horaz: *Ars poetica*, 391–393; vgl. auch (Costa 1984–1985, 131–147).

65 Der Verweis auf die Dimension der *pietas* und der *religio* im Sinne einer Ursprungssphäre und als erste Bedingung für die Möglichkeit eines harmonischen bürgerlichen Lebens findet sich auch im *Exemplum tractatus*, siehe Aph. 5; *Works*, Bd. I, S. 805: „Id

Naturrechts auf. Eine Bestätigung dessen findet sich in Kap. CLXXXIII, in dem die Figuren des Orpheus und des Amphion einen Diskurs besiegeln, der sich einmal mehr an der Fiktion des antiken römischen Rechts inspiriert hatte[66] und bei den antiken Gesetzesfabeln verweilte:[67]

> Die Poeten bestätigen diese Fabeln des antiken Rechts, wenn sie Orpheus und Amphion als Begründer ziviler Gesellschaften darstellen, beide Helden und Poeten, Orpheus, der mit dem Klang der Leier wilde Tiere gefügig machte […] alle Mythologen sind sich einig, dass diese Fabeln die ersten Grundlagen der bürgerlichen Regierungen sind, doch sie irren, wenn sie diese Helden für zwei verschiedene Personen halten, wo sie doch die heroischen Charaktere aller je gekannten Helden verkörpern […] So sagen sie etwa, dass Orpheus mit seinem Gesang und mit der Leier, seinen unverkennbaren Attributen, selbst den Gesetzlosen das Wesen der Götter gezeigt hat, von den Empfindungen der Religion durchdrungen wurden sei gefügig und gehorsam und beugten sich den Gesetzen (*De uno 1936*, Kap. CLXXXIII, Bd. 1, 201).

Mit diesem *excursus* riskieren wir jedoch, uns zu weit vom *Exemplum tractatus* zu entfernen. Zwar stand Vico Bacons Idee eines allgemeinen mentalen Wörterbuches wohlwollend gegenüber und in seinen ersten vier Grundsätzen macht er Andeutungen über die Theorie der *idola*, doch für Bacons reformatorische Idee neuer, von den antiken Fabeln befreiter *Digesten* der Gesetze war er nicht zu gewinnen. Eine solche Anlage musste ihrerseits von vornherein verstümmelt sein, denn der Traktat, der sich anschickte, die Quellen des Rechts zu untersuchen, schloss gerade die Quellen aus, die nach Vico eben die Quellen des Rechts waren. Doch bei Betrachtung der baconschen Annahme der Geschichtlichkeit des Rechts unter dem Aspekt ihrer Kontingenz hinsichtlich Gelegenheit und

---

fiet, si pietate et religione recte instituti; moribus honesti; armis adversus hostes externos tuti; legum auxilio adversus seditiones et privatas injurias muniti; imperio et magistratibus obsequentes; copiis et opibus locupletes et florentes fuerint."

66 *De uno 1936*, Kap. CLXXXII, Bd. 1, 200: „An jeder Stelle des antiken römischen Rechts treffen sich unzählige Täuschungen […] dort kommt es vor, dass das bloße Befruchtete als geborener Nachkomme gilt; die Lebenden werden für tot erachtet, und die Toten für lebendig; ein Haupt mit den Eigenschaften dreier Personen […] und es gibt auch im zivilen Recht die simulierte Gewalt (*simulatas violentias iure civili*), die mit allen förmlichen Weihen praktiziert wird."

67 Ebd.: „In der Präambel der *Institutionen* bezeichnet Justinian alle Fiktionen des zivilen Rechts als „Fabeln des antiken Rechts"; und obschon die Rechtskundigen sich stets strikt an sie halten wollten, um dem bestimmten und strengen Ruf des Gesetzes zu folgen, so hat sich doch immer die Wahrheit des Naturrechts zwischen Fabeln und Fiktionen gedrängt und sich einen Weg gebahnt."

Nutzen sowie der Annahme einer möglichen Vermischung scheinbar heterogener Elemente (wie die Kraft des Gesetzes, aber auch die *fictiones iuris* und die Gesetze selbst ebenso wie Mythen und Legenden), konnte Vico wiederum das Recht nach den „sette dei tempi" modifizieren. Er konnte also die Worte Bacons gegen seine Schlüsse verwenden und somit die Annahme rechtfertigen, dass die antiken Fabeln eine Relevanz für das Verständnis der Quellen des Rechts haben. Bacon dürfte Vico als nicht sonderlich kohärent erschienen sein, und er hatte sicher keine Antworten auf das Problem der universalen Gerechtigkeit oder der Quellen des Rechts geliefert. Dennoch sollten diese von Bacon ungeordnet zusammengestellten Elemente bei angemessener Auswahl und Neuorientierung durch Vico in systematisierter Form Eingang in *De Uno* finden.

Die Tendenz zur Heterogenität und die mangelnde Geschlossenheit seiner Abhandlung musste darüber hinaus auch Bacon aufgefallen sein. Er selbst verglich abschließend die Sammlung seiner Aphorismen mit den ungeordneten Dissonanzen eines Orchesters beim Stimmen der Instrumente vor dem Beginn eines Konzerts.[68] Fast so, als ob er damit ausdrücken wollte, dass der als Beispiel verstandene Traktat lediglich propädeutische Funktion habe, aber dennoch ein notwendiger Schritt auf dem Weg zu einer aus dem bisher Niedergeschriebenen nicht ableitbaren harmonischeren Entwicklung des Wissens sei. Obgleich funktional beim Aufbau einer Harmonie, den Bacon jedoch der Nachwelt überträgt, erschienen Vico die Aphorismen wie „formlose, hingestreute Fragmente", die einer Ordnung bedürften, derer er sich annehmen wolle.

9. Vico ohne Bacon?

Es schien bislang kaum zweckmäßig, weniger noch erforderlich, Aspekte aus Vicos Betrachtungen zum universellen Recht unter Rückgriff auf Bacons *Exemplum tractatus* darzustellen. Zu den Zusammenhängen zwischen Bacon und Vico in den rechtskundlichen Werken herrscht jedoch insbesondere in jüngerer Zeit

68 *DAS*, VIII, 3; *Works*, Bd. I, S. 827: „hunc tractatum nostrum non absimilem esse censemus sonis illis et praeludiis quae praetentant musici dum fides ad modulationem concinnant; quae ipsa quidem auribus ingratum quiddam et asperum exhibent, at in causa sunt ut quae sequuntur omnia sint suaviora; sic nimirum nos in animum induximus ut in cithara musarum concinnanda et ad harmoniam veram redigenda operam navaremus, quo ab aliis postea pulsentur chordae meliore digito aut plectro". In der Passage folgt ein Entwurf einer Geschichtstheorie, in der als gesichert angenommen wird, dass „angesichts des Zustands unserer Zeit […] das Wissen zum dritten Mal im Laufe unserer Geschichte unter die Menschen zurückgekehrt ist".

ein grundsätzliches Schweigen[69] kritischer Stimmen. Wenn die bisherigen Studien zum universellen Recht bei Vico ohne eine differenzierte Gegenüberstellung mit dem hier untersuchten baconschen Text auskamen, so liegt das sicher einerseits an der grundsätzlichen Kritik, die Vico dem Rechtstheoretiker Bacon nicht erspart, andererseits aber auch an der Erheblichkeit der Verbindlichkeit, die er gegenüber Grotius anerkennt. Nachdem Paolo Rossi[70] die Frage nach der tatsächlich von Vico rezipierten Literatur gestellt und dort insbesondere aufgezeigt hat, dass Vico, entgegen vehementer anderwärtiger Behauptungen die *Cogitata et visa* nicht gelesen hat, ist eine besondere Vorsicht bei der Identifizierung der von Vico genutzten Quellen nur verständlich. Dies gilt vielleicht in noch ausgeprägterem Maß für die Werke Bacons. Es wäre jedoch abwegig, das *Exemplum Tractatus* aus den Quellen für Vicos juristische Werke auszuschließen und einen Denker wie Bacon, der sich nicht nur in seinen intellektuellen Betrachtungen, sondern auch in seiner beruflichen Praxis mit dem Rechtswesen befasste, bewusst zu ignorieren. Umso mehr, als beim Studium von Bacons Werk mittlerweile eine langsame, aber stetige Neubewertung[71] der Rolle der Rechtsphilosophie im Gesamtkomplex der baconschen Betrachtungen erkennbar ist. Dies lässt annehmen, dass heute die Komplexität des Verhältnisses zwischen Vico und Bacon auch aufgrund eines neuen Blickwinkels, der das Recht in den Mittelpunkt des Diskurses rückt, präziser erfasst werden kann.

Unter diesem Blickwinkel betrachtet, ist zunächst zu hinterfragen, ob und in welcher Form von einem baconschen Naturrecht gesprochen werden kann. Zum einen fällt in Bacons Texten das Fehlen jeder vordergründigen Bezugnahme auf Prinzipien des Naturrechts auf[72] und das in einer Epoche, in der diese Tradition höchst

---

69 Vgl. u.a. (Vaglio 1999); (Ruggiero 2010); (Brienza 2014); (Cuntreri 2015), Cuntieri verweist nur auf explizite Quellen.

70 (Rossi 2004, 2, 409–433), zur Diskussion mit (Fattori 1994, 63–96).

71 Für Studien zur Bedeutung des Rechtswesen im Gesamtwerk Bacons siehe (Kocher 1957 3–26 (später in: B. Vickers (Hrg.): *Essential Articles for the Study of Francis Bacon*, London, 1972, S. 167–194); (McCabe 1964), (Hogan und Schwartz 1983, 48–77); (Wheeler 1983a, 78–120) und (Wheeler 1983b, 101–144); (Coquilette 1992); (Martin 1992); (Pagallo 1995); (Peltonen 1996, 283–310); (Coquilette 2005, 145–172); (Giglioni 2011, 161–190); (Manzo 2014, 457–478).

72 Von dieser Prämisse geht McCabe 1964, S. 111 aus: „This absence [of the Natural Law Tradition] might anyhow seem conspicuous in the age of Suarez, Grotius, and Vittoria, an age in which the concept of natural law was being enthusiastically reviewed and restated […] for not only was Bacon throughout his lifetime preoccupied with law in the juridical sense, but a preoccupation with the existence of ascertainable natural laws in a cosmological sense lay at the basis of his whole philosophy. One might have

lebendig gewesen zu sein scheint. Dies gilt einmal mehr vor dem Hintergrund, dass das Thema, wie Bernard McCabe festgestellt hat, von seinem Charakter her äußerst gut zu Bacon und seinem Werk passt. Enttäuschung macht sich diesbezüglich nicht nur bei Vico und den Vichianern breit, sondern insbesondere auch bei denen, die auf der Grundlage eines vermuteten Parallelismus zwischen Naturgesetzen im physikalisch-biologischen Sinn und einer Praxis, die bei der Ausübung des *common law* die induktive Sphäre auf eine normative Ebene zurückführt (Kocher 1957, 190), ergebnislos versucht haben, der Naturrechtstradition bei Bacon weiter nachzuspüren. Doch das auffallende Fehlen von Verweisen auf die Naturrechtstheorie ist weniger überraschend, wenn zum einen politische Zweckmäßigkeit als Motiv[73] berücksichtigt wird und insbesondere, wenn man bedenkt[74], dass Suarez (1548–1617) auf die thomistische Vorstellung des Naturrechts zurückgegriffen hatte, um das päpstliche Recht zur Entthronung des schismatisch-protestantischen Königs Jakob I. von England zu bestätigen (Suarez 1869), in dessen Regierungszeit (1603–1625) Aufstieg und Niedergang der politischen Karriere Bacons fielen. Das zentrale Motiv scheint hier, wie Ian Hunter aufzeigt, gänzlich politischer Natur (Hunter 2014, 563). zu sein. Suarez' Ausführungen sieht er als notwendige Voraussetzung zum Verständnis der protestantischen Reaktion und der sich daraus ergebenden Neuauslegung des Naturgesetzbegriffs. Im Übrigen erscheint erst 1625 Grotius' *De iure Belli ac pacis*, und Bacon verstirbt in den ersten Monaten des darauffolgenden Jahres.

Andererseits ist der von Bacon herausgestellte Zusammenhang von Gerechtigkeit und Gewissheit[75] bei Ausschluss eines naturrechtlichen Verständnisses,

---

expected a special exertion on Bacon's part to relate these two areas of inquiry, yet recognitions in his work of potential links between natural philosophy and legal theory are rare and fragmentary".

73 McCabe 1964, S. 21. S. 121: „There can be little doubt that natural law principles were still alive and meaningful in Elizabethan and Jacobean England. But equally certainly they were at odds with the policy of the age, of which Francis Bacon was a determined champion."

74 Tatsächlich scheint dieser Umstand in Studien über Bacon nicht berücksichtigt zu werden, siehe (Hunter 2014, 559–592).

75 Siehe (Pagallo 1995, 97), wo die Aufmerksamkeit auf die „Bedeutung gelenkt wird, die im baconschen Gedankengut das Verhältnisses von Gewissheit und Gerechtigkeit im rechtlichen Erleben einnimmt, verstanden in dem Sinne, dass, wenn die *regolative Vorstellung* einerseits als Vorbedingung für die Verständlichkeit einer Bestimmung gilt, so kann andererseits das *Urteilskriterium der subjektiven Interaktion* nur unter Bezugnahme auf das *factum* gültig sein" (wobei als *factum* die geltenden positiven Gesetze verstanden werden). „Angesichts dieser und anderer besonders bedeutender

das ja dennoch implizit bleibt und auf „wenig orthodoxe Weise“[76] wieder zum Vorschein kommt, nur schwer verständlich. Nach Ansicht Ugo Pagallos lehnt Bacon einen rechtspositivistisch geprägten Ansatz ab und „so wahr es ist, dass der englische Philosoph nie dahin gelangt, im Namen des Naturrechts die „Verfassungswidrigkeit“ der positivistischen Gesetze zu verfechten, so muss man doch stets zugeben, dass die Interpretation eben dieser Normen laut Bacon ein nicht aus der reinen Tatsachenbetrachtung ableitbares Kriterium erfordert“ (ebd., 102). Diese Betrachtungen veranlassen dazu, die Frage auf eine andere Ebene zu verschieben, nämlich die, welche Beziehung Bacon zwischen juristischem und Naturgesetz sieht. Zudem werfen sie die weiterführende Frage auf, ob die Funktionen, die der Begriff der Gewissheit im Rahmen der naturwissenschaftlichen Erkenntnis hat, mit denen im Rechtswesen (siehe Manzo 2009, 123–137 und ders. 2014, 457–478) vergleichbar sind. Aus Vicos Blickwinkel einer Philosophie „ohne Natur“ (Piovani 1969; später ders. 1990, 55–89) ist daher sicher die Hypothese eines unterschwelligen Naturrechts in Bezug auf Bacon treffender.

Die Ansicht, dass das baconsche *Exemplum Tractatus* Einfluss auf die Überlegungen Vicos gehabt haben könnte, wurde bereits von Guido Fassò vorgebracht. Fassò hatte sich auf den Text gestützt, um das Recht als eine Art gemeinsamen Nenner zu ermitteln, der es gestatten sollte, die vier Autoren, auf die Vico Bezug nimmt, in einer gemeinsamen Perspektive zu erfassen (Fassò 1949, 22–24). Dieser Interpretation hatte Enrico De Mas entgegengehalten, dass das, was Bacon und Vico über jeden Zwiespalt hinaus eng miteinander verbinde, die Unterscheidung zweier Erkenntnisordnungen sei: „Eine – die der Jugend und der

---

Erwägungen mit einheitlichem Grundtenor, die im *Tractatus* zu finden sind, erscheint es offenkundig schwer, dieser zugegebenermaßen eigentümlichen regolativen Vorstellung eine präzise theoretische und erkenntnistheoretische Satzung zu geben, sofern die baconsche Vorstellung von Gerechtigkeit tatsächlich zu einem wesentlichen Maßstab würde, ‚an dem dann die zu erweiternden Gesetze von Königreichen und Republiken auszurichten sind“ (ebd. S. 98).

76 Ebd., S. 101: „Doch gerade auf Bacon, und sei es nur im Namen eines wenig orthodoxen Naturgesetzes, ist die Ablehnung einer solchen Herangehensweise (heute würden wir sie rechtspositivistisch nennen) an die juristische Frage zurückzuführen […] Wenn ‚in der Zivilgesellschaft entweder Recht oder Gewalt herrschen‘, wie der englische Denker zu Beginn seines *Traktats* erklärt, dann stellt die *Gewalt* nicht allein und von sich aus die einzige ‚Quelle der Ungerechtigkeit‘ dar. Ihr hinzuzufügen sind die Gewalttätigkeit, die als Gesetz erscheint und auftritt, sowie die Unterdrückung, die aus diesem Rechtsgesetz hervorgeht“.

Poeten – besteht aus unterschiedslosen Ähnlichkeiten. Die andere – den Weisen und den Philosophen eigen – besteht aus Unterschieden, die in die Ähnlichkeiten eingebracht werden. Aus dieser Unterscheidung erwächst die bei beiden Denkern auffindbare Überzeugung, dass einer konzeptuellen Wissensphase notwendigerweise eine mythische Phase vorausgeht." (De Mas 1978, 70–71). Nach diesem kürzlich von Paolo Rossi wieder aufgenommenem Argumentationsstrang,[77] würde die Frage, warum Bacon der dritte von Vicos vier Autoren ist, den Diskurs vom *Exemplum tractatus* doch recht weit entfernen. Im Wesentlichen begrüßt wurde Fassòs These hingegen von Giuseppe Giarrizzo, mit der wichtigen „Korrektur, dass das einende Element dieser drei intellektuellen Erlebnisse [...] nicht das Recht ist, sondern die Politik" (Giarrizzo 1981, 86). Nach dieser Umdeutung konnte für die ersten Werke Vicos der Einfluss einer Linie Aristoteles-Cicero-Bacon nachverfolgt werden[78], übrigens ohne dem *Exemplum tractatus* eingehende Aufmerksamkeit zu schenken. Auch ein Blick in den durchaus mit Gründlichkeit verfassten Kommentar zum *De Uno* aus dem 19. Jahrhundert bringt keinen Erfolg, da sich Costanzo Giani[79] nur mit allgemeinen Aussagen auf Bacon bezieht, ohne die im achten Buch von *De augmentis* behandelten Aspekte des Rechtswesens zur Sprache zu bringen. Sollte man sich zudem streng an die Ausführungen Vicos halten, müsste man auch mit der These Giovanni Gentiles konformgehen, dass sich Vicos Bewunderung für Bacon auf die von Bacon veröffentlichte Liste der *desiderata* der Wissenschaft beschränkte (Gentile 1927, 41). Auch wenn sich dieses eindeutige Motiv für Wertschätzung von *De ratione* bis

77 (Rossi 2004,409–433, siehe insbes. S. 416 und S. 433), auf denen die These vom ‚Denken auf zwei Ebenen' [*pensare a due livelli*] für Homologien und Analogien erneut erwähnt wird.

78 (Giarrizzo 1981, 56). Zu den verschiedenen Arten des baconschen Einflusses siehe dort auch S. 85–86: „Bacon hatte ihm [Vico] einen einheitlichen Blickwinkel zur Betrachtung des Zusammenhangs *sapientia-prudentia* vorgeschlagen."

79 *De uno 1855*, S. 32, Nr. 2: „Zusätzlich zu dem in meiner Einleitung über die Systeme Platons, Aristoteles' und anderer bezüglich des einheitlichen Prinzips der menschlichen Erkenntnis Gesagten erinnere ich hier unter den bekanntesten Versuchen vor allem an Vico zu Themen des Bacon von Verulam und Pico della Mirandola. Man erkennt, dass das erste Werk, *De augmento* [sic] *Scientiarum* eine gut durchdachte und systematisch angelegte Enzyklopädie ist; und das andere *Novum Organum* kann als Fortsetzung des ersten erachtet werden, jedoch einzig in Bezug auf die physischen Wissenschaften [...] Sofern sie nicht direkt auf die Entwicklung eines einzigen Beweisprinzips in den Wissenschaften ausgerichtet sind, neigen diese Versuche dazu, eine singuläre, fixe Wissenschaftslogik zu etablieren".

zu *De mente heroica* durch das gesamte Werk Vicos zieht, würde es sich doch um eine recht reduktive Interpretation handeln.

Einerseits scheint der Problematik des *Exemplum Tractatus* nicht einmal in der Analyse von Fassò die gebührende Aufmerksamkeit zuteilzuwerden, wenngleich nur, um zu zeigen, wie die eben von Bacon als Problemstellung erwähnten Elemente in der Aufarbeitung durch Vico zu Stärken werden. Aus methodologischer Sicht könnte es andererseits angebracht sein, diese Analyseebene von der Suche nach einer Begründung, warum Vico Bacon als seinen „Autor" bezeichnet, zu trennen. Fassò erkannte in diesem Text den wesentlichen Grund für die Rolle Bacons als „terzo auttore" bei Vico, und obgleich kein Zweifel daran besteht, dass die diesem Text zuteilwerdende Aufmerksamkeit ein Baustein im Rahmen des Diskurses über die Quellen Vicos darstellen könnte, wäre es dennoch übertrieben, dem *Exemplum tractatus* die Fähigkeit zuzusprechen, allein und unmissverständlich die Frage der Wahl von Bacon als bevorzugte Quelle erschöpfend zu beleuchten. Mehr noch: Der Abschnitt der *Vita*, in dem Vico Bacon kritisiert und die Wiederholung der Vorwürfe gegen Bacon in den *CMA3* scheinen darauf hinzuweisen, dass Bacon sich nach Ansicht Vicos weniger wegen als vielmehr trotz dieser Seiten als Quelle qualifiziert. Aus diesen Gründen ist die Verfasserin davon ausgegangen, dass die Frage um Bacon als dritten Autor Vicos den Rahmen einer Analyse sprengen würde, die einen Dialog zwischen *Exemplum* und *De Uno* herstellt. Anderenteils ist es wahrscheinlich, dass Vico, wenn er in *De mente heroica* unterstreicht (*Varia* 164 und der dazugehörige Kommentar 294–295), nicht alle im *De Augmentis scientiarum* vertretenen Ansichten zu teilen, weiter über die einleitenden Worte des *Exemplum* sinniert, in denen unter anderem der für ihn möglicherweise unangenehme Hinweis fällt, den Rechtskundigen, welche die Gesetze *vel etiam Romanarum aut Pontificiarum* interpretieren, würde es mutmaßlich an Ehrlichkeit mangeln (Bacon 1857–1859, Bd. 1, 803).

Eine Analyse außerhalb des Schlagschattens der vier Autoren Vicos hat zudem den Vorteil, dass nicht zwangsläufig eine Untersuchung des Verhältnisses zwischen Vico und Bacon bis hin zu Grotius erforderlich ist, wie sie Fassò hingegen vornehmen musste. Die Rolle von Grotius im Denken Vicos wird hier nicht zur Diskussion gestellt, so gut es auch sein mag, sich zu entsinnen, dass einerseits „der Grotius der *Autobiografia* sicher nicht derselbe ist, wie der des *Diritto universale*" (Lomonaco 2011, 41; vgl. auch Botturi 1991, 297–298) und dass andererseits die Überlegung, im *Diritto universale* sei die „Schuld gegenüber Grotius und dem Dialog Grotius-Gronovius immens" (Giarrizzo 1981, 98). – was heute ebenso zutreffend ist, wie 1968, als die Aussage getroffen wurde –, möglicherweise zur Verdunkelung alternativer Analysestränge beigetragen hat. Die zentrale Stellung Grotius' in Vicos Denken wurde seitens der Bacon-Forschung auch an anderer Stelle durch Veröffentlichungen bestätigt, die die Rechtsphilosophie von Francis Bacon in den Mittelpunkt der Betrachtungen rückten. Im Rahmen der Betrachtung Bacons als „l'autore vichiano"[80], für das ein eigenes Kapitel reserviert ist, wird hier auch angemerkt, dass Vico das Problem der Anwendung der baconschen Methode auf die zivilisierte Welt erst lösen konnte, nachdem er sich Grotius zugewandt hatte (Pagallo 1995, S. 70, insbes. Nr. 93). Im Übrigen schlägt Vico diese Lesart selbst vor, wenn er in der *Sn44* die Gliederung der *Degnità* [Grundsätze] vorstellt und festhält, dass: „die letzten, von fünfzehnten bis zum zweiundzwanzigsten, die in uns die Grundlagen de Gewissen geben werden, werden benutzt werden, um diese Welt der Völker in Wirklichkeit so zu sehen, wie wir sie in der Idee betrachten haben, nach der sichersten philosophischen Methode Francis Bacons, des Herren von Verulam, die hier von den natürlichen Dingen, über die er sein Buch *Cogitata visa* ausgearbeitet hat, auf die menschlichen-politischen Verhältnise übertragen werden"[81].

In diesem Zusammenhang sollte ein weiteres potentielles Missverständnis aus dem Weg geräumt werden: Es gilt, die Einordnung des Diskurses Vico-Bacon von einer Konfrontation zu befreien, die sich ausschließlich auf der Ebene der Methode abspielt. Als Guido Fassò die Achse der Beziehung zwischen den beiden Denkern zugunsten der Frage des Rechts verschob, erreichte er eine Marginalisierung der vermeintlichen Anleihen Vicos bei der baconschen Methode und konnte das Bild eines empiristischen Bacon (Fassò 1949, 117; vgl. Giglioni 2013, 27–54) aus dem Weg räumen, den Vico natürlich ohnehin nicht gekannt haben kann. Dieser Standpunkt hat später in der Analyse Paolo Rossis eine ungewöhnliche Bestätigung erfahren: Die Tatsache, dass Vico Bacons *Cogitata et visa* nicht gelesen hatte, bringt Licht in das grundlegende Missverständnis, mit dem Vico die Frage nach der baconschen Methode auffasste und bestätigt

80 Pagallo 1995, siehe insbes. Kap. 4, „L'autore vichiano", S. 129–176. Pagallo spricht von der Unmöglichkeit, die dualistische Vorstellung (von Natur- und Sozialphilosophie) zu lösen oder auf eines der Elemente zurückzuführen sowie von der Aporie der monistischen Ansätze bei der Auseinandersetzung mit der baconschen Philosophie, wobei es keine Rolle spielt, ob diese in einen naturalistisch geprägten Reduktionismus überführt wird oder eine politisch-soziologische Lesart erfolgt, vorgeschlagen zum Beispiel von (Martin 1992).

81 *Sn44*, § 163. Auf Deutsch: *Sn44D*, 99. „l'ultime [proposizioni], dalla XV fin alla XXII, le quali ne daranno i fondamenti del certo, si adopreranno a veder in fatti questo mondo di nazioni quale l'abbiamo meditato in idea, giusta il metodo di filosofare più accertato di Francesco Bacone signor di Verulamio, dalle naturali, sulle quali esso lavorò il libro Cogitata visa, trasportato all'umane cose civili".

indirekt die These über Vico als überaus eifrigen Leser. Auch angesichts außergewöhnlicher Lesegewohnheiten scheint es daher erforderlich, den Versuch zu unternehmen, über die Frage nach Vicos Erfassen der Quellen und der methodologischen Erklärungen hinaus zu gehen, um aufzeigen zu können, aus welchen unterschwelligen Dialogen und gegensätzlichen Spannungen die Überlegungen Vicos tatsächlich hervorgegangen sind. Das baconsche *desideratum*, das sich auf die Ermittlung der Quellen der universellen Gerechtigkeit bezieht, kann nun ein Punkt der Übereinstimmung werden, um den herum die Ordnung der Erkenntnisse Vicos Gestalt annimmt und sich anordnet: In Vicos Überarbeitung eröffnet er die Möglichkeit einer Zentrierung, macht sich damit zum Maßstab einer philologischen, philosophischen Ordnung und zum einheitlichen hermeneutischen Kern.

10. (Ne) expungantur

Obgleich nur wenige Aspekte ausgewählt werden konnten, hat die Verfasserin versucht, einige spiegelbildliche Züge aufzuzeigen, die in einer Gegenüberstellung der baconschen und vichianischen Abhandlung über das Recht ersichtlich sind. Vico scheint über Fragen nachzudenken, auf die Bacon im *Exemplum tractatus* eine Antwort geben wollte. Im Rahmen einer Gesamtbetrachtung, deren Lösungswege recht deutlich von denen Bacons abweichen, positioniert er ausgehend von den Widersprüchen einige dieser Themen neu. Der Versuch, einen Dialog zwischen den beiden Texten herbeizuführen, hat die Form einer Untersuchung der von Vico ausgeglichenen Defizite des baconschen Diskurses angenommen. Das bedeutete, zu eruieren, auf welche Fragen Bacons Vico versucht, eigene, oft mit der von Bacon umrissenen Lösung im Konflikt stehende Antworten zu geben und dabei herauszuarbeiten, wie Vico einige der von Bacon ausführlicher betrachteten problematischen Punkte, wie rechtsphilosophische Fragen, nutzt und diese als Ausgangspunkt für neue Lösungsvorschläge nimmt. Vico übernimmt einige der von Bacon benannten Erfordernisse und ignoriert bei seinen impliziten Schlussfolgerungen über die von Bacon aufgezeigten Schwierigkeiten absichtlich Zeichen und Lösungsvorschläge. Sein Ziel ist es, in einem einheitlichen Rahmen eine Antwort auf diese Erfordernisse zu umreißen, in der die von Bacon erwähnten Elemente umgewandelt werden und schließlich die konstruktive und konstitutive Stellung einer komplexen, integrierten Einheit einnehmen. Es scheint also, dass die Rekonstruktion des Dialogs zwischen beiden Autoren hilft, einige Entscheidungen Vicos bei der Ausarbeitung von *De Uno* besser nachvollziehen zu können.

Nach dem Kriterium der historischen Zugehörigkeit lässt Bacon seine Anmerkungen *non placet, praeposterum esset, cavendum, omittantur, aboleantur, expungantur*[82] in den Entwicklungsstrang der Aphorismen einfließen. Bei Vico wird hingegen nichts getilgt. Um die Elemente umzugestalten, die Bacon als problematisch herausgestellt hatte (die Stellung der antiken Fabeln an der Seite der Gesetze, das Richtscheit des Aristoteles, die Rolle von Gelegenheit und Nutzen bei der Ausformung der Gesetze), wird das ebenfalls von Bacon eingesetzte Kriterium der Geschichtlichkeit des Gesetzes angewendet, obgleich Vico die Art der Anwendung als unvollständig erscheinen musste und seiner Ansicht nach mangelndes historisches und philosophisches Verständnis erkennen lässt. Das Prinzip der Geschichtlichkeit des Rechts gestattet es Vico, die Ausdrücke, die Bacon widersprüchlich erschienen waren und bezüglich derer Bacon die Einführung klarer Abgrenzungen gefordert hatte, zu ordnen und zu kontextualisieren. Indem er die Frage auf die Ebene des Rechts stellt, erkennt Vico, dass die Methode des *expurgantur*, anhand derer Bacon in der Sphäre des Rechts das Angemessene vom Unangemessenen und das Wahre vom Falschen zu unterscheiden versucht, nicht mit einer umfassenden, historisch-authentischen Sichtweise vereinbar ist. Diese sollte allenfalls in der Lage sein, über die Motive Rechenschaft abzulegen, aufgrund derer – in anderen Zeiten mit anderer Wahrnehmung – eine Erörterung der *expurgatio* bestimmter Praktiken und rechtlicher Institutionen möglich ist. Mit eben diesem Maßstab zur Neuinterpretation befasst sich Vico mit der Möglichkeit, die alten Gesetzesfabeln in Formen einzugliedern, die nicht getilgt oder aufgebrochen werden müssen, denn einzig die Fähigkeit des modernen Denkers war getrübt und er tat sich schwer, den Sinn eines Horizonts zu erfassen, der die gesamte Geschichte der Menschheit umreißt. Die Art und Weise, wie er die Pluralität der historischen Dimension an die fixe Ewigkeit der philosophischen Vorstellung von Gerechtigkeit bindet, macht es unmöglich, dass der baconsche Kanon, demzufolge es besser sei, die schlechtesten Teile abzustoßen und nur die besten zu erhalten,[83] von Vico übernommen werden kann. Vico möchte über alles aus einem Blickwinkel Rechenschaft ablegen, der danach strebt, einheitlich, allumfassend und ganzheitlich zu sein.

82 Siehe entspr.: *ET*, Aph. 13, 15, 26, 60, *Works*, Bd. I, S. 806, 807, 809, 817.

83 Ebd., Aph. 56; *Works*, Bd. I, S. 816: „melius est prorsus ut succumbant deteriora, et meliora stent sola".

Man könnte auch die Behauptung aufstellen, bei Themen des Rechts stelle Vico Bacon gegen Bacon,[84] indem er die integrierte und integrative Vorstellung von Wissen anwendet, die der baconschen Vorstellung vom Universum des Wissens eigen ist, die aber von Bacon selbst bei der Erörterung des Rechts nicht berücksichtigt wurde. Für eine an Vico inspirierte Auslegung bietet sich diesbezüglich übrigens auch die Erforschung des Wesens der universellen Gerechtigkeit anhand der Freilegung des Ursprungs des Rechts an, sofern sie eine kaum ausgesprochene Andeutung bei Bacon ist. Darüber hinaus wird die Suche nach einem philologischen Kriterium, das der Geschichtlichkeit des Rechts einen Sinn geben könnte, anders als bei Bacon kein nur nachgeordnetes Kriterium. Vielmehr wird sie zu einem Ordnungsprinzip zur Erfassung der Kontinuität und des gemeinsamen, einheitlichen Prinzips, das einer integrativen Philologie zugrunde liegt. Darin finden die von Bacon aufgeworfenen Probleme der antiken Fabeln und *fictiones* sowie der Spannung zwischen *vis* und *lex* eine Antwort und eine Lösung, die die exklusiven, von Bacon umrissenen Inkohärenzen und Gegensätze überwindet. In der Auslegung Vicos werden letztere dynamische Zustände und Aspekte einer facettenreichen Ordnung unterzogen, die sich in eine einheitlich zusammengefügte Vision integriert. Vico scheint also das von Bacon nicht gehaltene Versprechen, das dieser als Zielvorstellung für sein *Exemplum tractatus* deklariert hatte, mit neuem Sinn zu erfüllen und endlich umzusetzen: versuchen, Zugriff auf die Quellen der Gerechtigkeit zu erlangen, um zu zeigen, wie die Vorstellung von Gerechtigkeit in der den einzelnen Teilen des Rechts eigenen historischen Dimension Gestalt annimmt.

Literaturverzeichnis

Bacon (1857–1859): F. Bacon, *Works*, R.L. Ellis, J. Spedding, D.D. Heath (Hg.): London, Longmann, 14 voll.

Bacon (1985): F. Bacon, *The Essayes or Counsels, Civill and Morall*, in M. Kiernan (Hg.), *The Oxford Francis Bacon*, XV Oxford.

Bacon (2000): F. Bacon, *The Advancement of Learning* in M. Kiernan (Hg.), (*The Oxford Francis Bacon, IV*)

Badaloni (1974): N. Badaloni, „Sul vichiano diritto delle genti", in *OG*.

84 „Und hier sehen wir erneut, wie Vico ‚gegen Bacon baconiert' (um es einmal so auszudrücken), weil er (wie wir wissen) zwischen beide Gelehrte auch ihn setzte: Und doch war der erste Impuls, der zu dieser Schlussfolgerung führte, ausgerechnet von Bacon ausgegangen" (De Mas 1978, 47), wobei hier jedoch der Bezug über den Text des baconschen *Exemplum tractatus* hinaus geht.

Bassi (2016): R. Bassi, "Rerum naturam vexare: desideri e limiti dell'azione umana sulla natura nella critica di Giambattista Vico al progetto baconiano", in G. Piaia und G. Zago (Hg.), *Pensiero e formazione. Studi in onore di Giuseppe Micheli*, Padova.

Battistini (1991): A. Battistini, „Vico lettore agonistico", in: *Studi di estetica* XIX.

Battistini (1994): A. Battistini, "Vico as Agonistic Lector", in *New Vico Studies*, XII.

Battistini (1995): A. Battistini, "Intertestualità e „angoscia dell'influenza". Vico lettore agonistico", in ders., *La sapienza retorica di Giambattista Vico*, Mailand.

Botturi (1991): F. Botturi, *La sapienza della storia. Giambattista Vico e la filosofia pratica*, Mailand.

Brienza (2014): P.A. Brienza, *Vico and the Social Theory of Law. The Structure of Legal Communication*, Vorw. von G. Mazzotta, Lewiston.

Coquilette (1992): D.R. Coquilette, *Francis Bacon*, Edinburgh.

Coquilette (2005): D.R. Coquilette, „The ‚Purer Fountains'. Bacon on Legal Education", in J. R. Solomon und C. Gimelli Martin (Hg.), *Francis Bacon and the Refiguring of Early Modern Thought: Essays to Commemorate the Advancement of Learning* (1605–2005), Aldershot.

Costa (1984–1985): G. Costa, "Vico e il mito di Orfeo", *BCVS*, XIV-XV.

Cuntreri (2015): A. Cuntreri, "Bibliografia delle fonti del Diritto universale", *BCSV*, XLV.

De Mas (1978): E. De Mas, "Vico e Bacone", in G. Tagliacozzo et al. (Hg.), *Vico e l'instaurazione delle scienze. Diritto – Linguistica – Antropologia*, Lecce.

Fassò (1949): G. Fassò, *I „quattro auttori" del Vico. Saggio sulla genesi della „Scienza nuova"*, Mailand.

Fattori (1994): M. Fattori, „Note su Francis Bacon a Napoli tra Seicento e Settecento", in *Nouvelles de la République des Lettres* XIV.

Gentile (1927): G. Gentile, *Studi vichiani*, Florenz.

Giarrizzo (1977): G. Giarrizzo, „‚Æquitas' Pe ‚rudentia', Storia di un Topos vichiano", *BCSV*, VII.

Giarrizzo (1981): G. Giarrizzo, "La politica di Vico", in ders., *Vico. La Politica e la Storia*, Neapel.

Giglioni (2011): G. Giglioni, *Francesco Bacone*, Rom.

Giglioni (2013): G. Giglioni, "How Bacon Became Baconian", in D. Garber und S. Roux (Hg.), *The Mechanization of Natural Philosophy*, Dordrecht.

Hogan und Schwartz (1983): J.C. Hogan und M.D. Schwartz, "On Bacon's „Rules and Maximes" of the Common Law", in *Law Library Journal*, LXXVI.

Hunter (2014): I. Hunter, "The law of nature and nations", in A. Garrett (Hg.), *The Routledge Companion to Eighteenth Century Philosophy*, London und New York.

Kocher (1957): P. Kocher, "Francis Bacon on the Science of Jurisprudence", in *Journal of History of Ideas*, 18.

Lomonaco (2011): F. Lomonaco, "Da Grozio a Vico: il „diritto naturale delle genti"", in G. Cantillo e A. Donise (Hg.), *Etica e politica: modelli a confronto*, Neapel.

Manzo (2009): S. Manzo, "Probability, Certainty, and Facts in Francis Bacon's Natural Histories. A double attitude towards Skepticism", in J. R. Maia Neto, G. Paganini, J.C. Laursen (Hg.), *Skepticism in the Modern Age. Building on the Work of Richard Popkin*, Leiden-Boston.

Manzo (2014): S. Manzo, "Certainty, laws, and facts in Francis Bacon's Jurisprudence", in *Intellectual History Review* XXIV.

Martin (1992): J. Martin, *Francis Bacon, the State, and the Reform of Natural Philosophy*, Cambridge, University Press.

McCabe (1964): B. McCabe, "Francis Bacon and the Natural Law Tradition", in *Natural Law Forum* IX.

Miner (2002): R.C. Miner, *Vico. Genealogist of Modernity*, Notre Dame (Indiana).

Nicolini (1978): F. Nicolini, *Commento storico alla seconda Scienza Nuova*, Rom, Bd. II.

Norena (1990): C. G. Norena, *Vives: The Passions of the Soul, The Third Book of De Anima et Vita*, Lewiston.

Pagallo (1995): U. Pagallo, *„Homo homini deus". Per un'introduzione al pensiero giuridico di Francis Bacon*, Padua.

Pelton (1996): M. Peltonen, "Bacon's Political Philosophy", in ders. (Hg.), *The Cambridge Companion to Bacon*, Cambridge.

Piovani (1969): P. Piovani, "Vico e la filosofia senza natura", in F. Tessitore (Hg.), *La filosofia nuova di Vico*, Neapel.

Rossi (1995): P. Rossi, *Naufragi senza spettatore. L'idea di progresso*, Bologna.

Rossi (1999): P. Rossi, La religione dei geroglifici e le origini della scrittura, Florenz.

Rossi (2004): P. Rossi: "Che tipo di scienza è la „Scienza nuova" di Vico", in *Rivista di storia della filosofia*, LIX.

Ruggiero (2010): R. Ruggiero, *Nova scientia tentatur. Introduzione al diritto universale di Giambattista Vico*, Rom.

Suarez (1869): F. Suarez, "Defensio Fidei Catholicae et Apostolicae adversus anglicanae sectae errores, cum responsione ad Apologiam pro iuramento fidelitatis", in Ders., (Hg.), *Opera omnia*, Paris.

Vaglio (1999): M. Vaglio, *Truth and Authority in Vico's Universal Law*, New York.

Wheeler (1983a): H. Wheeler, "The Invention of Modern Empiricism: Juridical Foundations of Francis Bacon's Philosophy of Science", in *Law Library Journal* LXXVI.

Wheeler (1983b): H. Wheeler, "Science out of Law", in D.H. Nelson und R.L. Sklar (Hg.), *Toward a Humanistic Science of Politics*, Lanham.

Giuseppe Cacciatore

Der Zusammenhang zwischen der Universalität des Gesetzes und der empirischen Geschichtlichkeit der *Civitas* in Vicos Begriff der Bürgerschaft

Abstract: One of the crucial steps by which today is articulating the discussion on citizenship has firsthand a philosophical problem that is at the center of a reflection that with Vico, or at least from Vico, has constantly looked at the problem of conjugation between principles and historical empiricism, between universalism of fundamental rights and assessment of historical and cultural differences. The purpose of this paper is addressed, then, on the one hand to reformulate the highlights in which Vico expounds his particular view of citizenship and, on the other, to attempt to actualize not certain modes of interpretation and contents of a position which are inevitably linked to the culture and the time of Vico, but some theoretical points and methodical that, in my opinion, they can still provide elements, albeit problematic, guidance.

Pietro Piovani, ein bedeutender Vico-Forscher, formulierte in seinem einflussreichen Aufsatz von 1960 den Zusammenhang zwischen dem Schutz des privaten Interesses und der Allgemeinheit sehr treffend. „Der Wille, *die Gesetze allgemein zu beachten*, hat laut Vico seinen Ursprung in einem individuellen und gesellschaftlichen Nutzen; aber in das Zusammentreffen der vom Bedürfnis geleiteten einzelnen Willen fügt sich ein Element der Universalität ein“ (Piovani 1960, 8). Neben dem Schutz durch das Gesetz bedarf es eines Gemeinwillens, der über das individuelle Nützliche hinausgeht. In der Welt der Geschichte „muss das unmittelbare Interesse vermittelt werden“. Die Philosophie, die die Universalität des Wahren erkennt und sie im politischen und juristischen Übereinkommen der vereinten und gesetzgebenden Menschen wieder findet und erkennt, vollendet die Zivilisation, wobei sie in der *civitas* bleibt (ebd.,17).

Meine erneute Beschäftigung mit Vicos Begriff der Bürgerschaft (cittadinanza), mit seiner Verwendung und Bedeutung, zielt nicht nur auf die historiographische Rekonstruktion seines Werkes. Sie ist auch dem Umstand geschuldet, dass dieser Begriff eine zentrale Rolle in der gegenwärtigen philosophischen und kulturpolitischen (auch juristischen) Debatte einnimmt. Einige Themen, die in der Diskussion einer öffentlichen Philosophie, das heißt der Fortsetzung der *filosofia civile* Vicos heute unvermeidlich sind, haben philosophische und theoretische Aspekte wieder zur Sprache gebracht, die auf weitgefächerte, schon von Vico erkannte, philosophisch-juristische und geschichtlich-anthropologische Probleme zurückgehen. Man denke an die Bedeutung, welche heute Probleme wie die Einbeziehung oder Ausgrenzung von Individuen für einen wandelbaren und immer neuen Begriff der Bürgerschaft haben. Man denke auch daran, wie sich heute das Thema der nicht nur juristisch-formalen, sondern auch materiellen und sozialen ‚Grundrechte' wieder stellt, das sich in erster Linie in einer möglichst umfassenden Definition der Bürgerschaft und der Zugehörigkeit zu einer politischen und gesellschaftlichen, geschichtlichen und kulturellen Gemeinschaft widerspiegelt. Man bedenke weiter, dass die progressive Erweiterung der Idee von Bürgerschaft heute nicht nur über den Bereich der nationalen Gemeinschaften hinausgeht, sondern auch gemeinsame Grundsätze in einer planetarischen Dimension zu ermitteln versucht, in der das Bürgerrecht nicht mehr nur die zivilen und politischen Rechte schützt, sondern auch grundsätzliche Situationen betrifft, die das Recht auf ein gutes und glückliches Leben, das Recht auf Überleben, Arbeit, Fürsorge, Wohnung, Bildung, Kultur und vor allem das Recht auf Freizügigkeit für Flüchtlinge und Migranten miteinbeziehen. Die heutige Welt hat sich gegenüber dem 18.Jahrhundert Vicos grundlegend verändert, somit ist auch die Sphäre der Rechte gewiss nicht mehr die gleiche. Der Bürger der Polis ist zum Bürger des Planeten geworden und sein Zugang zur Stadt kann nicht mehr nur durch politische Anerkennung oder rechtliche Bestätigung garantiert werden. Die Polis bedeutet für ihn auch den Zugang zu Gesundheit, Information, Produktion und Lebensraum und, was die ganze menschliche und tierische Spezies betrifft, auch das Recht auf Zukunft. Einer der Schwerpunkte in der aktuellen Diskussion über die Bürgerschaft betrifft also ein philosophisches Problem, das im Mittelpunkt einer Betrachtung steht, die sich mit Vico oder zumindest beginnend mit Vico schon immer mit der möglichen Verbindung zwischen Grundsätzen und historischer Empirie, zwischen Universalismus der Grundrechte und Feststellung der historischen und kulturellen Verschiedenheiten befasst hat.

In meinem Beitrag will ich nun die wesentlichen Punkte, in denen Vicos besondere Sichtweise der Bürgerschaft zum Ausdruck kommt, neu formulieren. Dabei werde ich versuchen, nicht die Deutungsarten und die Inhalte einer Position zu aktualisieren, die unweigerlich an Vicos Kultur und seine Epoche gebunden bleiben, sondern vielmehr einige theoretische und methodische Punkte aufgreifen, die meines Erachtens zwar problematische, aber richtungsweisende Elemente liefern können. In dieser Hinsicht scheint eine Reflexion über die Themen der Bürgerschaft gewiss nicht übertrieben, wenn sie sich in Bezug auf die zentrale Frage nach den Zusammenhängen zwischen universaler Formulierung der Grundrechte und konkreter Historizität der sogenannten substantiellen Rechte mit der Tradition der vichianischen Sichtweise der Geschichtswissenschaft theoretisch und methodisch auseinandersetzt. Betrachtet man das sich immer wieder erneuernde Bemühen, die wesentlichen Zusammenhänge zwischen den juristischen Aspekten der Definition des Bürgers (aber auch des Ausländers, Einwanderers, Flüchtlings, Verbannten etc.) und den rein philosophischen Problematiken, die mit den Begriffen wie Gemeinschaft, Identität, Zugehörigkeit, Subjektivität und Kosmopolitismus verbunden sind, aufrechtzuerhalten, wird man unweigerlich an Vicos innovative Sichtweise der Beziehung der *Philosophie* (sie „betrachtet den Menschen, wie er sein soll, und kann so nur sehr wenigen nützen, die in der Republik Platons leben, nicht sich in den Schmutz des Romulus stürzen wollen") zur *Gesetzgebung* (sie „betrachtet den Menschen, wie er ist, um von ihm guten Gebrauch in der menschlichen Gesellschaft zu machen" (*SN44D*, 90–91) denken. Der neapolitanische Philosoph stellt aber noch eine andere grundlegende Behauptung auf, der zufolge die juristische Erfahrung (sowohl in ihrem sozusagen inneren und staatlichen, als auch im äußeren und überstaatlichen Aspekt gesehen) entscheidend dazu beiträgt, dass die Philologie (im weiten Sinn als Geistes- und Geschichtswissenschaft verstanden) die Inhalte des Begriffs der *Autorität* wahrzunehmen und zu interpretieren vermag. Deshalb sehen sich die Philologen als jene Grammatiker, Geschichtsschreiber und Kritiker, „die sich mit der Erkenntnis der Sprachen und der Taten der Völker befassen, und zwar sowohl derjenigen im Innern, wie der Sitten und Gesetze, als auch der auswärtigen, wie der Kriege, Friedensschlüsse, Bündnisse, Reisen, Handelsbeziehungen" (ebd., 92).

Die Gerechtigkeit ist für Vico bekanntlich Anfang und Ende des universellen Rechts, wenn sie in der Lage ist, die *utilitates*[1] zu lenken und auszugleichen. In diesem Zusammenhang ist hervorzuheben, dass Vico aus dem Begriff der *justitia aequatrix* ein nicht nur juristisch-formales, sondern auch historisch-anthropologisches Prinzip ableitet. Der Mensch, der sich an die Regeln der Billigkeit hält und der natürlichen Anlage zum geselligen Austausch von Wahrheit und Nutzen folgt, erlangt die Fähigkeit, mit anderen Menschen zu kommunizieren. Die *societas* ist „utilitatum communio", das heißt etwas, das, wenn es auch der natürlichen Gleichheit nicht entgegenhandelt, die Tatsache rechtfertigt, dass „homo

1 (*OG*, 56ff). An einer späteren Stelle behauptet Vico: „Die Nützlichkeiten sind von sich aus weder ungerecht noch gerecht, ungerecht ist ihre Ungleichheit, gerecht ihre Gleichbehandlung" (ebd., 60).

est natura socialis".[2] Wie Vico in deutlicher Polemik gegen Machiavelli, Hobbes und Spinoza behauptet, ist die Nützlichkeit keineswegs „Mutter des Rechts", sondern „Gelegenheit der menschlichen Gesellschaft". Auf dieser Grundlage entwickelt Vico seine Idee von der ersten und eigentlichen Pflicht des „honeste vivere" und den Geboten, die sich aus einer solchen Pflicht ergeben: „alterum non laedere" und „suum cuique tribuere".[3] Es ist die mit Vernunft angewandte „prudens utilitatum destinatio" (die überlegte Bestimmung der Nützlichkeiten), die uns ermöglicht, die Entwicklung der grundlegenden Formen, auf denen jede menschliche Gesellschaft, jede Gemeinschaft, jede *civitas* basiert, zu erfassen: das Eigentum (dominium), die Freiheit (die vor allem der „gemäßigte Gebrauch der nützlichen Dinge" temperatus utilium usus ist) und die in der Tugend der Seele liegende Stärke, die den Schutz hervorbringt.[4] Die Vernunft ist das erste der konstitutiven Elemente des Rechts und damit hat für Vico (der hier einen Gedanken vorwegnimmt, den er später in seinem Hauptwerk begründet) das andere Element, und zwar die *Autorität* eine ebenso grundlegende Würde. Sie ist zunächst die natürliche Autorität der göttlichen Allmacht, aber auch die juristische und die ökonomische, die mehr in der Vernunft des Menschen verankert sind und zur Entstehung der Familie und zur „ersten Form der politischen Regierungen" (*Rerum publicarum*) führen.[5] Die politischen Regierungen, die Republiken entstehen und konstituieren sich durch den Prozess, den Vico als Zusammenstellung (*collatio*) und Übertragung dieser Rechte von der Einzigkeit

---

2 Ebd., 59. „Der Mensch ist von Natur aus dazu bestimmt, die Nützlichkeiten mit den anderen zu teilen (homo natura factus ad communicandas cum aliis hominibus utilitates), indem er den Regeln Gleichheit folgt; die Gesellschaft ist die Gemeinschaft der Nützlichkeiten (Societas est utilitatum communio); die Gleichheit ist ein Naturrecht; der Mensch ist von Natur aus gesellig".

3 Ebd., 68. „Ex cognatione autem naturae sunt duo reliqua, ‚alterum non laedere' (den Mitmenschen nicht zu verletzen) et ‚suum cuique tribuere' (jedem das Seine zukommen zu lassen), quibus homo tenetur in omni humana societate".

4 Ebd., 88 ff. „Dominium est ius disponendi de re ut velis; libertas est ius vivendi ut velis; tutela est ius tuendi te et tua, si velis". „Das Eigentumsrecht, ist das Recht des Menschen, nach seinem Willen über sein Eigentum zu verfügen; die Freiheit ist das Recht, nach seinem Belieben zu leben, der Schutz ist das Recht, die Person und das Eigentum nach Belieben zu erhalten".

5 Ebd., 105 ff. (Ich beziehe mich auf Kap. LXXXVII von *De Uno*: „Omnium rempublicarum fontes tres. Ex dominio, libertate, tutela omnes respublicae ortae" [Drei Quellen aller Republiken. Jede politische Gemeinschaft ist aus der Herrschaft, der Freiheit und dem Schutz entstanden) und auf Kap. CIII, 117 ff., wo von der „Familie als erste Form der politischen Regierungen" die Rede ist.

eines jeden auf die Allgemeinheit aller definiert. Deshalb kann die Definition der *Respublica* die einer „omnium civilium utilitatum communio" sein, die nichts anderes als die *civitas*[6], die politische und zivile Gesellschaft ist, die für Vico die „größtmögliche juristische Universalität (Rechtsuniversalität)" darstellt. Wie ein scharfsinniger Interpret Vicos im 19.Jahrhundert bemerkt, bedeutet *civitas* „als formaler Begriff der Rechte als Bürger auch *Bürgerschaft*".[7] Daraus folgt, dass sich die Entstehung und die Festigung des Eigentums und der Freiheit in der Gesamtheit der Rechte aller Bürger konkretisieren. Nicht nur, sondern wie Vico hinzufügt „genießen die Bürger die politische Freiheit, wenn sie eigene Gesetze, eigene Magistrate und eine eigene Staatskasse haben".[8] Kurz gesagt, es steht ihnen alles zu, was das öffentliche Recht ausmacht.

Der vichianische Bürgerschaftsbegriff entsteht also im Bereich der politischen (zivilen) Institutionen der menschlichen Völker. Besonders deutlich wird dies an der Stelle, wo Vico die Entstehung der römischen Agrargesetze beschreibt und in der Erlangung des „Bürgerrechts" seitens der Plebejer nicht nur den Zugang zu jener *omnis divini et humani iuris communicatio* sieht, die aus der Eheschließung hervorgeht, sondern auch den Erwerb der Rechtspersönlichkeit als notwendige Bedingung des ökonomisch-sozialen Handelns annimmt (Anerkennung und Legitimation des Eigentums, die Möglichkeit vertragsgemäß zu handeln und ein Testament zu errichten).

Vicos klarer Verweis einerseits auf die Ehe als erstes Element der Zivilisierung und andererseits auf die Rechtspersönlichkeit verbunden mit der Figur des Bürgers[9] zeigt eine klare Vision der geschichtlichen und logischen Beziehung,

6 Ebd., 127. „Ex ea collatione omnium ab omnibus iurium extitere respublicae. Quapropter respublica definiatur ‚omnium civilium utilitatum communio', quae ‚civitas' quoque et passim appellatur" [Aus der Vereinigung aller Rechte, die vom Einzelnen auf die Allgemeinheit übertragen wurden, entstanden die Republiken: Daher ist die Republik ‚die Gemeinschaft aller politischen Nutzen'; sie wird oft auch *civitas*, politische oder bürgerliche Gesellschaft genannt].

7 Vgl. Gianis Kommentar zu *De uno* (Giani 1858, 435). Dieser Autor führt auch die vichianischen Quellen auf, in diesem Fall Cicero und Grotius. Der Begriff der *civitas* bezeichnet natürlich nicht nur eine abstrakte juristische Allgemeinheit, sondern auch die konkrete Vielfalt der cives, die eine historisch bestimmte Gemeinschaft formen.

8 *SN44D*, 130. „Libertas civilis est qua cives suas habent leges, suos magistratus, aerarium suum".

9 In diesem Zusammenhang steht der Grundsatz LXV, wo der Entwicklungsrahmen des Zivilisationsprozesses beschrieben wird: „Die Ordnung der menschlichen Dinge schritt so vorwärts: zunächst gab es die Wälder, dann die Hütten, darauf die Dörfer, später die Städte und schließlich die Akademien" (ebd.,116).

die zwischen Bürgerschaft und Zugehörigkeit zu einer politischen Gemeinschaft besteht. Deshalb, bemerkt Vico, führt die ursprüngliche Trennung zwischen der Weisheit der Optimaten der Städte und den Plebejern anfangs zu einem Verbot des Bürgerrechts für die Plebejer, die nicht mehr und nicht weniger als „Fremde" betrachtet wurden. Damit zeigt er den Rahmen auf, in dem die Entwicklungsgeschichte der Bürgerschaft analysiert wird. Am Ende des ersten Kapitels der *poetischen Politik* beschreibt Vico die Entwicklung der ersten Städte. Diese bestanden am Anfang nur aus Adligen. Nur aufgrund eines sozusagen ökonomischen Bedarfs an Sklavenarbeit erließen sie „aus einem gemeinsamen Sinn für den Vorteil" das erste Agrargesetz und überließen ihre Felder den Plebejern.[10] Bis zu jenem Zeitpunkt „hatten die Plebejer in den heroischen Städten nicht am Bürgerrecht teil, und so gingen sie untereinander keine Schuldverhältnisse ein, die gebunden gewesen wären durch die Fessel eines Zivilgesetzes, die ihnen eine Notwendigkeit auferlegt hätte" (*SN44D*, 310). Die Vorenthaltung der Bürgerschaft für die Plebejer dauerte solange, bis sie, wie man oben gesehen hat, das Recht auf Eheschließung erhielten, und mit diesem den Zugang zu einer Reihe von zivilen Rechten, allen voran die elterliche Gewalt und die Möglichkeit, ein Testament zu errichten (ebd., 330–331). Hier beschreibt Vico die Trennung zwischen den beiden Städten in ihrer Entstehung und allmählichen Überwindung; auf der einen Seite die Stadt der heroischen Familien, die Stadt der Hochzeitsfeiern, auf der anderen die des „anderen Volkes", wo keine Ehen geschlossen wurden, so dass die Plebejer „keinen Teil des Bürgerrechts miteinander gemein gehabt hatten".[11] Erst als die ‚Stadt der Hochzeitsfeiern' vorherrscht, beginnt mit dem Erscheinen von Parlamenten, Gesetzen, Urteilen und Strafen der politische und rechtliche Zivilisationsprozess der Völker und Nationen. So gelangen wir nun zur dritten ‚Art von Autorität', der menschlichen, die Vico nach der göttlichen und heroischen Autorität erwähnt. Die dritte Form von Autorität (ebd., 501) entsteht aus der Verleihung der Bürgerschaft an die Plebs, die bekanntermaßen im Entwurf der vichianischen Politik einer monarchischen Regierungsform entspricht, auch wenn sie vom ‚Rat' der Senate gemäßigt wird.[12]

10 Vico sieht in der „Teilung" der Felder den Ursprung für „die Verschiedenheiten der Städte, der Stämme und schließlich der Völker" (vgl. ebd., 12).

11 Ebd., 389. „Daher ist die Stadt ohne Hymenäen genau ‚das andere Volk', als das Telemachus in der Versammlung die Plebs Ithakas bezeichnet".

12 Vico verweist an mehreren Stellen der Neuen Wissenschaft auf den Unterschied zwischen Volksrepublik und Monarchie. In beiden Regierungsformen kommt den Bürgern eine wichtige Funktion zu, auch wenn sie sich im komplexen Wandel von einer archaischen Form des öffentlichen Rechts zu einer modernen Form, in der der Schutz des Privatinteresses des Bürgers vorwiegt, erst allmählich herausbildet. Im Übergang

Die sich stets weiterentwickelnden juristischen und politischen Bereiche der Bürgerschaft[13] sind laut Vico für die fortschreitende Zivilisation der Nationen grundlegend, damit bringt er ein vollkommen modernes Verständnis zum Ausdruck.

„Endlich nahmen sich die römischen Monarchen, ihre ganze Milde gegenüber der Menschheit entfaltend, der Sklaven an und zügelten die Grausamkeit der Herren gegen ihre elenden Sklaven (...); und das Bürgerrecht, das man früher nur bedeutenden Fremden verlieh, die sich große Verdienste um das römische Volk erworben hatten, gaben sie jedem (...), wenn er nur in Rom geboren worden war. Von dieser Art, frei in den Städten geboren zu werden, blieb das natürliche Recht, das früher dasjenige ‚der Geschlechter' oder der adligen Häuser hieß (...), als später die demokratischen Republiken kamen (in denen die ganzen Völker Herren der Reiche sind) und daraufhin die Monarchien (wo die Monarchen die ganzen ihnen untergebenen Völker repräsentieren), ‚natürliches Recht der Völker' genannt" (ebd., 537). Daher ist der Satz nicht verwunderlich, mit dem Vico – im Kapitel, in dem er das antike römische Recht als eine „ernsthafte Dichtung" rühmt – das Erscheinen des Verstands und seiner universalen Formen verbindet mit dem „Willen, den der Gesetzgeber in seinem Gesetz ausgedrückt hat (...) und der der Wille der Bürger war, welche sich in der Idee eines gemeinsamen vernünftigen Vorteils vereint fanden" (ebd., 562).

Meine geschichtliche und philosophische Reflexion über die Definition der Bürgerschaft im vichianischen Werk entsteht in einem politisch-kulturellen

---

des Zeitalters der Heroen zu dem der Menschen wird das Eigentum der wenigen Familien der Heroen auf die Allgemeinheit der Bürger übertragen (vgl. ebd., 506). Die Bürgerschaft, die zuerst den Gründervätern und den Patriziern vorbehalten war, und ihre zunehmende Erweiterung auf die *clientes* und die ‚Knechte', kennzeichnet die Entwicklung der Regierungsform, die von den ursprünglichen Republiken «in strengster aristokratischer Form", in denen die Plebejer kein „Bürgerrecht" hatten zu den gemischten Formen führt, in denen die Plebejer, beginnend mit der Eheschließung und der Anerkennung der Privatrechte an der juristischen Ordnung (die Gleichstellung der Plebiszite mit den Gesetzen der Gemeinschaft) und an der politischen Ordnung (l'accesso alle magistrature) teilhaben. Wie bekannt ist, verfolgt Vico diesen Entwicklungsprozess mittels einer Untersuchung und Interpretation der grundlegenden Phasen der römischen Jurisprudenz.

13 Den römischen Bürgern waren alle Rechte vorbehalten „die später ‚*propriae civium romanorum*' hießen, wie Eheschließungen, väterliche Gewalt, das Recht, Hauserben, Agnaten, und Gentilen zu haben, quiritisches, das heißt ziviles Eigentum, Manzipationen, Ersitzungen, Stipulationen, Testamente, Vormundschaften und Erbschaften" (ebd., 554).

Klima, das sich intensiv darum bemüht, die Ausdrucksweisen, Einstellungen, Begriffe und Kategorien der theoretischen Tradition der westlichen Demokratie neu zu bestimmen. In diesem Zusammenhang wird die Idee der Bürgerschaft bewusst untersucht und als möglicher theoretischer und zugleich praktischer Ort erörtert, anhand dessen die Grundlagen und die Glaubwürdigkeit der Demokratie überdacht werden. Es handelt sich um eine Demokratie, die nicht auf die klassischen Grundlagen des Liberalismus verzichtet, der vom hemmungslosen Liberismus unserer Zeit weit entfernt ist, und die sich konkret den Bedürfnissen und neuen Hoffnungen der zeitgenössischen Subjektivität und ihrer Rechte zu stellen vermag. In dieser Hinsicht zeigt Vicos Verweis auf die universalistische und formale Tradition des römischen Rechts[14] wieder einmal, dass die Idee der Bürgerschaft in einem juristischen Fundament verankert sein muss, das auf dem Konsens der Gemeinschaft über demokratisch statuierte Gesetze und nicht – wie es die Gegenwart auf dramatische Weise zeigt – auf dem Konsens über rassische, ethno-geographische, ideologische und religiöse Zugehörigkeit aufbaut. Bei Vico (und natürlich nicht nur bei ihm) beginnt sich die Idee abzuzeichnen, die den Diskurs über die Bürgerschaft einerseits mit der zur Universalität tendierenden politischen Ordnung der überstaatlichen Gemeinschaft und andererseits mit den kulturgeschichtlichen *Verschiedenheiten* der einzelnen

---

14 Dass die Tradition der römischen Rechtswissenschaft nicht nur ein antiquarisches Fundstück ist, zeigt ein Beitrag, der sich mit den Themen der Bürgerschaft in ihrer erstrebenswerten europäischen Dimension befasst vgl. (Luciani 1999). Das römische Rechtsmodell dient hier (vgl. ebd., S. 89 ff.) als Ausgangspunkt für die Idee und die normativen Inhalte der Bürgerschaft. Die livianische Tradition zeigt nicht nur den Ursprung der Bürgerschaft als notwendige Voraussetzung für ein Zusammenleben von Menschen und Völkern auf, die in einem einzigen Raum zusammenkommen, sondern auch als erster Gründungsakt eines Rechtskorpus für den Aufbau der politischen Einheit „eines Gesellschaftskörpers ohne feste und tiefe Wurzeln". In dem Moment, in dem sich dem ursprünglichen Stamm des Gründervaters andere Familien und soziale Gruppen anschließen, ergibt sich die Notwendigkeit der Anerkennung aller in gemeinsamen Normen. Die politisch-juristische Theoretisierung dieses langen Prozesses entspringt einer der bevorzugten Quellen Vicos, nämlich Cicero, in De re publica (I, 39), wo das Volk nicht mehr als „omnem coetum multitudinis", sondern als „coetum iuris consensu et utilitatis communione sociatum" verstanden wird. Es handelt sich hier um zwei grundlegende Punkte, einerseits um die *auctoritas* des Gesetzes und andererseits um die Suche nach dem gemeinsamen Nutzen für ein gutes praktisches Leben, die für Vico den Übergang zu den modernen Nationen kennzeichnen. Es zeichnet sich hier ein klarer Harmonierungsversuch zwischen einer materiellen Basis (und gesellschaftlichem Nutzen) der Bürgerschaft und ihrer juristischen Formalisierung ab.

Gemeinschaften verknüpft. Wir wissen, dass sich die neue Wissenschaft Vicos vor allem damit befasste, die *Verschiedenheit* mittels einer vergleichenden Analyse „aller menschlichen Möglichkeiten" zu ermitteln. Eine vergleichende Analyse, die dem Bedürfnis nach einem einheitlichen und synthetischen Verständnis des Laufs der menschlichen Dinge gerecht wird und sich nie mit einer reinen Anhäufung geschichtlicher Materialien begnügt. Und hierin zeigt sich die andere große Intuition der vichianischen Philosophie: der Begriff des Gemeinsinns, dessen, was „allgemein von einem ganzen Stand, einem ganzen Volksstamm, einem ganzen Volk oder dem ganzen Menschengeschlecht empfunden" wird (*SN44D*, 93). Vico hat somit das notwendige Bindeglied zwischen Universalität und Normativität des juristischen Ordnungsprinzips und geschichtlicher Besonderheit der verschiedenen Seinsarten der menschlichen Gemeinschaften gefunden.

Dieser zwischen der strukturellen Ordnung und den geschichtlich und kulturell strukturierten Verschiedenheiten bestehende dialektische Zusammenhang gehört ebenfalls zu der allgemeineren Beziehung zwischen Metaphysik und Geschichte, zwischen Philosophie und Philologie, Wahrem und Gewissem, kurz zwischen den Prinzipien einer ethischen übergeschichtlichen Ordnung und den Momenten ihrer Wiederfindung in den verschiedenen Nationen und Kulturen und den verschiedenen Praktiken der menschlichen Gemeinschaften.

Vicos Untersuchungen sind einerseits gewiss ein wichtiger Beitrag zur Geschichte der Entstehung der Bürgerschaft, andererseits fordern sie auch dazu auf, die Grenzen und die Bedeutungen dieses in der zeitgenössischen Welt wieder aktuell gewordenen Begriffs der Bürgerschaft zu erklären. Auf jeden Fall ist meines Erachtens auch noch nach einigen Jahrhunderten die Möglichkeit gegeben – die Vico vor allem in seinem Begriff des Gemeinsinns zum Ausdruck brachte – jenen notwendigen Schritt zu tun, der am Beginn der Selbsterschaffung der Menschheit steht: die *Anerkennung*, wenn auch in der unvermeidbaren Pluralität der historisch bestimmten und *verschiedenen* Erfahrungen, der gemeinsamen Grundsätze in den Formen der intersubjektiven Gemeinsamkeit, im Verständnis, in der Sprache, in der Geselligkeit und im Konflikt, in der sittlichen und religiösen Verpflichtung und zuallererst in der Bereitschaft zur Begegnung mit dem Anderen seiner selbst.

Literaturverzeichnis

Luciani (1999): M. Luciani, "La costruzione giuridica della cittadinanza europea". In G.M. Cazzaniga (Hg.), *Metamorfosi della sovranità. Tra Stato nazionale e ordinamenti giuridici mondiali*, Pisa.

Piovani (1960): P. Piovani, *Ex legislatione philosophia*, Turin.

Giuseppe D'Anna

"Genese" und "Komposition" in Vicos *De Uno*

Abstract: The paper analyses the very important role of the concepts "genesis" and "composition" in Vico's *De Universi Juris Uno Principio et Fine Uno*. This notions establishes the human and historical origin of the Theory of State and Law and they prepares the ground to the anthropological Foundation of Theory of History, that Vico will complate in the *Scienza Nuova*. "Genesis" and "Composition" are in *De Uno* in connection with the topic of the language too. Really the foundation of the Law derives from the historical development (from his historical "composition") of the language too.

Die Begriffe "Genese" und "Komposition" stellen bei Vico zwei wichtige theoretische Kategorien dar, mit denen das gesamte Vichianische Werk erforscht und anders interpretiert werden kann. Zum Beispiel werden das *componere* und die *compositio* in *De Antiquissima Italorum sapientia* ziemlich häufig genannt; sie spielen in diesem Werk eine grundlegende Rolle. Außerdem sind bei Vico "Komposition" und das Prinzip des *Verum et Factum convertuntur* eng verbunden.[1] In Bezug auf die Wahrheit und auf den Unterschied zwischen göttlicher und menschlicher Wahrheit beachtet Vico im ersten Kapitel von *De Antiquissima*:

> Von hier aus ist die Mutmaßung gegeben, daß die alten Weisheitslehrer Italiens in folgender Auffassung über das Wahre übereingekommen sind: Das Wahre ist das Geschaffene selber, und daher ist in Gott das erste Wahre, da Gott der erste Schöpfer ist; in Gott ist das unendliche Wahre, da Gott der Schöpfer von allem ist; und Gott ist das genauste Wahre, weil Gott nämlich die äußersten wie die innersten Elemente der Dinge gegenwärtig sind, denn er enthält sie in sich. Die Lateiner kamen aber weiterhin darin überein, daß Wissen ein Zusammensetzen der Elemente der Dinge sei (*Scire autem ist rerum elementa componere*), weshalb dem menschen Geist das Denken, dem göttlichen Geist aber die Einsicht zu eigen ist (*unde mentis humanae cogitatio, divinae autem intelligentia sit propria*).Denn Gott «liest zusammen» (legit) alle Elemente der Dinge, sowohl die äußersten als auch die innersten, weil er sie in sich begreift und in eine Anordnung bringt (*disponit*). Der menschliche Geist aber, da er begrenzt ist, mag sich zwar bemühen, die äußersten Elemente aller übrigen Dinge außer ihm, die nicht durch ihn da sind, zusammenzutragen, er sammelt sie dennoch nie alle, so daß er die Dinge zwar

1 Zur Konviertbarkeit von *verum et factum* vgl.: (Cacciatore 1993, 17–58); Stephan Otto hat dem Vichianischen Axiom eine transzendentale Bedeutung zugeschrieben (Otto 1977, 32–54).

verstandesmäßig denken, nicht aber vernünftig einzusehen vermag. Daher ist er zwar teilhaftig des Verstandes, nicht aber seiner Vernunftbedingungen völlig mächtig (*DA*, 15–17. Auf Deutsch: *DAD*, 35–37).

Um diesen Unterschied besser zu erklären, bedient sich Vico eines aus dem geometrischen Feld stammenden Gleichnisses:

«Das göttliche Wahre ist das Umfassende Bild der Dinge, gleichsam eine plastische Figur; das menschliche Wahre ist nur eine Skizze oder ein flächenhaftes Bild, gleichsam ein Tafelbild. Wie das göttliche Wahre das ist, das Gott, indem er es erkennt, anordnet und erzeugt (*disponit ac gignit*), so ist das menschliche Wahre das, was der Mensch, während er Kenntnis von ihm gewinnt, zusammenfügt und zugleich auch schafft (*componit item ac facit*): auf diese Weise wird Wissenschaft zur Erkenntnis der Art oder der Modalität, in der die Sache zur Entstehung kommt, zu einer Erkenntnis, in der der Geist, während er diese Modalität begreift, weil er die Elemente der Sache zusammenfügt, die Sache erschafft. Den vollständigen Sachverhalt bringt Gott hervor, weil er alles erfaßt, den oberflächenhaften bringt der Mensch hervor, weil er nur die äußersten Elemente erfaßt. Um das auf diese Weise Erörterte so leicht wie möglich mit unserer Religion in Einklang zu bringen, muß man wissen, daß die alten Philosophen Italiens der Ansicht waren, das wahre und das Geschaffene seien konvertibel» (*DA 2005*, S. 17. Auf Deutsch: *DAD*, S. 37).

Das *componere* und das Prinzip *verum et factum convertuntur* erwerben bei dem Vichianischen Denken eine doppelte Bedeutung, die vielleicht besser in *De nostri temporis studiorum ratione* als in *De Antiquissima* in Erscheinung kommt. Einerseits, und dies betrifft die ethische Bedeutung, ist das Wissen der Menschen im Vergleich zum Wissen des allwissenden Gottes begrenzt und endlich. Das Bewusstsein dieses Unterschiedes "demütigt" den menschlichen Stolz, erlaubt dem menschlichen Geist aber auch, die "rechte Verfassung" zu erlangen und sich vor "gottloser Überheblichkeit" zu bewahren.[2] Andererseits, und darin liegt die ontologisch-metaphysische Bedeutung, besteht zwischen Gott und den Menschen eine Ordnungs-Differenz vom Sein, bei deren Beschreibung sich Vico

2 „Perciò codeste cose che in fisica di presentano per vere in forza del metodo geometrico, non sono che verisimili, e dalla geometria ricevono il metodo, non la dimostrazione: dimostriamo le cose geometriche perché le facciamo; se potessimo dimostrare le cose fisiche, noi le faremmo. Nel solo Dio ottimo massimo sono vere le forme delle cose, perché su quelle è modellata la natura. Lavoriamo dunque alla fisica come filosofi, per ben educare l'animo nostro, superando in ciò gli antichi, che coltivavano questi studi per contendere empiamente in beatitudine con gli dei, mentre noi lo facciamo per abbassare l'orgoglio umano. Ricerchiamo il vero, del quale siamo tanto bramosi, e, quando non lo troviamo, lo stesso desiderio ci conduca a Dio ottimo massimo, sola via e verità" (*De rat. 1990*, S. 117).

auf die klassischen Polaritäten der Ontologie beruft: das Unendliche und das Endliche, das Ewige und das Zeitliche, Gott und der Mensch.

Diese ontologische Differenz zwischen dem Göttlichen und dem Menschlichen hat aber auch eine methodologische Relevanz: sie begrenzt den bestimmten anthropologischen Charakter des menschlichen Wissens durch das *componere* und das *facere*; im Gegenteil dazu ist das göttliche Wissen von *gignere* (Erzeugen) und *disponere* (Anordnen) gekennzeichnet. Der Mensch kennt die Geschichte, die Sprache, die Geometrie, das Recht, weil er die Geschichte, die Sprache, die Geometrie, die Mathematik und das Recht *componere* und *facere* kann. Aus diesem Grund wendet sich Vico in *De Antiquissima* der synthetischen Methode gemeint als *compositio* zu und kritisiert bei Descartes die analytische Methode (die Zergliederung).[3]

Nachdem Vico die Kategorie der *compositio* methodologisch bestimmt und sie als konstitutiv für das Wissen und das Schaffen des Menschen gedacht hat, kann er von Grund auf den Begriff von "Natur" neu bearbeiten.

Den Begriff der Natur der Dinge definiert Vico in den *Degnità* XIV und XV der *Scienza Nuova*. In der *Degnità* XIV bemerkt er:

> Die Natur der Dinge ist nichts anderes als ihre Entstehung zu bestimmen Zeiten und auf bestimmte Weise; immer dann, wenn diese so sind, entstehen die Dinge daraus so und nicht anders.[4]

Und in der *Degnità* XV heißt es dann weiter:

---

3 Vico verbindet das Axiom des *verum et factum convertuntur* nicht nur mit den geometrischen und mathematischen Wahrheiten, und auch nicht mit der geschichtlichen Welt, sondern ebenso mit der Sinnilischen Struktur des Menschen. In der Tat schreibt er im *Liber metapgysicus*: «Difatti, se i sensi sono facoltà, noi stessi facciamo (facimus) i colori quando vediamo, i sapori quando gustiamo, i suoni quando udiamo, il freddo e il caldo quando tocchiamo. Ci rimane traccia della stessa opinione da parte degli antichi filosofi italici nei verbi olere e olfacere: olere si diceva della cosa che emanava odore, olfacere del soggetto che sentiva l'odore, quasi a dire che, odorando, faceva l'odore» einen Geruch erzeugen« (*DA* 2005, 114. Auf Deutsch: *DAD.* 119). Ich verdanke dem Freund und Kollegen Zhang Xiaoyong von der Universität von Fudan (Schanghai) eine überzeugende Erörterung dieser Passage. Ich glaube nun, dass der im Sinn der Cartesischen *compositio* verstanden Begriffe der Synthesis sehr eng mit dem Vichianischen Axion des *verum et factum convertuntur* verbunden ist. Zu Vico Begriff der Synthesis vgl. im übrigen (Otto 1981, S. 305–324).

4 «Natura di cose altro non è che nascimento di esse in certi tempi e con certe guise, le quali sempre che sono tali, indi tali e non altre nascono le cose» *SN44 1990300.* Auf Deutsch: *SN44D*, 94. In Beziehung auf die Auslegung dieser Degnità, vgl. Trabant 1996, S. 55.

> Die von ihren Gegenständen untrennbaren Eigenschaften müssen erzeugt worden sein durch die Modifikation oder die Weise, in der die Dinge entstanden sind; daher können jene Eigenschaften uns bestätigen, daß die Natur oder die Entstehung dieser Dinge so und nicht anders ist.[5]

Vico bringt in der *Degnità XIV* der *Scienza Nuova* mit der Definition der Natur als *nascimento* den traditionellen Wesenbegriff in Bewegung. Die Natur eines Individuums, einer Sprache, eines Volkes, einer Rechtstheorie, sogar des Menschengeschlechts wird die besondere, dynamische Geschichte (Genese-Komposition) des Individuums, der Sprache, des Volkes, der Rechtstheorie, des Menschengeschlechts. Die Temporalisierung / die Historisierung des Begriffs "Natur" wird mit dem Lemma "Nascimento" übersetzt; da eine Natur die bestimmte Genese und Geschichte des Werdens von Etwas ist, können die Begriffe von "Nascimento", "Genese", "Ursprung" und *compositio*" bei Vico in eine enge Verbindlichkeit gesetzt werden. Das Wesen verliert in der Welt des Menschen seine Ewigkeit (hier steht der radikale Unterschied zwischen Vico und den Rationalisten), um die genetisch-historische *compositio* einer bestimmten zeitlichen *narratio* zu werden.

Wie wir schon bemerkt haben, wird eine solche dynamische und zeitliche Deklination der Begriffe von "Natur" mit dem von "Komposition" vorbereitet, den Vico im Jahre 1710 definierte.

Zwischen dem *Liber Metaphysicus* und der *Scienza Nuova* stellt sich das Werk *De Universi Juris Uno Principio, et Fine Uno.*[6]

Die Begriffe "Genese" und "Komposition" spielen auch in diesem Fall eine grundlegende Rolle. Einerseits setzen sie den menschlichen Ursprung der Rechts- und Staatstheorie bei Vico fest; andererseits bereiten sie die anthropologische Begründung der Geschichtlichkeitstheorie vor, die Vico in der *Scienza Nuova* gründen wird. In diesem Sinn stellt *De Uno* ein unumgängliches Medium dar, um die Passage von der *Antiquissima* zur *Scienza Nuova* zu verstehen.

In der Tat, obwohl mehrere philosophische Theorien der *Scienza Nuova* schon in *De Uno* entwickelt worden sind, scheint im letzteren Werk zum Beispiel die systematische Formulierung des Begriffs "Natur" zu fehlen, gemeint als *nascimento* und genetische Komposition, die die *Scienza Nuova* in der *Degnità* XIV explizit definiert und festsetzt. Den Naturbegriff kann Vico in der *Scienza*

---

5 «Le proprietà inseparabili da' subbietti devon essere produtte dalla modificazione o guisa con che le cose son nate; per lo che esse ci posson avverare tale e non altra essere la natura o nascimento di esse cose» *SN44* 1990, S. 300; auf Deutsch: *SN44D*, S. 94.

6 Zur Einführung im *De Uno* vgl. Lomonaco 2007, S. XI-XXXVII. und Lomonaco 2010.

Nuova als *Degnità* ausdrücklich formulieren, weil er, meines Erachtens, im *De Uno* die Anwendung der Kategorien "Genese" und "Komposition" im Rahmen der geschichtlichen und humanologischen Begründung der Rechtstheorie schon getestet hat.

Damit meint man hier nicht die Relevanz der Metaphysik bei Vico zu verneinen; das wäre bestimmt ein hermeneutisches Missverständnis in Bezug auf das Vichianische Denken. In der Tat, behauptet Vico in *De Uno* (Kapitel LVI: *Iurisprudentiae et moralis christianae principium et finis idem)*:

> «Societas in cognatione Naturae fundata est: quae cognatio quantum animorum est, protinus est a Deo, ut diximus; quantum sanguinis est, ab Ada communi omnium parente, qui a Deo quoque creatus est, ac proinde etiam a Deo est. Igitur Principium & finis Jurisprudentiae Christianae, & Moralis Christianae omnino idem, quae jubet Christiano in omnes homines prae Deo charitatem» (*De un 2007*, 35).

Vico bedient sich aber der Metaphysik auch um das objektive Prinzip der Rechtswissenschaft und deren Universalität ans Lichte zu bringen; aber Universalität und Prinzipien der Rechtswissenschaft sollen durch die endliche Erkenntnisfähigkeit des Menschen in die Geschichte der Völker und der Sprache entdeckt werden. Durch eine kritische (im Sinne der Vichianischen Verbindung von Philologie und Philosophie) und genetisch-historische Rekonstruktion der je besonderen Historie der Völker und durch die *compositio* als *facere*, die eine solche Rekonstruktion mit sich bringt, soll die universelle Ordnung, die allen Menschen gemein ist, gefunden werden. Vico schreibt im ersten Buch von *De Uno*:

> Der endliche Körper und die endlichen Dinge sind die Ursache, warum die Menschen abgesondert und getrennt leben, aber die Idee der ewigen Ordnung vereinigt sie und in der Tat konvergieren sowohl die Griechen als auch die Barbaren, die Chinesen und die Europäer über die obergenannten drei Wahrheiten.[7]

Der Begriff „*ordo*" hat eine metaphysische Valenz, die eine besondere Relevanz für das Thema der "Komposition" und der "Genese" erwirbt. Erstens: dank einer universellen "Ordnung" kann der Mensch mit anderen Menschen gemeinsame Wahrheiten haben. Die Besitzung eines *ordo communis* ermöglicht den Übergang von *scire* zum *conscire*, von der *scientia* zur *conscientia*. Wenn in *De Antiquissima scire* bedeutet *rerum elementa componere*, so erlaubt die Vichianische

7 „... et corpus finitum, et finita hominem dividund; et per eam ordinis aeterni ideam homines inter se communicant, et uniuntur; atque in ea tria vera Graeci et Barbari, Europei et Sinenses peramice conveniunt" (*De uno 2007*, S. 20 übers. von Valentina Dafne De Vita).

Idee von *ordo* in *De Uno* eine gemeinsame Dimension der Menschheit zu denken, innerhalb welcher das *scire-componere* geteilt und mitgeteilt werden kann. Mit anderen Worten gründet der Begriff "*ordo*" den gemeinschaftlichen Horizont der Menschheit, in dem dank der Möglichkeit mitgeteilt zu werden, das besondere *Componere* zum Universellen strebt.

Die von mir so interpretierte Vichianischen Verbindung von *ordo* und *compositio* erscheint heute sehr aktuell, insofern in einer multikulterellen Welt die Dialektik zwischen Partikularismus und Universalismus ein grundlegendes Problem darstellt (Cacciatore 2008, 7–26).

Zweitens: In dieser Richtung ist die Kritik gegen Grotius bedeutend. Im Kapitel XXIX von *De Constantia* liest man (S. 676):

> «Hanc originem, hunc progressum, quo Fas priscarum gentium natum, & prolatum est, esse oportebat Primum Principium tractationis incomparabilis, quam *Hugo Grotius de jure belli, & pacis* adornavit; ut innuera loca, quibus eos libros ex *Historicis, Oratoribus, Philosophis, Poëtis* cumulat, non in eruditionem tantum, sed § in scientiam dicerentur» (*DC*, S. 209).

Die gerade genannte Vichianische Kritik stellt eine allgemeinere methodologische Präzisierung dar, die wieder auf den Begriffen "*ordo*" und "*compositio*" beruht. Um eine Theorie, um ein Wissen zu begründen, soll man nach einer bestimmten Anordnung den Ursprung / die Genese und den Fortschritt (progressum)/die Komposition einer Tatsache erforschen; sonst bleibt man im Bereich der reinen *Eruditionis*. Außerdem war sich Grotius dem Unterschied zwischen *iuris naturalis gentium et philosophorum* nicht bewusst. Wenn Grotius diesen Unterschied erfasst hätte, wäre er nach den wahren Prinzipien vorgegangen. Die Bestimmung der Differenzen bedeutet in der Vichianischen Philosophie die genetische und zusammengesetzte Bestimmung einer besonderen Geschichte, einer besonderen Natur (die Rechtsgeschichte, die Sprachgeschichte, die Geschichte der Völker). Die Differenz stellt bei Vico, die spezielle Modalität der *compositio* einer Geschichte dar, die die eigene Natur einer Individualität bestimmt. Deshalb kann das vichianische Denken nicht einfach in einer relativistischen und ganz kulturellen Interpretation gelöst werden. Obwohl in der Tat bei Vico einige Spuren vom Rationalismus verbleiben (die Begriffe von "Anordnung", "Komposition" und "synthetische Methode" werden von Descartes, Spinoza und Leibniz ständig ins Spiel gebracht), werden sie aber in der Vichianischen Philosophie zu Instrumenten, um die vom Menschen geschaffene Welt zu erklären. Sie haben mit der Zeitlichkeit, dem Werden, der Geschichte zu tun, und nicht mit einer systematischen alles umfassenden Ontologie oder mit einem deduktivistischen System. Sie liegen, wie Piovani sagen würde, dem humanologischen *verum et factum convertuntur* zugrunde und zu dieser humanologischen Welt gehört auch die Rechtstheorie. Piovani schreibt in *Linee di una filosofia del diritto*:

> Deshalb ist vielleicht Vico der Philosoph, der *in nuce* die Anschauung (intuizione) des Rechts mit dem sich-Machen (farsi) gleichsetzt: In Vicos Denken ist das Recht das beständige Streben, durch das die Menschen schaffen, die Entdeckung der Menschheit in ihnen selbst gegen das Attentat der Giganten (bestioni) des illegalen Staates zu stabilisieren. Die Entdeckung der eigenen Menschheit ist das Verlassen der Bedingungen, in denen die "umherziehenden", ohne gewisse Orten, ohne gewisse Kompanien, ohne gewisse Gedächtnisse, ohne Achtung weder für sich selbst noch für die Anderen, „mit einer tierischen Erziehung", nackt von jeder menschlichen Sitte und in einer „schändlichen Gemeinschaft der Dinge" befindenden Individuen noch von jedem gültigen Schutz von ihrem ungewissen Wesen waren. Sie waren in diesem Zustand, denn sie waren sich nicht ihrer eigenen Individualität bewusst. Laut Vico ist es notwendig zur Entstehung des Rechtes, dass die Gewalt der ersten Optimaten die ersten stabilen Stellen, in denen sich das Individuum dank der neuen Stabilität, die Ermittlung ist, Gewissheit über sein substanzielles Wesen feststellt, mit dem Wert gewinnt und bewacht. „Die wenigen ein bisschen stärkeren (Menschen)" sind Individuen, die das Vermögen haben, sich selbst der Dissoziation des tierischen Umherirrens zu entziehen und gleichzeitig sich selbst und ihre ersten Eroberungen zu schützen. In der Tat „ist es eine Charakteristik der Stärksten, nicht die durch die Tugenden erworbenen Eroberungen wegen der Drückebergerei zu verlieren". Als Ursprung des Rechts steht die Kraft des Individuums, das sich selbst und seine Dinge schützen kann: Laut Vicos Begriff ist das Recht eine echte *Tätigkeit* (attività)[8]

8 «Perciò, forse, il filosofo in cui è, in nuce, l'intuizione del diritto come farsi è Vico: nel pensiero vichiano il diritto è il costante sforzo con cui gli uomini riescono a rendere certa, contro gli attentati dei «bestioni» dello «stato eslege», la propria scoperta umanità, che è abbandono della condizione nella quale gli individui, "vagabondi", in continuo "erramento", senza sedi certe, senza compagnie certe, senza memorie certe, senza rispetto di sé e degli altri, "con una ferina educazione, nudi d'ogni umano costume, in mezzo ad una "infame comunione delle cose", stavano privi ancora di ogni valida difesa del loro incerto essere, perché inconsapevoli della loro stessa individualità Secondo Vico, perchè il diritto sorga occorre che la violenza dei primi ottimati acquisti col valore, e col valore custodisca, le prime stabili sedi in cui, grazie alla nuova stabilità, che è accertamento, l'individuo umano si accerti del suo sostanziale essere [...] Gli «alquanti pochi più robusti» sono gli individui che hanno la capacità di sottrarsi alla dissociazione dell'erramento ferino difendendo se stessi e i loro primi acquisti: infatti «è proprietà de' forti gli acquisti fatti con virtù non rilasciare per infingardaggine». All'origine del diritto è vista, dunque, la «forza» dell'individuo che sa difendere sé e il suo: nella concezione vichiana il diritto è veramente attività» (Piovani 2010, 563–564. Ins Deutsch übersetzt von Valentina Dafne De Vita).

Insofern das Recht Handlung, menschliche Handlung ist, wird seine Natur, sein "Nascimento" durch seine historische Genese und seine werdende Komposition bestimmbar.

Die Wichtigkeit der Begriffe "Genese" und "Komposition" in *De Uno* ist, meines Erachtens, auch mit dem Konzept der Definition eng in Verbindung zu setzen. Im Rationalismus (ich denke hier an Spinoza) soll die Definition entweder das ewige Wesen / die Natur von Etwas ausdrücken oder die unmittelbare Ursache eines Geschehens erklären. Die Definition beantwortet die Frage "Was ist "? "Was ist die Natur von Etwas". Um die Definition von Etwas zu formulieren, wendet man häufig in Vicos *De Uno* die Präposition e-ex plus Ablativ an, die auf Lateinisch grammatikalisch den Ursprung, die Genese von Etwas bestimmt. Zum Beispiel wird die Frage "Was ist die Republik" (*respublica quid?*) auf folgenden Weise von Vico beantworten:

> «Ex ea *collationem* omnium ab omnibus jurium *extitere Resp*. Quapropter *Resp*. Definiatur, *Omnium Civilium utilitatum Communio*; quae *Civitas* quoque, & passim appellatur» (*De uno 2007*, S. 67).

In *De Uno* werden die theoretischen Begriffe "Genese" und "Komposition" mit einer grammatikalischen Konstruktion ausgedrückt, die die theoretische Aufgabe hat, den rationalistischen Begriff "Wesen" zu dynamisieren, zu temporalisieren, zu historisieren (vgl. Formigari 1987, 53–71).

Eine solche theoretisch-grammatikalisch-sprachliche Umformung des Konzepts "Wesen" bei Vico stellt einen grundlegenden Übergang dar, um die dynamische und menschliche Welt der Geschichtlichkeit der *Scienza Nuova* zu begründen.

"Komposition" und "Genese" haben selbstverständlich auch mit der Sprache zu tun und mit ihrer theoretischen Geschichte. Aus der historischen Entwicklung der Sprache, aus ihrem Ursprung und ihrer Komposition stammen die Gründe der Entwicklung der Rechtstheorie und die Möglichkeit diese historisch-genetische Entwicklung auszulegen. Vico schreibt in *De opera proloquium* von *De Uno*:

> «Et propriam quoque fecerunt *Jurisconsulti* doctrinam de *verborum originibus*, § *proprietate*, quae praecipua *juris voluntarj fax* est. Unde videmus *Jurisconsultos* tantopere sollicitos in vestigandis verborum etymis, ut *servi*, *testamenti*, *mutui*, *stipulationis*, *furti*, *interdicti* § aliorum innumerum [...]» (*De uno 2007*, 9).

In dieser Passage werden in Bezug auf die Sprache die am Anfang meines Vortrags zitierten *Degnità XIV* und XV der *Scienza Nuova* antizipiert.

Wenn Vico in *De Uno* von "Ursprung" und "Eigentum" der Worte spricht, meint er die Natur, das Wesen der Sprache, die durch die etymologische Geschichte, ihren *Nascimento* und ihre *Compositio* bestimmt wird. Auch im Fall der Sprache werden die Begriffe von Natur und Wesen dank der Konzepte von "Komposition" und "Genese" dynamisiert und historisiert.

Außerdem wird bei Vico das aristotelisch-rationalistische *scire per Causam* das *scire per originem ac compositionem*, das eine zeitlich-geschichtliche und menschliche Deklination erwirbt.

In diesen Seiten habe ich versucht die Wichtigkeit der Begriffe von Komposition und Genese in *De Uno* zu zeigen. Die Passagen, die in *De Uno* durch die Begriffe "Komposition" und "Genese" interpretiert werden können, sind aber viele. Zum Beispiel beobachtet Vico in dem Kapitel über den *De Dominio eminenti, Civili libertate, § summo Imperio*:

> «In rerumpp. Genesi es dominiis omnium *Dominium eminens*, & singulorum libertatibus *libertas civili*, ex cunctis patrum potestatibus *summum Imperium* ortum est» (Ebd., 69).

Die Definition der Natur von *Dominium eminens*, *Libertas civilis* und *Imperium summum* wird wieder mit den Kategorien von "Genese" (durch die Präposition e-ex plus ablativ) und von „Komposition" (*ex cunctis*, die Verbindung) aufgebaut. Wieder wird die Natur eines Dinges, eines Ereignisses als genetisch-geschichtliches Werden gedacht.

Croce bemerkt in *La filosofia di Giambattista Vico:*

> Vico entfernt sich von dem idealen ewigen Gesetzbuch, ohne daß es den Anschein hat: er ist sogar durchaus bereit, anzuerkennen, daß das *ius naturale philosophorum* in seiner Idee ewig ist und streng *ad rationis aeternae libellam* aufgebaut. Doch wenn er ihm mit Worten und aus Ehrfurcht vor der alten scholastischen und traditionellen Philosophie, deren Einfluß er da und dort fühlte, auch ewige Gültigkeit einräumt, so spricht er ihm faktisch die ewige Gültigkeit und den übergeschichtlichen Charakter doch ab; denn anstatt es über die Geschichte zu stellen und von ihr unabhängig zu machen, weist er ihm den Platz an, der ihm zukommt: innerhalb der Geschichte[9].

Das Recht wird von Vico historisiert, weil die Konzepte „Genese" und „Komposition" zuerst in *De Antiquissima* eine ontologisch-metaphysische Fundierung

9 «Il Vico si spaccia del codice ideale eterno senza averne l'aria: prontissimo, anzi, a riconoscere che il „ius naturale philosophorum" è eterno nella sua idea e severissimamente stabilito „ad rationis aeternae libellam". Ma dall'eternità concessagli a parole e per ossequio alla vecchia filosofia scolastica e tradizionale, della quale qua e là egli risentiva l'efficacia, passa a negargli di fatto l'eternità e il carattere sovrastorico, perché invece di metterlo sopra e fuori la storia, lo colloca al posto che gli spetta, dentro la storia» Croce 1962, S. 101; auf Deutsch: S. 89.

gefunden haben und dann weil diese Fundierung eine theoretische und praktische-juristishce Anwendung in *De Uno* erhalten hat.

Literaturverzeichnis

Cacciatore (1993): G. Cacciator, "Vico e Dilthey. La storia dell'esperienza umana come relazione fondante di conoscere e fare", in ders. (Hg.), *Storicismo problematico e Metodo critico*, Napoli.

Cacciatore (2008): G. Cacciatore, "Universalismo etico e differenza: a partire da Vico", in *BCVS*, XXXVIII, 2.

Croce (1962): B. Croce, *La filosofia di G. B. Vico*, Bari.

Formigari (1987): L. Formigari, Ermeneutica giuridica e teoria della lingua in G.B. Vico in *Intersezioni* 7:53–71.

Lomonaco (2007): F. Lomonaco, "Introduzione", in *De uno 2007.*

Lomonaco (2010): F. Lomonaco, *A partire da Giambattista Vico: filosofia, diritto e letteratura nella Napoli del Secondo Settecento*, Roma.

Otto (1977): S. Otto, „Die Transzendentalephilosophische Relevanz des Axioms 'verum et factum convertuntur'", in *Philosophisches Jahrbuch* LXXXIV.

Otto (1981): S. Otto, „Imagination und Geometrie: die Idee kreativer Synthesis. Giambattista Vico zwischen Leibniz und Kant", in *Archiv für Geschichte und Philosophie*, LXIII.

Piovani (2010): P. Piovani, "Linee di una filosofia del diritto", in ders. (Hg.), *Per una filosofia della morale*, a cura di F. Tessitore, Milano.

Trabant (1996): J. Trabant, *La scienza nuova dei segni antichi. La sematologia di Vico*, Roma-Bari.

Antonino Falduto

Vico, das Naturrecht und der Begriff *Obligatio*

Abstract: *VICO, NATURAL LAW AND THE CONCEPT OF OBLIGATION*: In my paper, I aim to explore the relation between the concept of obligation and the idea of law in Vico's philosophy. I argue that the concept of law (*jus*) and its mandatory element, i.e. the obligation (*obligatio*) constitute the link between the metaphysical *verum* and the historical *certum*. According to my interpretation, I present the obligation as the efficacy of the realised, necessary and coercive legal truths in the real, historical societies. I divide my paper into two parts: an historical and a theoretical one. In the first section, I deal with one episode in the reception of the *Scienza Nuova Prima* and with the role the concept of law plays in this work. In the second section, I present my interpretative thesis concerning the role of the concept of obligation in the context of Vicos legal philosophical argumentations.

1.

Dass das Recht eine zentrale Rolle in der philosophischen Entwicklung Vicos spielt, ist in der Forschung unumstritten. Was noch der Erforschung bedarf, ist die Bedeutung des Rechtsbegriffes insbesondere in den Schriften vor der Veröffentlichung der *Scienza Nuova*.

Ziel meines Aufsatzes ist es, einen kleinen Beitrag dazu zu leisten, und das Verhältnis des Rechtsbegriffes zum Begriff der *obligatio* (Verbindlichkeit) zu erläutern.

Ich teile meinen Aufsatz in zwei Abschnitte. Damit verfolge ich das Ziel, einen doppelten Interpretationsversuch zu unternehmen, der beabsichtigt, sowohl historische als auch systematische Elemente zu erhellen. Im ersten Teil analysiere ich ein Ereignis, das mit der Rezeption der *Scienza Nuova Prima* und mit der Rolle des Rechts in diesem Werk zu tun hat. Im zweiten Teil stelle ich einen systematischen Interpretationsvorschlag dar: Ich präsentiere den Rechtsbegriff (*jus*), und insbesondere das verbindliche Element des Rechts, d. h. die *obligatio* (Verbindlichkeit), als mögliches Bindeglied zwischen dem *verum* und dem *certum*, zwischen ewiger, metaphysischer, göttlicher Wahrheit und vergänglicher, geschichtlicher, menschlicher Gewissheit, indem ich die *obligatio* als das «an sich» des Rechtes mit der Wirksamkeit der verwirklichten, notwendigen, und zwingenden Rechtswahrheit in den realen, geschichtlichen Gesellschaften gleichsetze. Somit ist es mein Ziel, das Verbindliche der Vorsehung in der Realisierung bei einem konkreten Volk zu einer bestimmten Zeit und an einem bestimmten Ort zu erklären. Das Notwendige in der Geschichte wird durch das Notwendige in einer menschlichen Rechtshandlung widergespiegelt: Der Akt der Vorsehung, der das Recht schafft, wird durch die Gewissheit der verwirklichten Geschichte in dem Recht garantiert und ersichtlich.

2.

Um die zentrale Rolle des Rechts im Gedankengang Vicos zu verstehen, beschränke ich mich auf einen Vorfall der Vico-Rezeption in Deutschland. Es ist bekannt, dass man die erste Nennung von Vico in der deutschen Gelehrtenwelt im Jahr 1727 findet, als eine knappe Besprechung der *Scienza Nuova Prima* von 1725 in der Zeitschrift *Acta Eruditorum Lipsiensia* unter der Rubrik *Nova Litteraria* erscheint (August 1727, 383).

Die *Acta Eruditorum* wurden 1682 in Leipzig von Otto Mencke (1644–1707), Professor für Moral und Politik an der Universität zu Leipzig, gegründet. Die Herausgebertätigkeit, vom Gründer Otto Mencke bis zu seinem Tod ausgeübt, wird von dem Sohn Johann Burckhardt Mencke (1674–1732), Professor für Geschichte an der Leipziger Universität, übernommen, der ebenso als Herausgeber bis zu seinem Tod 1732 fungiert. Die *Acta Eruditorum* waren die wichtigste unter den im 17. Jahrhundert gegründeten wissenschaftlichen Zeitschriften im deutschsprachigen Raum (vgl. Döring 2004, 32–33). Eine in der Forschung von den verschiedenen Herausgebern der Texte Vicos – wie Nicolini, Cristofolini oder Battistini – angenommene Tatsache ist, dass Mencke vordergründig aus religiösen Gründen und aufgrund der Meinung eines italienischen Korrespondenten der Zeitschrift diesen sehr negativen Bericht über das Werk Vicos verfasst hat. Diese Rezension basiert vielleicht auf die Kritik von Capasso – und nicht, wie in der Forschung teilweise vermutet und von Gisela Schlüter sehr detailreich und zutreffend widerrufen, von Giannone (vgl. Schlüter 1999, 26–40 und Lomonaco 1990, 107–125).

Für unsere Ziele ist es wichtig zu unterstreichen, dass das negative Bild Vicos in der Buchbesprechung vor allem aufgrund der Verbindung zwischen Naturrecht und Vorsehung entsteht.

In der Rezension findet der Leser eine «Reihe von irreführenden Informationen und polemischen Insinuationen: der Titel des Werkes wird verkürzt, das Format des Buches falsch angegeben; es wird unterstellt, Vico habe die Anonymität gesucht, und er wird als Verfasser des Werkes vermeintlich enttarnt sowie fälschlich als Kleriker ausgegeben» (Schlüter 1999, 30). Diese Rezension ist besonders von Interesse, weil der Kritiker die *Scienza Nuova Prima* Vicos hauptsächlich aufgrund seiner rechtsphilosophischen Aussagen kritisiert. Ein erster Einwand hat mit der Tatsache zu tun, dass Vico für seine Schrift die Prinzipien (*principia*) deduzierte, die auf Autoren zurückzuführen sind, die keine Philosophen seien; er habe diese Prinzipien außerdem so gestaltet, dass sie den Dogmen der katholischen Kirche angepasst seien: Gott spiele im Text Vicos eine viel zu starke Rolle. Vico wird zuletzt vorgeworfen, sich mit Autoren wie Grotius und Pufendorf so auseinanderzusetzen, dass nur geistreiche Empfindungen (*ingenium*), und nicht die Wahrheit (*veritas*), in den Vordergrund rücken. Und genau das hat mit dem Einwand zu tun, dass Vico kein System der Jurisprudenz, sondern eher ein Abbild, ein Bildnis, ein erfinderisches Werk (*figmentum*) entworfen habe.[1]

Aufgrund dieser Vorwürfe, die die Rolle der Religion im Rahmen des Rechtes sehr kritisch betrachten, ist eine Analyse der Gründe der Wichtigkeit der Vorsehung in Vicos Philosophie nötig.

Bevor ich mich diese Analyse zuwende, seien noch zwei Bemerkungen angebracht. Die erste Bemerkung betrifft die Rezeption Vicos in Deutschland. Das negative Bild Vicos aus den *Acta Eruditorum* wird von den Seiten des *Allgemeinen Gelehrten-Lexicon* 1750 korrigiert, wo der Leipziger Theologe, Historiker und Bibliothekar Christian Gottlieb Jöcher (1694–1758) einen sehr positiven Nameneintrag zu Vico schreibt (vgl. Costa 1976, 143–148). Bemerkenswert sind zwei Textstellen aus diesem Eintrag (Jöcher 1750–1751, Sp. 1574–1576), in denen Vicos Interesse und Gelehrsamkeit in Bezug auf das Recht hervorgehoben werden. Auf der einen Seite werden Vicos «Vorlesungen über die Gesetze» erwähnt, in denen Vico, «den Grund der römischen Gesetze und ihrer Rechtsgelehrten zu entdecken» sucht, und «deswegen einen Vorschlag zu einem System in der Jurisprudenz» macht (Ebd., Sp. 1575); auf der anderen Seite wird auf die Genese des *Diritto universale* hingewiesen:

> Anno 1719 hielt er [Vico, A.F.] eine Rede: *Omnis divinae atque humanae eruditionis elementa tria esse: nosse, velle, posse*. Man griff diese Abhandlung auch an, und gab seinen Entwurff für unmöglich aus: doch er rechtfertigte sich durch eine Schrifft un Saggio, welche 1720 heraus kam. Anno 1720 gab er den andern Band *de constantia jurisprudentis* heraus (Ebd., Sp. 1576).

1 Vgl. Anonym, *Nova Litteraria*, in «Acta Eruditorum» (August 1727, 383): «Agitavit Autor in isto libello novum Juris Naturae Systema aut figmentum potius, ex aliis longe, quam hactenus fueverunt Philosophi, principia deductum, magisque ad ingenium Pontificiae ecclesiae accomodatum. Multo labore contra Grotii & Pufendorffii doctrinas & principia disputat, ingenio tamen hic magis indulget quam veritati, longaque conjecturarum mole tandem sibi ipsi deficiens ab ipsis Italis taedio magis quam applausu expipitur».

Die zweite Erwähnung betrifft die Reaktion Vicos auf die Besprechung der *Acta Eruditorum*. Der Leipziger Rezensent der *Acta* wiederholt Einwände des antikatholischen Neapolitanischen Umfeldes und bereitet damit Vico den Anlass, durch die *Notae*, die sogenannten *Vindiciae* von 1729, gegen diese Einwände klare Worte auszusprechen, die für das Verständnis des Rechts in seiner Philosophie nützlich sind. Sowohl die Buchbesprechung der *Acta Eruditorum* als auch die *Vindiciae* beziehen sich auf die Zentralität des Rechts in der ersten Ausgabe der *Scienza Nuova*. Gleich im Titel der *Scienza Nuova Prima* ist die Bedeutung des Rechts ersichtlich. Das im Oktober 1725 erschienene Werk heißt: *Principj di una Scienza Nuova d'intorno alla commune Natura delle Nazioni per la quale si ritruovano i principi di altro sistema del diritto naturale delle genti.*

Die «Prinzipien einer neuen Wissenschaft über die gemeinsame Natur der Völker» sind noch im Titel der dritten Ausgabe von 1744 unverändert zu finden. Was man im Titel der dritten Ausgabe nicht mehr findet, ist die Idee, dass die Neue Wissenschaft auf anderen, neuen Prinzipien basiert, und nicht auf denjenigen eines neuen Systems des Naturvölkerrechts.

Die *Scienza Nuova Prima* fängt sogar mit der Erwähnung des neuen Verständnisses des Begriffes des Naturrechts als Recht an, das entsteht (*nasce*) und seinen Ursprung in einer nicht fixierten und unvergänglichen menschlichen Natur findet (ich werde diese Bedeutung im dritten Teil meines Aufsatzes erläutern):

> Das natürliche Recht der Völker ist zusammen mit den Sitten der Völker entstanden.[2]

Sogar das zweite Buch, in dem die «Principi di questa scienza per l'idee» zu finden sind, ist folgendermaßen betitelt:

> *Iura a diis posita*: Gängiger Ausdruck der Dichter. – Prinzipien dieser Wissenschaft aus den Ideen einer vorsorglichen Gottheit, auf derer geglaubten Ratschlägen oder Geboten alle weltlichen Nationen entstanden.[3]

Das ist eine zentrale Idee, die schon für *De uno* charakteristisch ist: Das Recht, das Gesetz, wird von der Gottheit gesetzt, und die Prinzipien der Neuen Wissenschaft stammen aus den Ideen der Vorsehung. Auf den Geboten dieser vorhersehenden Gottheit gründen alle Völker.

---

2 Siehe Inhaltsverzeichnis, *Sn25*: «Il diritto naturale delle nazioni egli è certamente nato coi comuni costumi delle medesime».

3 Ebd.: «*Iura a diis posita*: Espressione comune de' poeti. – Principi di questa Scienza dall'idee d'una divinità provvedente, sopra i cui creduti o avvisi o comandi sursero tutte le nazioni gentili».

Aus diesen wenigen Bemerkungen über die *Scienza Nuova Prima* ist der rechtsphilosophische Fokus der Rezension der *Acta Eruditorum* gerechtfertigt. Die Idee ist die, dass Vico ein erfinderisches, theologisch geprägtes Werk verfasst, wohingegen im Recht die Wissenschaftlichkeit der Prinzipien nicht infrage gestellt werden darf.

Sowohl in der *Scienza Nuova Prima* als auch in den *Vindiciae* ist es aber klar, dass Vico Hobbes, Grotius und Pufendorf als Vertreter von verschiedenen grob fehlerhaften Ansichten attackiert.[4] Insbesondere in den *Vindiciae* von 1729 wirft Vico seinen Kritikern vor, dass sein Werk gegen die Naturrechtler viel vorzuweisen hat.[5] Nach seiner Meinung beschäftigen sich aber die Leser seines Werks nicht mit der Neuheit der *Scienza Nuova*, weil sie pauschalisierend alles verwerfen, was mit der römisch-katholischen Kirche zu tun hat, und einem Philosophen vermeintlich nicht geeignet ist.[6] Wie wir sehen werden, hat diese Anklage

4 Vgl. ebd., Libro Primo: «„Ignari hominumque locorumque erramus", Virgilio. – Necessità del fine e difficultà de' mezzi di rinvenire questa scienza entro l'error ferino de' licenziosi e violenti di Tommaso Obbes, de' semplicioni, tutti soli, deboli e bisognosi, di Ugone Grozio, e de' gittati in questo mondo senza cura o aiuto divino di Samuello Pufendorfio, da' quali le gentili nazioni son provenute».

5 Vgl. *Notae in Acta Eruditorum Lipsiensia* / mensis Augusti a. MDCCXXVII / ubi / inter Nova Literaria / unum extat de eius libro cui titulus / Principii d'una Scienza Nuova / dintorno / alla Natura delle Nazioni.

6 Vgl. ebd., S. 48/49: «Quorsumnam ignotus erro isthaec dicit? An quia Grotius et Pufendorfius — addatur cumulo etiam quoque Seldenus — tres eius doctrinae principes, isti erroni videntur ii soli esse philosophi, quia nemo omnium est Romano-catholicus? An vero, ut significet me non esse philosophum? Quod si is id sentiat, eorum duum alterum is hoc suo dicto significat: aut quod is me, si cum doctis nescit, saltem cum vulgo noscit, non esse philosophiae, sed philologiae, nempe eloquentiae professorem, quia cum vulgo putat eloquentiam a philosophia esse rem prorsus aliam; aut quod is eum librum omnino non legerit, cuius perpetua haec ratio est, ut philologiam, sive rerum omnium, quae ab libero hominum arbitrio dependent, ut sunt linguarum, morum et rerum, sive pace actarum sive bello, gestarum historiae, philosophiae, ut par est et nemo hactenus tentavit philosophus, submittam et ab exploratis philosophiae principiis philologiam in certam scientiae formam redigam. An quia in eo systemate ius monarchicum rationibus firmo, quas hactenus non videre philosophi? Si id sentiat erro iste, is implacabiliter pugnantia planissime dicit. Sic enim Grotium, qui isti in hoc ipso argumento est philosophus, pro quo stare profitetur, non solum deserit, sed oppugnat. Nam non alio sane consilio Gronovius in Grotium suas *Notas* scripsit, quam ut scriberet accommodate ad ingenium popularis Batavorum libertatis, qui eum auctorem, ut assentatorem monarchiae, notat. An merito? Non est hic disserendi locus. Uter igitur scribit «ad alterius ingenium accommodate», quod Tacito illud elegans est «per ambitionem», quod esset italice vertendum «a compiacenza», egone, qui ex vero,

mit der Begründung des Rechtes in der Vorsehung. Ein weiteres Element ist der Vorwurf, «erfinderisch» zu sein, auf dem in den *Acta Eruditorum* als «*ingenium*» hingewiesen wird.[7]

---

quod Ecclesia catholica docet quodque Grotius etiam agnoscit, an erro iste, ut vestrae populari Lipsiensium libertati morem gerat?».

7 Vgl. ebd., S. 74–77: «Verum ignotus erro ait, potius quam systema, id merum esse «figmentum». Esto, quando nihil aeque ac figmenta delectant, ubi sunt apta, decora sibique ex omni sui parte convenientia. Heic iste ignotus erro iam me sibi teneri putat, quia in eo figmento ego «coniecturarum mole mihi ipse deficiam». Qui istaec dicit, qui in brevi fabella, quam de me meoque libro fingit, quantum vidimus, tantum omni ex parte sibi non constat? [...] Postremo quam illa sibi contraria? Nam cur universam Italorum nationem taedio is liber affecit? An quia «multo labore contra Grotii et Pufendorfii doctrinas et principia disputat»? Sed nationum naturam id proprium certe consequitur, ut qui cum fortissimis externarum nationum viris multo labore sive acriter pugnat, is prae gloriae aemulatione genti suae plurimum afferat voluptatis, eiusque universa in se studia mirum in modum conciliet. An quia id argumentum ab transalpinis iam satis superque sit celebratum; unde illa uberrima scriptorum seges: Grotii, Seldeni, Pufendorfii, eius doctrinae principes; Vandermuelenii, Barbeyracii, Boeclerii, Zuicleri, Grotii alii, Gronovii, Vitrarii, omnes Hugonis adornatores; Buddaei, Zentgravii, Uberi, Thomasii et, praeter hos celebriores, alii minoris notae quamplurimi? Sit ita sane. Sed, si hic Vicus nomine, horum transalpinorum de iure naturali gentium edissertatis, novam methodum solam concinnasset, tamen res non erat, ut tantum taedium in Italia universa commoveret, hac praesertim aetate, in qua, cum facilitati unice mos geratur, soli novarum methodorum tituli libros suavissimos faciunt. Sed is vobis id Vici plane novum de integro systema esse nunciavit. Atqui crebra, usitata, senescentia satietatem, fastidium ac taedium gignunt: «omnia autem nova placere» in vulgatissimo proverbio est. Verum ignotus erro ait, potius quam systema, id merum esse «figmentum». Esto, quando nihil aeque ac figmenta delectant, ubi sunt apta, decora sibique ex omni sui parte convenientia. Heic iste ignotus erro iam me sibi teneri putat, quia in eo figmento ego «coniecturarum mole mihi ipse deficiam». Qui istaec dicit, qui in brevi fabella, quam de me meoque libro fingit, quantum vidimus, tantum omni ex parte sibi non constat?». Die Erwähnung des «*ingenium*» bezeugt die Absicht des Rezensenten, Vico als Philosophen diskreditieren zu wollen, indem er in der *Scienza Nuova Prima* den wissenschaftlichen Argumentationen eine erfinderische Willkürlichkeit bevorzugt. Das heißt, Vico ist beschuldigt worden, die philosophische Wahrheit für eine katholische Empfindelei zu missbrauchen. Vgl. dazu auch ebd., S. 86–89: «vos, cum legeretis eius Scientiae proprium subiectum esse de communi nationum natura, ex qua apud omnes populos aeque manat notitia de divinarum rerum humanarumque originibus, unde postremo profluit novum de iure naturali gentium systema, quod non contra Grotium et Pufendorfium solos, sed etiam contra Seldenum, alium eius doctrinae principem, stabilitur, idque pontificiae Ecclesiae cum genere humano universo commune esse; cum, quemadmodum mihi persuadeo, id observaretis constabilitum genere disserendi

Kommen wir nun zur Analyse von Vicos Absicht, die Vorsehung als philosophischen Akteur zu fundieren und damit die Gründe zu verstehen, die der *Scienza Nuova* viele Feinde eingebracht hat (vgl. Rossi 1969; Piovani 1968, 553–586 und Ratto 2003, 81–100). Die Zentralität dieser Absicht Vicos ist schon in *De Uno* zu suchen. Dementsprechend analysiere ich im Folgenden einige Textstellen aus diesem Werk und widme mich der Rolle der Vorsehung für das Naturrecht und für den besonderen Begriff von Verbindlichkeit, die mit Gott sehr eng verbunden ist.

Das Recht wird wohl auch nach der Veröffentlichung der *Scienza Nuova Prima* sehr präsent in Vicos Gedankengängen bleiben, nicht nur in der 1730 erschienenen zweiten Ausgabe der *Scienza Nuova* (*Cinque libri di G.B. Vico de' principii d'una scienza nuova d'intorno alla comune natura delle nazioni*), sondern auch in der im Juli 1744 posthum erschienenen *Scienza Nuova Terza*, in der Vico die menschlichen Bedürfnisse und Vorteile («umane necessità o utilità») die zwei Quellen des natürlichen Völkerrechts («le due fonti perenni del diritto naturale delle genti») (Vgl. *Sn44*, S. 178 und S. 243) und die göttliche Vorsehung («Provvidenza») die Befehlshaberin des natürlichen Völkerrechts («ordinatrice del diritto naturale delle genti») (Vgl. ebd., S. 225) nennt.

3.

Ich komme nun zu dem systematischen Interpretationsvorschlag. Ich vertrete die Ansicht, dass die Zentralität des Verbindlichkeitsbegriffes bei Vico ersichtlich wird, wenn man Vicos metaphysische Fundierung des Rechts im Rahmen seiner Geschichtsphilosophie versteht. Dass die Verbindlichkeit ein zentrales Element in dieser Konstellation ist, wird schon bei der Überlegung ersichtlich, dass Vicos Naturrecht eine Art politische Theorie ist, die eine Taxonomie der notwendigen Pflichten göttlichen Charakters in die menschliche Welt der

---

cum veritate et constantia; cumque postremo eum librum, pro parva ipsius mole et editione nimis recenti, perquam caro emissetis et, quando precii caritas est optimarum exoptatarumque mercium potissimum argumentum, intellexissetis eum librum Italis esse percarum: ob haec omnia vos certe, quidem hercule, eum librum putaretis omnino alium ab eo, quem iste ignotus erro vobis narravit. Cumque ibi, a meo praenomine admoniti, agnossetis me esse ipsissimum illum Iohannem Baptistam Vicum, de quo dominus Clericus de aliis meis libris, quos supra memoravi, super eo ipso argumento, quamquam exasciato, honorificentissime verba facit, et eum exponeretis verius et de eo censeretis aequius et de me loqueremini forsan magis cum dignitate».

Kontingenz einleitet. Die Vorsehung Gottes spielt im Rahmen dieser Erklärung die Hauptrolle.

Die Vorsehung hat dafür gesorgt, dass die Menschen in der Lage sind, nach der Erbsünde die fehlerhaften Handlungen zu begrenzen, zu meistern und zu korrigieren. Das Recht wird von Gott geboten und kann die menschliche Handlung leiten.

Aus der Tatsache, dass das von Gott Gebotene das Recht begründet, sind die ewige Notwendigkeit und die Wahrheit des Rechtes abhängig. Das Wahre kommt in diesem Sinne durch das Recht auf die Erde und die Gebote Gottes werden, in der Form bestimmter Gesetze, gültig und verbindlich aufgrund ihrer Abhängigkeit von Gott.

Das Recht ist aber außerdem ein Naturrecht, ein *diritto naturale*. Was Vico damit meint, ist die Tatsache, dass das Recht auch mit der *nascita* (Geburt) des gemeinschaftlichen Lebens der Völker zu tun hat.[8] Die Geburt der Gesellschaften ist etwas Geschichtliches, das in der menschlichen Geschichte ihre Realisierung findet. Damit werden dem Recht eine zweite Form von Notwendigkeit und ein zusätzlicher zwingender und verbindlicher Charakter zugesprochen. Diese weltliche Notwendigkeit und die Gewissheit des Rechtes sind in der kontingenten Bildung einer bestimmten Gemeinschaft zu finden und nicht in der menschlichen Natur (*natura umana*), die nur vermeintlich unvergänglich ist. Nach Vico variiert die *natura umana* unaufhörlich. *Natura naturans!* könnten wir auch in diesem Fall bei Vico wie bei Giordano Bruno rufen.

Das Recht ist genau deswegen nicht etwa das Recht der Philosophen. Das Recht der Philosophen ist für Vico das Naturrecht, wie es in vielen Traktaten beschrieben wird: Vico ist aber gegen diese Charakterisierung der meisten Naturrechtler, die das Recht auf einer vermeintlichen Unvergänglichkeit der menschlichen Natur begründen. Laut Vico entspricht die traditionelle Form des Naturrechts etwas Abstraktem, das mit der menschlichen Natur als etwas Andauerndem zu tun hat – was eine bloße Fiktion ist. Vicos *ius naturale gentium* ist hingegen etwas Wahres und Gewisses, *verum* und *certum* zugleich, weil dieses Recht das Notwendige der Gebote Gottes enthält, das in der geschichtlichen Realisierung seine Gewissheit findet.

Nur indem man die normative Rolle Gottes im menschlichen Recht betrachtet, begreift man die *obligatio* als das «an sich» des Rechtes. Das Recht ist von

---

8 Vgl. *Sn44*, S. 243: «[Nascimento dei principi,] che si appella natura, che è la nota propissima della scienza; e finalmente si confermano con l'eterne propietà che conservano, le quali non possono esser nate che da tali e non altri nascimenti, in tali tempi, luoghi e con tali guise, o sia da tali nature».

Gott «gesetzt»: Mit der Einleitung einer Verbindlichkeit in die menschliche Welt gewährleistet Gott seine Präsenz und macht eine Notwendigkeit in der Gewissheit der Geschichte ersichtlich. Die Verbindlichkeit ist in diesem Sinne das Bindeglied zwischen Gott und Mensch, zwischen göttlicher, ewiger Notwendigkeit und humaner, kontingenter Gewissheit.

Die Verbindlichkeit ist das Element, das sowohl im Übersinnlichen als auch im Sinnlichen gleichermaßen stattfindet: Der Wille Gottes wird durch seine Gebote in der Welt wirksam und die Gebote sind durch die Autorität Gottes verbindlich und infolgedessen wirksam. Die Gesetze eines Volkes sind aufgrund der gesellschaftlichen Situation festgelegt worden: Ihre Wirksamkeit wird von der Autorität der Gesetzgeber festgesetzt, die der besonderen weltlichen Gewissheit entspricht. Die Wirksamkeit des Rechtes an sich wird aber von Gott, im Übersinnlichen, in einer Autorität sichergestellt, die die Furcht in einem absolut Anderen hervorruft. Die Verbindlichkeit ist das Element, das sowohl im Sinnlichen als auch im Übersinnlichen seine Wurzeln hat, und das damit auf die Wirksamkeit des Rechtes als etwas zugleich göttlich, metaphysisch Wahres und menschlich, geschichtlich Gewisses hinweist.

Das Recht, als weltliche Kodifizierung der Gebote Gottes, ist, dank seiner göttlich und menschlich konnotierten Verbindlichkeit, das Bindeglied zwischen Metaphysik und Geschichte.[9]

Vicos Theorie steht zur Annahme im Widerspruch, dass die Vernunft an sich in der Lage ist, das Recht zu deduzieren. Nach Vico ist die *ratio* allein noch nicht

9 Vgl. *De uno*, § LXXXI: «Quamobrem *mens legis*, et *ratio legis*, quae a non satis acutis confunduntur, res sunt longe aliae: *mens legis* est *voluntas legislatoris*; *ratio legis* est *conformatio legis ad factum*: facta mutari possunt, et mens legis, seu voluntas legislatoris mutatur: conformatio autem legis ad factum mutari non potest, unde nunquam ratio legis mutatur: quare, mutatis factis, ratio *cessare* potest, ut eleganter *antiqui Interpretes* dicunt, *ociari* potest, sed in contrarium mutari, in contrarium verti non potest. Mens legis spectat ad utilitatem, qua variante variatur; ratio legis, cum sit ad factum conformatio, spectat ad honestatem, quae aeterna est»; *De uno*, § LXXXII: «Ratio autem legis eidem dat esse *verum*; *Verum* autem est proprium, ac perpetuum adjunctum Juris necessarj: *Certum* vero est proprium, et perpetuum juris voluntarj attributum, sub aliqua tamen *veri parte*, ut *Ulpianus* nuper Jus Civile definivit: quam *veri partem* Legislatores arripiunt, ut *certo* teneant ea ex *parte verum* auctoritate, quod hominum pudore tenere non possunt, quae est ejus *Ulpianeae definitionis* ratio. Quare vel omnibus fictionibus, quae omnes juris voluntarj sunt (nam jus naturale est generosum, et verax) subest aliquod verum ratione dictatum. Quin ejusdem *Ulpiani* celebre illud, *durum est, sed scriptum est*, tantundem sonat, *certa lex* est, *sed vera prorsus non* est; at aliqua tamen ratio, eam veram omnino esse non sinit».

in der Lage, die Verbindlichkeit der Gesetze sicherzustellen. Die Vernunft «ist an naturalistischen Herabsetzungen exponiert», auch wenn sie als *speculum* Gottes gilt, weil sie in der *natura umana* verwurzelt und dementsprechend der Kontingenz ausgesetzt ist. Stattdessen sorgt der Ursprung des Gesetzes im Übernatürlichen für eine Kraft, die jede Verbindung mit der tierischen Natur durchbricht (durch diese These ist Vico sehr nah an John Selden (1584–1654) und seinem Werk *De jure naturali et gentium juxta disciplinam Ebraeorum* (1640), das Vico oft zitiert und kritisiert).[10]

Diese Relativierung der Vernunft ist entscheidend, um Vicos Rechtsdarstellung zu verstehen. So wie bei Gott, ist auch bei den Menschen die Trias *Posse / Velle / Nosse* zu finden. Vor der Erbsünde ist der Mensch eine Projektion Gottes, indem das Können (*posse*) eine Neigung nach Vollkommenheit ist, weil das Wollen (*velle*) mit dem Erkennen (nosse) gleichzusetzen ist. Vor der Erbsünde impliziert die Realisierung einer möglichen Handlung keine Freiheit, weil der menschliche Wille mit der Vernunft einstimmig ist (vgl. Parisoli 2000, 59–87). Die Idee, dass die Freiheit immer eine «richtige» oder «rechtliche» Freiheit ist (*integra libertas rectae naturae*), impliziert, dass der Mensch vor der Erbsünde mit keinerlei tatsächlicher Freiheit zu tun hat. Die Freiheit kommt erst dann in die Welt, und zwar nur sobald Gott nach der Erbsünde auch zugleich etwas gebietet und für die Verbindlichkeit der Gesetze sorgt. Wie Vico deutlich schreibt: Verbindlichkeit ist das Gegenstück der Freiheit (*libertatis* appellatione e contrario *obligationem* quoque accipio).[11] Man kann sich auch folgendermaßen ausdrücken: Es gibt Freiheit, wenn es Verbindlichkeit gibt. Die Rede der Freiheit ergibt nur insofern Sinn, als wir etwas Anderes machen können, als das, was Gott uns gebietet, indem wir unserer tierischen Natur nachgehen. Nach der Erbsünde entsteht die Freiheit als die Entscheidung dafür, was nicht immer *rectae naturae* ist. Das ist die Folge einer nicht mehr vollkommenen Anpassung zwischen Vernunft und Willen: Das *Posse* entsteht nicht mehr aus

---

10 Vgl. (Carillo 1998, 371–396), hier insbesondere S. 383: «La fonte dell'obbligatorietà non andrà ricercata in un elemento, la *ratio*, esposto a facili riduzioni naturalistiche, ma, all'opposto, in uno spazio *extra naturam* in cui una forza übernatürlich spezzi ogni legame con la animalità originaria».

11 Vgl. *De uno*, § CXVII: «Diximus supra *Verum* legis Ratione, *Certum* legis Auctoritate constare: igitur *Jurisditionis*, et *certi* ab ea conditi *juris* eae *Caussae* fuere: quod *dominia, libertates, tutelae* (*libertatis* appellatione e contrario *obligationem* quoque accipio) jure naturali quacumque animi destinatione sufficienter significata existunt (id enim dictat humanae societatis natura; nam mentes humanae quibus corporibus dividuntur, aliae celantur ab aliis); et solo veri pudore continentur».

einer harmonischen Anpassung von *Nosse* und *Velle*. Das ist der größte Unterschied: Die menschliche Handlung ist nicht mehr ausschließlich durch Vernunft zu erklären. So wie Gott ist der Mensch auch von der Trias von *nosse*, *velle* und *posse* ausgemacht. Was dem Menschen fehlt, ist aber die Vollkommenheit Gottes, der das Niveau des Wahren (*verum*) entspricht. Bei dem Menschen ist nicht eine metaphysische Wahrheit, sondern die geschichtliche Gewissheit (*certum*) charakteristisch, weil der Mensch in seiner geschichtlichen Realisierung tierisch unvollkommen ist.

Gott ist das Übernatürliche, das Vollkommene und das Außerweltliche, das mit seiner Notwendigkeit die Wirksamkeit des Rechts durch Verbindlichkeit erhält. Die Geschichte bewahrt aber auch, seinerseits, die Wirksamkeit des Rechts durch Verbindlichkeit. Die Verbindlichkeit der Welt ist die Gewissheit der Geschichte und das Recht ist somit zugleich etwas von Gott Gesetztes und in der kontingenten Welt Realisiertes.

Das ist der Unterschied zwischen Vico und dem abstrakten Naturrecht der Philosophen, das Vico kritisiert: Das Recht ist verbindlich sowohl aufgrund seiner Verbindung zum Übersinnlichen und der metaphysischen Wahrheit (*verum*) als auch aufgrund seiner Verbindung zum Weltlichen und der geschichtlichen Gewissheit (*certum*). Das Recht ist nicht nur das Gebot Gottes, es ist auch das Korpus der individuellen, von Menschen formulierten Gebote, die in der Geschichte ihre konkrete Realisierung finden. Das Recht ist aber auch nicht nur ein *mutuus metus*, die zwischenmenschlich gültig und ausschließlich geschichtlich ist, wie bei Hobbes (vgl. Carillo 1998, 389). Die Verbindlichkeit ist auch immer ein Resultat der Unterwerfung unter Gott, die in der *religio* als Furcht (*metus*) des «absolut Anderen» das Wirksamste aller Gesetze verkörpert (Ebd., 394).

4.

Ich hoffe, dass es durch meinen doppelten Versuch, zugleich historisch und systematisch, ersichtlich geworden ist, wieso ich vorschlage, die Verbindlichkeit als zentrales Element der Rechtsphilosophie Vicos zu lesen.

Ich hoffe, gezeigt zu haben, dass das Naturrecht das Recht ist, das metaphysisch (durch Gott) gesetzt wird, das aber zugleich geschichtlich ist und als ein Korpus von bestimmten Rechten und Pflichten geschichtlich wird.

Diese Rechte sind in erster Instanz gewiss, indem sie in der weltlichen, menschlichen, kontingenten Geschichte wirklich werden, wo der Mensch als empirisch modifizierbar und tierisch beschrieben wird, und wo die menschliche Natur als keine unveränderliche Natur dargestellt wird, sondern als eine

Natur, deren Ursprung und Entwicklung die Kondition des Rechtes ist. Aus dieser Geschichte stammt die erste verbindliche Kraft, die sie haben, die von ihrem Verwirklichtwerden in der Menschengeschichte abhängt und mit ihrem besonderen Inhalt zu tun hat.

Diese Pflichten und Rechte sind aber in zweiter Instanz nicht nur deswegen verbindlich, weil sie an einem bestimmten Moment in der menschlichen Geschichte teilhaben, d. h. weil sie gewiss sind. Sie sind außerdem verbindlich, weil sie aus der Vernunft stammen, die an der Wahrheit teilhat, indem sie die göttliche Vernunft widerspiegelt.

Das *certum* wird mit dem *verum* verbunden und, was das *verum* mit dem *certum* vereinigt, was Gott und die Welt zusammenbringt, ist das Recht in seiner Form von Verbindlichkeit. Das ist die Welt der geschichtlichen Wahrheit, der göttlichen Gewissheit. Das ist die durch göttliche Gebote geregelte menschliche Welt.

Die Wirksamkeit der Gesetze hängt sowohl von der geschichtlichen Wirklichkeit (das humane *certum*) als auch von der metaphysischen Wahrheit (das göttliche *verum*) ab. Somit ist die *obligatio* das Bindeglied zwischen Gott und den Menschen, indem Verbindlichkeit die Wirksamkeit des *jus* ist, das sowohl von der menschlichen als auch von der göttlichen *ratio* gesetzt und geboten wird, das heißt sowohl von Gott als *ratio* als auch von dem Menschen als einem mit einer die göttliche *ratio* widerspiegelnden Vernunft begabten Wesen.

Das Bindeglied ist das verbindende Gesetz als Einzelrecht, die Beachtung des Gesetzes ist von der *obligatio* (Verbindlichkeit) garantiert, die die Übereinstimmung und Einordnung des *certum* ins *verum* zu denken ist.

Literaturverzeichnis

Acta Eruditorum Lipsiensia, Leipzig, mensis Augusti a. MDCCXXVII.

Anonym (1727): Anonym, „Nova Litteraria", in *Acta Eruditorum*, Leipzig.

Carillo (1998): G. Carillo, "Jus seu obligatio. Note vichiane sul fondamento dell'obbligatorietà in Selden", in Giuseppe Cacciatore, Vanna Gessa-Kurotschka, Hans Poser, Manuela Sanna (Hg.), *La filosofia pratica tra metafisica e antropologia nell'età di Wolff e Vico / Praktische Philosophie im Spannungsfeld von Metaphysik und Anthropologie bei Wolff und Vico*. Atti del Convegno Internazionale, Napoli.

Costa (1976): Gustavo Costa, „Vico, Johann Burckhard Mencke e Christian Gottlieb Jöcher", in *BCSV*, VI.

Döring (2004): Detlef Döring: „Acta eruditorum", in Klaus-Dieter Eichler und Ulrich Johannes Schneider (Hg.), *Zur Alltagsgeschichte der Philosophie in Leipzig*, Leipzig.

Jöcher (1750–1751): Christian G. Jöcher, „Vico (Joh. Bapt.)", in Christian G. Jöcher (Hg.), *Allgemeines Gelehrten-Lexicon*, Leipzig.

Lomonaco (1990): Fabrizio Lomonaco, „Gli Acta Eruditorum di Lipsia e la cultura napoletana di primo Settecento: Gravina e Vico", in Atti dell'Accademia di scienze morali e politiche di Napoli.

Marzano Parisoli (2000): Maria M. Marzano Parisoli, „Lo ius naturale gentium in Vico: la fondazione metafisica del Diritto naturale", in *Rivista internazionale di filosofia del diritto* LXXVII.

Piovani (1968): Pietro Piovani, „Vico senza Hegel", in *Omaggio a Vico*, Napoli.

Ratto (2003): Franco Ratto, „Motivi di una rilettura delle Vici Vindiciae", in *«Educação e Filosofia»* II.

Rossi (1969): Paolo Rossi, *Le sterminate antichità*, Pisa.

Schlüter (1999): Gisela Schlüter, „Giannone und Vico. Eine Bestandsaufnahme nebst einer Detailfrage", in Giorgio Cusatelli, Maria Lieber, Heinz Thoma, Eduardo Tortarolo (Hg.), *Gelehrsamkeit in Deutschland und Italien im 18. Jahrhundert. Letterati, erudizione e società scientifiche Negli Spazi Italiani E Tedeschi Del'700*, Berlin.

Rossella Gaglione

From Flash-storms to Enlightenment? Pinchard reads Vico

Abstract: This paper provides an analysis of Bruno Pinchard's articulate interpretation of Giambattista Vico's works, in particular the drammatic passage from the contemplation of the sky to the origin of credence, from the flash-storms to enlightenment, from the natural catastrophe to the idea of God, from the dark side of mind (the unconsciousness) to reason. The novelty of Pinchard's dissertation surpasses the anthropological point of view on Vico's thought: it leads us to the connection between "semiotic morphology" and "heroic semiology". Pinchard discovers also the secret of transhumanism in Vico's philosopy that represents the human ability of sublimation.

This paper examines Bruno Pinchard's interpretation of Vico's philosophy. Particularly, Pinchard offers a comparative reading of Vico's autobiography and an excerpt of *Scienza Nuova*. He analyzes the transition from beast to man thanks to lightning strike and consequently the odyssey from unconsciousness to conscience. This is an anthropological research through Vico's thought that involves also the meaning of humanism, anti-humanism and transhumanism.

Pinchard, flash-storms, reason.

> At the age of seven he fell head first from the top of a ladder to the floor below, and remained a good five hours without motion or consciousness. The right side of the cranium was fractured, but the skin was not broken. The facture gave rise to a large tumor, and the child suffered much loss of blood from the many deep lacings. The surgeon, indeed, observing the broke cranium and considering the long period of unconsciousness, predicated that he would either die of it or grow up an idiot. However by God's grace neither part of his prediction came true, but as a result of this mischance he grew up with a melancholy and irritable temperament such as belongs to men of ingenuity and depth, who, thanks to the one, are quick as lighting up in perception, and thanks to the other, take no pleasure in verbal cleverness or falsehood[1].

---

1 «In età di sette anni, essendo col capo in giù piombato da alto fuori d'una scala nel piano, onde rimase ben cinque ore senza moto e privo di senso, e fiaccatagli la parte destra del cranio senza rompersi la cotenna, quindi dalla frattura cagionatogli uno sformato tumore, per gli cui molti e profondi tagli il fanciullo si dissanguò; talché il cerusico, osservato rotto il cranio e considerando il lungo sfinimento, ne fe' tal presagio: che egli o ne morrebbe o arebbe sopravvivuto stolido. Però il giudizio in niuna delle due parti, la Dio mercè, si avverò; ma dal guarito malore provenne che indi in poi

The following quote is our starting point, a fortuitous – yet fortunate – division, from which we can unravel the complex and stratified analysis that Bruno Pinchard makes in regards to Giambattista Vico's work; in this fracture of body and of mind it is possible to spot the queries pondered by Vico that Pinchard reconsiders:

> (…) When does self-reflection start? If self-reflection means 'thought' it is required to have become a man in order to think, and what traces has humanity – or should we say *humanisation* – left in the processes of thought? (Pinchard 2014, 356).

Pinchard mentions "humanisation" – intended as man's process of civilisation[2] – before bringing up "humanism", a concept whose interpretations have created a clear and precise semantic duality: the first aspect is that of a "bookish humanism" whose origin can be traced back to Dante and Virgil's fictional encounter in the *Divine Comedy*, more specifically in Virgil's «Non omo, omo già fui» in response to Dante's «Miserere di me (…) qual che tu sii, od ombra od omo certo!» (Cfr.: D. Alighieri, *Divina Commedia*, Inf. I, 65–67); it is here that the figure of the humanist has its foundations, in confronting who is not yet a ghost but already not a man, a "hero of books", an absence made presence by and within "literary embodiment":

> A man who lives and is moved not by the universal form of man, but by men who have lived and have been transferred body and soul in writing. A humanist is someone who lets himself be governed by the authority of this absence (Pinchard 2015, 13).

Setting aside for a moment Vico's «humanism of memory» (cfr. Ibid., 14) whose flag-bearer Pinchard finds in the Latin language, it is necessary to study the second and interconnected aspect of humanism. According to Pinchard, Vico, through an «anthropological take on knowledge» (Pinchard, 356), wants to analyse:

> (…) an idea of humanity alienated from truth as it is marked by the complete overthrow of all traits belonging to present-day humanity: it is the humanity of terror and superstition, not that of true ideas, that of signs and hieroglyphics, not that of concept, that of beast-like freedom and not that of freedom to do Good-overall it is the idea of humanity that has been seized by imagination's delirium and not that in the service of Truth (Ibid., 357).

e' crescesse di una natura malinconica ed acre, qual dee essere degli uomini ingegnosi e profondi, che per l'ingegno balenino in acutezze, per la riflessione non si dilettino dell'arguzie e del falso» (*Vita 2007*, 5. English: *Vita E*, 111).

2 "Deferinizzazione" in italian.

This aspect of humanism that emerges is "formally" prior to the bookish one as it is primary in the logic of cause-consequence[3] within the genesis of pure reason: the theoretical-anthropological approach that is here necessary is that of «pensare umanamente» (cfr. Ibid.), thinking humanely – where "umanamente" is a portmanteau of "umana" – human – and "mente" – mind – therefore with a human mind. From these intellectual foundations Pinchard brings up an interesting comparison between our first quote – from Vico's Autobiography – and a passage from the *Scienza Nuova* that narrates the terrible yet beautiful experience of the «Dramatization of the Heavens» (Pinchard 2015, 98).

> (…) at last the sky fearfully rolled with thunder and flashed with lightning, as could not but follow from the bursting upon the air for the first time of an impression so violent. (…) Thereupon a few giants (…) who were dispersed through the forests on the mountain heights where the strongest beasts have their dens, were frightened and astonished by the great effect whose cause they did not know, and raised their eyes and became aware of the sky.[4]

The catastrophe of the world, caused by the imbalance of Earthly conditions, as thunder naturally strikes the Earth's aridity, starts a process of re-humanisation of the "bestioni postdiluviani", «raminghi e soli» (wandering and alone 58/34) (cfr. Ibid., § 62, 466), as consequence of Providence's punishment of the "umanità gentilesca".

Pinchard, passing over the natural-teleological causality, gives the event a new meaning, paving the way to unusual and eccentric interpretations: compared with the "crack" in young Vico's head, the zigzagging line of thunder, in the horizon of the complexity of the human phenomenon, takes the semantic-semiographic role of a founding fracture of humanity itself.

Pinchard develops his interpretation joining semantic similarities between Vico's *Autobiography* and the *Scienza Nuova,* using these correlations (whose Vico's "textual corporeality" is already full of) to enhance his words' original "tangibility": thus the thunder splits the skies and "opens the mind of man" both literally and figuratively, as natural curiosity which is the daughter of ignorance and the mother of knowledge, (…) and which, opening the mind of man, gives birth to wonder (106/130) «la natural *curiosità*, ch'è figliuola dell'ignoranza e

3 "Eziologia" in italian.

4 «il cielo finalmente folgorò, tuonò con folgori e tuoni spaventosissimi, come dovett'avvenire per introdursi nell'aria la prima volta un'impressione sì violenta. Quivi pochi giganti (…) spaventati ed attoniti dal grand'effetto di che non sapevano la cagione, alzarono gli occhi ed avvertirono il cielo» (*SN44 1990*, § 377, 571. English: *SN44E*, 105).

madre della scienza, [...] partorisce, *nell'aprire che fa della mente dell'uomo*, la maraviglia» (*SN44 1990*, § 377, 571ff.; italics is mine).

Curiosity, from the double Latin origin of *cura* and *cur*, must be seen here as "attention", "cause" – or even better, "enquiring interest", "why" – referred to things: in this sense one must interpret Pinchard's message that «the power to interpret [is] stimulated by the laceration in the sky» (Pinchard 2015, 96).

The experience of verticality lived by the "bestioni vichiani" brings to light those "seeds of truth" that hide in the «corpolentissima fantasia» and in the «robusta ignoranza» (see: *SN44 1990*, § 377, 570). The "bestioni" have no chance of transcending the presence of perception: perception remains an isolated and non-cumulative experience that is not capable of generating or laying the base for knowledge; hence the thunder is a connector between the primigenial state in which one «men feel without observing» («si sente senza avvertire») and the next one in which one «(they) observe troubled and agitated spirit» (91/67) «si avverte con animo perturbato e commosso» (Cfr., Ibid., *Degnita* LIII, p. 515.).

Vico's first hand traumatic experience had the primary effect of creating and nurturing an «acre malinconia» (cfr. Pinchard 2015, 97) that so often distinguishes men of intellect that pursue Truth: isn't this the same difference between the *post-diluvium* giants and the humanised, *post-fulminem* "bestioni"?

It's as if to indicate that melancholy is attributable not to an "inflectional soul" or a beast but only to those who have definitely lost, *post-trauma*, their connection to the "webbing of the environment": melancholy is the sadness of a torn and ultimately compromised "structural unity". Pinchard's interpretation seems to encompass the passing from "unconscious inflection" to "conscious self-reflection", from a syncretic and ecstatic state of existence, of complete cohesion, to a state of "in-existance" or "reasoned co-existance" at the same time *in* and *extra natura*: this rupture works as a separation, an un-fillable difference between man and environment, as man, formerly "related" to his environment, finds himself "co-related", creating his own artificial space to help him with his enquiries.

These humanised "bestioni", even if they're enveloped by their natural *habitat*, decide, from a state of fear and shock («spaventati ed attoniti» (see: *SN44 1990*, § 377, 571)), naked and defenceless, to wear the *habitus rationis* in order to manage their initial maladjustment.

The novelty of Pinchard's interpretation surpasses the anthropological analysis of Vico's thought: it leads us to the connection between «semiotic morphology» and «heroic semiology» (Pinchard 2015, 92), in the case of the thunder it leads us to the connection between the thunder as sign and thunder as meaning. In this perspective it is considered a symbol, in the sense of not only of union between "signified" and "signifier" but also in that of generation of an artificial world.

> We must add, following the same line of thought, that the thunder that scares the giant is the original sound from which all music and future singing will arise from. Similarly the first flash will be the same source of all splendours that will arise from art and civilisation (Ibid.).

The "Celestial event" is, on one hand, the natural pretext through which transcendence enters humanity's life, but on the other it is the un-representable element that impels man to explain what is ultimately unexplainable.

> Nature here becomes more than nature by giving humanity's religious spirit the first aspect of its belief. It is a vain effort as the system of meaning cannot generate itself from its own laws, and it is necessary to introduce destiny, such unforeseeable destiny for it to become Providence. Something larger than nature is born from nature and this last element is the event we can observe in the sky (Ibid., 96).

As trauma provokes a storm of «thunder and thundering thoughts» (Ibid., 97) in the mind of the young, "struck" Vico – «marked in his young age by the [figurative] fall of sky on earth» (Ibid.) in the same way the catastrophe, the Providential *fiat* provokes in the "bestioni" an «hallucinated thought» (Ibid., 94): the thunder's bright light releases, with the *stupor mundi*, the complex system of belief, made by mistakes and "errors", lucid truths and sublime contradictions. In this "bright and fulminating dimension", religion is:

> (…) a dialogue with Nature's hidden face, its power of irruption. All of Vico's divine is guessing the storm. (…) Vico is not a sacral thinker but an augural and a mystery one by the heavens. This is why in last instance the sacrum is only a secret, not a secret of a hidden truth but a secret of quiet acts, hieroglyphics and a divinity that cut deceased humanity's word with thunder (Ibid., 99).

And if religion arises from a primigenial sacrifice it is because the unity of the heavens sacrifices itself together with that bond between man and Nature and, most importantly, with man's egocentrism and gigantism in front of the mystery power of Nature: once again thunder, born from the *humus* of the land, founds *humanitas* on man's humility. The sacrifice of anthropocentrism gives Pinchard the chance of reformulating Vico's *verum et factum convertuntur* in *verum et sacrificatum convertuntur* (Ibid., 106) as it is through universality of sacrifice (as primary consequence of the thunder-mark), conceived in its dialectical dynamics throughout History, to restructure humanity's truth.

> Vico is this extreme singularity that tells us not to conceive universality if not through particular History and its own laws. It is this particular Universal that teaches us - and we are universal until presumption or particular until desperation - the art of synthesis. He teaches us this concreteness of the Universal that is called a "civilisation" and could be the last one to give us a credible example of it (Pinchard 2014, 377).

This because in Vico's «philosophy of the Archaic» (Ibid., 358), conceived, that is, «from the Archaic's point of view», semantics precede Nature, and the study of signs precedes the more specific one of the laws of Nature, and sign, considered in its composed morphological-interpretative structure, becomes concrete "research on language". In Pinchard's analysis:

> (…) every heroic emblem, whatever is its composition and ulterior artifice, presents itself as a rigorous unravelling of thunder's elementary tract (Pinchard 2015, 92).

The hieroglyphic language, the language of heroes, becomes «secrete-secreted» (Ibid., 377) of «metaphors or images or similarities or comparison» (see: *SN44 1990*, § 438, 608), because the "language of the unspeakable" remains an arcane mystery, beyond its iconographic visibility. If we consider Vico's contribution in theoretical-anthropological terms, we can certainly catch a glimpse of how he wanted to report in its complexity the entire «Odyssey of reason» (Pinchard 2014, 372): his thought intimately configures itself as thought of mystery, as the multidimensionality of *Scienza Nuova* confronts itself with the "residual inhumanity of the Human" (Cfr. Ibid., 365).

> Vico in his *Scienza Nuova* starts from the research of spiritual and unknown changes, unpredictable for civilised humans whose soul is susceptible to change. Behind our customs, our languages, our rights, our writings, our governments, our forms of temporality, there's another order that reveals the radical cainism of these «gigantic atei» that we *also* are. For this cainism, the Abele's reason is threatened (Ibid.).

Pinchard adds:

> If we do not find the sense of our civilisation in what we create, why shouldn't we find it in what we destroy? (Pinchard 2015, 28)

If we do not find a justification of Man's "cainism" in reason, shouldn't we focus elsewhere? Or better, should we focus introspectively, ever deeper, trying to seek what menace comes from inside our consciousness, where that moved, feral and wounded shadow finds itself to be impotent and tries to transcend its impotence with the few interpretative tools it has? Vico calls humanity for a constant «transhumanism» (cfr. Ibid., 86): in Pinchard's hermeneutics that is precisely a «thought that does not stabilise its conditions in space and time» (Ibid., 67), and actually the Neapolitan philosopher is perfectly conscious of the serious risks faced by those instable men that renounce self-transcending:

> We observe that all nations, barbarous as well as civilized, though separately founded because remote from each other in time and space, keep these three human customs: all have some religion, all contract solemn marriages, all bury their dead. (…) from these three institutions humanity began among them all, and therefore they must be most devoutly observed by them all, *so that the world should not again become a bestial wilderness*[5].

In Bruno Pinchard's interpretation Vico appears not only as «*aedo* of humanity» but also as a «Homer of modernity» (cfr. Pinchard 2014, 373), and his extraordinary modernism is in having investigated the shadow of reason, in having grasped the numerous aspects of that "median zone" between lack of consciousness and pure intellect. The setting of heavenly rules allowed, through the sign-symbol of thunder, the experience of "verticality", the basis for "transversality" of mytho-poetical interpretation and the "horizontality" of enquiry. Vico however placed a mysterious Universe of indecipherable mottles before the world became "question" and Man decided to enquire:

> White *says* black. If clarity is ridiculous, we cannot take obscurities for mysteries. But if bizarreness allows us to see some admirable clarities, it helps preserve the sense of obscurity (cfr. Ibid., 484).

These "bestioni", scared by the natural catastrophe, profoundly torn in their intimate connection with the environment, do not appear ridiculous to us but bizarre in their natural clumsiness. On the other hand, as Gian Francesco Finetti ironically declares in *Apologia del genere umano accusato di esser stato una volta bestia*: «the system of the bestial state (…) was fabricated by astute and *bizarre* mind of Giambattista Vico».[6]

---

5 «Osserviamo tutte le nazioni così barbare come umane, quantunque, per immensi spazi di luoghi e tempi tra loro lontane, divisamente fondate, custodire questi tre umani costumi che tutte hanno qualche religione, tutte contraggono matrimoni solenni, tutte seppelliscono i loro morti (…) da queste tre cose incominciò appo tutte l'umanità, e per ciò si debbano santissimamente custodire da tutte perché 'l mondo non s'infierisca e si rinselvi di nuovo» (*SN44 1990*, § 333, 542; italics is mine. English: *SN44E*, 86).

6 «Il sistema dello stato ferino […] è stato fabbricato dall'ingegnoso *bizzarro* cervello di Giambattista Vico» (Finetti, Venezia, 1768), and Finetti 1936 p. 19; italics is mine).

In conclusion the being that "has become man", that principle of self-reflection, is nothing othee than the slow healing of the wound, a coagulation that leaves a deep sign (or should we say, symbol?), of the permanent laceration: Man, this "bestione" who is no longer a beast, is the constant effort to bizarrely and roughly patch the tear, he is the clumsy but never-ending attempt to stitch the wound. This is why Vico, according to Pinchard, did not simply want to underline the weaknesses of the intellect, but he went further given that he is «the laceration of classical Reason, not […] its subsidence» (cfr. Pinchard 2014, 372). In this sense it is possible to understand Pinchard's "thunderous" synthetic expression: «Vico is not the man of Enlightenment, he is the man of thunder» (Ibid., 462), given the assumption of the laceration that is grasped by and from human Reason, and, we might add, given that Vico puts himself between thunder and light, in the junction of a certain type of reason that encompasses everything that lies before and after consciousness. Knowing that, like *historia*, human reasoning has its own "corsi" and "ricorsi", its "humanism", "anti-humanism" and "trans-humanism", it might not be hard for us to agree with Voltaire's provocative statement: «You described the bestial life without the laws of men so sweetly that I wanted to walk with four legs».[7]

Literaturverzeichnis

Alighieri: Dante Alighieri, *Divina Commedia*, Inf.I.

Finetti (1786): Bonifazio Finetti, *Apologia del genere umano, accusato di essere stato una volta una bestia*. Parte prima, Venezia.

Finetti (1936): Gian Francesco Finetti, *Difesa dell'autorita della Sacra Scrittura contro G. B. Vico*, ed. B. Croce, Bari.

Pinchard (2014): Bruno Pinchard, *Écrits sur la raison classique*, France.

Pinchard (2015): Bruno Pinchard, *Humanisme Antihumanisme Transhumanisme it.* tr. ed. F. C. Papparo, *Umanesimo Anti-umanesimo Trans-umanesimo*, Napoli.

7 «Dipingeste sì dolce la bestial vita eslegge degli uomini che mi faceste venir voglia di camminare con quattro gambe» (Finetti 1768, 56).

Giulio Gisondi

Giambattista Vico and the Problem of Method between Rhetoric and Experimentalism

Abstract: This paper analyses some of the major issues discussed by Vico in his *De nostri temporis studiorum ratione*. Focusing especially on the books VII and X, this research examines the specific problem of Vico's comparison between the method of the 'Ancients' – or *topica* – and that of the 'Moderns' – or *critica*. From this perspective, the study retraces the question of method exposed by Vico through the discussions conducted within the Accademia of Investiganti, and through the humanistic rhetoric heritage. Vico's proposition to the problem of education and earning is thus examined; his solution shows how it is possible to conciliate the *ratio critica* and the *ratio topica*. The study therefore underlines how Vico can reintroduce the rhetorical *topica* method in Naples' Cartesian debate context.

At the dawn of the academic year of 1708, as was customary for professors of rhetoric and eloquence, Giambattista Vico was preparing to pronounce his inaugural oratory speech before the students and professors of the University of Naples, published the following year with the title *De nostri temporis studiorum ratione*. We need to dwell on this particular moment, to understand how we cannot separate the image of Vico the philosopher from the institutional role he occupied within Naples' scientific, cultural, civil and political context of the early 700s. It seems possible to me, from this perspective, to notice how Vico the professor of eloquence does not appear as a figure isolated from his historical time, but instead rather involved in the cultural and philosophical debate concerning the topic of method. As Andrea Battistini has argued, we can «refute the commonplaces about Vico's isolation: there is no work of his that is not born as a personal response to precise solicitations raised by problems debated at a European level».[1]

The central theme of *De ratione* – and especially of the book XIV – is that of a profound crisis linked to the ways of conceiving knowledge and disciplines, their structuring or division. It is the problem of the *ratio studiorum*, or of the method of

1 «A smentire i luoghi comuni sull'isolamento di Vico, non c'è opera sua che non nasca come risposta personale a precise sollecitazioni sollevate da problemi dibattuti a livello europeo» (Battistini 1995, 10).

studies, or that of the scheme through which to conceive teaching and learning. At the same time, however, and implicitly, it also is the problem related to the manner of thinking and imagining the way in which individuals' cognitive processes occur. In this sense, therefore, the Vichian attempt can be read as proposing a rethinking, not only of the teaching and learning criteria of the different disciplines but also of their way of being thought as unique knowledge. A unique knowledge aimed to educate and train citizens, scientists and political leaders, capable of moving and acting in the scientific, ethical-civil and political dimension. If we consider it from this perspective, which is essentially the anti-Cartesian one, we can understand how «what is at stake is a real cultural battle that he [Vico] aims at translating into a new intellectual methodology and pedagogy, in a new structure of studies. In this battle, rhetoric turns out to be a primary weapon».[2]

The starting point from which to move so as to observe the problem is, I think, the dimension of rhetoric. It could perhaps not be otherwise, if we consider how the Vichian humanistic and anti-Cartesian ambition «takes shape through the themes of *topica*, *memory-fantasy*, *ingenuity*, and *verisimilar*, in other words, through motives and elements belonging to the so-called "rhetorical domain».[3] But how should the Vichiana rhetoric be understood? Vico does not merely conceive rhetoric as a reflection on the different styles and forms of discourse, but also as an art, capable of providing knowledge in that field not subjected to the dominion of the *episteme* – or the apodictic truth; a field that is not destined, however, to remain confined in the false. Rhetoric, therefore, is here understood as a 'knowledge of the limit' – a discipline belonging to the realm of the changeable and the finite and, consequently, of what can be assumed as exclusively *probable* and *verisimilar*. These last two terms are all but purposeless; they are in fact necessary for Vico to circumscribe the properly human dimension and the real possibilities for individuals to know the world. As he announces in the first books of *De ratione*, all that man can know is finite and imperfect, as he himself is, and that is because the truth is one, the verisimilar many and the false infinite. From this perspective, the laws of nature – those truths so *certain* and *evident* in Cartesian physics – are not accessible to human knowledge but remain confined

---

2 «Ad essere in gioco è una vera e propria battaglia culturale che egli [Vico] si impegna a tradurre in una nuova metodologia e pedagogia intellettuale, in un nuovo ordinamento di studi. In questa battaglia la retorica si rivela essere un'arma fondamentale» (Granatella, 2012, 146).

3 Ibid, 145: «umanistica e anti-cartesiana si configura nelle tematiche della *topica*, della *memoria-fantasia*, dell'*ingegno*, del *verisimile*, insomma in motivi ed elementi appartenenti al cosiddetto "dominio retorico"».

in the sphere of the *probable*: this is the assumption, not yet fully explicit compared to subsequent Vichian works.

> As a consequence, the principals of the physics which are put forward as truths on the strength of the geometrical method are not really truths, but wear a semblance of probability. The method by which they were reached is that of geometry, but physical truths so elicited are not demonstrated as reliably as are geometrical axioms. We are able to demonstrate geometrical propositions because we create them; were it possible for us to supply demonstrations of propositions of physics, we would be capable of creating them ex-nihilo as well. The archetypal forms, the ideal patterns of reality, exist in God alone. The physical nature of things, the phenomenal world, is modeled after those archetypes.[4]

These words precisely represent Vico's attempt to deconstruct the conviction, firmly established among modern physicists, of a perfect correspondence between language, the method of new physics and the described object – that is, nature. The use of mathematics and the analytical (and non-synthetic) geometrical method introduced by experimental sciences into physics' investigation is not, for Vico, equivalent to the statement that nature is written in mathematical-geometrical terms, leaving therefore to the scientist the task of revealing it. Mathematics and the geometries are constructions and logical tools through which it is possible to formulate hypotheses in the field of physics, they are not right away *certain* and *evident* truths; they are hypotheses belonging to the *probable* and *verisimilar* dimension, as all that is associated with the human sphere.

> However, in the opinion of our scientists, that type of physics which they teach, based on the geometrical method, is, as it were, the authentic voice of Nature. Wherever you turn in contemplating the universe, you will constantly be met by the ever-present modern physics. We owe a tremendous debt of gratitude, modern scientists say, to those geniuses who have freed us from the burdensome task of speculating on nature, and who have bequeathed to us such wealthy and luxuriously furnished mansions. If it is true that the structure and functions of the cosmos are exactly as they describe them, then let those scientific pioneers be most fervently thanked. But if Nature is organized differently - if a single one of the laws of motion established by our modern physicists is false (not to mention that already more than one has been proved false), let our enthusiasm pause and repeatedly ponder whether they are not carelessly following an unsafe path, leading

---

4 For the edition of *De nostri temporis studiorum ratione*, in addition to the edition of N. Badaloni and P. Cristofolini (*De rat. 1971*), I use the most recently edition (*De rat. 2014*), (that I quote here with the abbreviation *De rat.*,) p. 56. English: *De rat. E*, p. 23. «Quare ista physicae, quae vi methodi geometricae obtenduntur vera, nonnisi verisimilia sunt: et a geometria methodum quidem habent, non demostrationem: geometrica demontramus, quia facimus; si physica demontrare possemus, faceremus. In uno enim Deo Opt. Max. sunt verae rerum formae, quibus earundem est conformata natura».

away from the goal of the solution of the problems of nature. It may happen that, while they are trying to repair the roof of the mansion, they may, at their peril, pay too little attention to the foundations.[5]

Therefore, the Vichian criticism is first addressed towards the method of sciences or towards the logico-rationalistic deductivism of Cartesian origin, presupposing a perfect identity between thought and being, thus intending to establish an ontological connection between human thinking and *res*, or physical reality. Inversely, Vico defends that only what is produced by man is knowable and understandable. Man can comprehend mathematical or geometrical truths because he composes them himself, because he knows their causes; he is not given, though, to understand the so-called first causes of physical phenomena. Only God, as first doer (*primo facitore*) and creator of nature, can access such knowledge. Man is able to grasp the essences of the physical world by becoming himself a creator, for instance by imitating natural mechanisms using machines, as mechanics partially allows him to, but even though he might reproduce natural phenomena, he still will not know their causes. As Benedetto Croce noted,

> To man, that which is given is not science given only consciousness, which turns precisely towards those things whose genre or form from which they are made cannot be proven. The truth of conscience is the human side of divine knowledge, and the first is to the latter as the surface is to the solid: rather than truth, it should be called certainty. To God, the intelligence; to man, only the 'cogitare', thinking, collecting the elements of things without ever being able to collect them all. To God, the true demonstration; to man, the news not proven and not scientific but either certain, because of indubitable signs, probable, because of the strength of good reasoning, or verisimilar, because of the help of powerful conjecture.[6]

---

5 «At inquiunt docti homines, hanc candem physicam, qua ipsi methodo docent, ipsam esse naturam: et quoquo te ad Universi contemplationem covertas, hanc physicam intueri. Quare gratias agendas Authoribus putant, qui nos tanto negocio naturae ultra contemplandae liberae ultra contemplandae liberarunt: et has aedes amplissimas, instructissimasque reliquerunt. Quando ita se habere naturam necesse est, agant quammaximas: sed si ea aliter sit comparata; si una de motu regula falsa sit; ut ne dicam non unam tantum iam falsi compertam esse; videant, etiam, atque etiam videant, ne non tuto iam naturae securi agant: et dum aedium fastigia curant, fundamenta cum periculo negligeant» (Ibid., p. 54. In English: ibid., 21–22).

6 «All'uomo non è data scienza, ma la sola coscienza, la quale per l'appunto volge sulle cose di cui non si può dimostrare il genere o forma onde si fanno. La verità di coscienza è il lato umano del sapere divino, e sta a questo come la superficie al solido: piuttosto che verità, dovrebbe dirsi certezza. A Dio l'intelligere, all'uomo il solo cogitare, il pensare, l'andare raccogliendo gli elementi delle cose, senza mai poterli raccogliere tutti. A Dio il vero dimostrativo; all'uomo le notizie non dimostrate e non scientifiche, ma

To man, therefore, that which is given is not science but only consciousness of physical phenomena. In other words, the use of the mathematical and geometrical method does not guarantee a certain and evident cognition or comprehension of the laws of nature. To man, the access to the so-called first truths is impossible. The truth of physics represents only *probable* and *verisimilar* hypotheses because universal truths are eternal, and particular ones become, from one moment to the next, false; eternal things reside above nature, and within nature there is nothing that is not mobile and mutable continetur.

Behind this deconstruction of the exact sciences' progress lies a theme – that of probabilism – which Vico inherited and learned from the internal debate of the Neapolitan *Accademia degli Investiganti*: these discussions are central to the works of scientists such as Tommaso Cornelio, Lucantonio Porzio, Leonardo di Capua, but also central among jurists and writers such as Francesco D'Andrea and Giuseppe Valletta. In direct contact with the Galilean school and the heirs of experimentalism, the *Investiganti* affirmed their skepticism in the absolute value of sensible cognition. The recognition of the autonomy of nature relegated human knowledge into a dimension of verisimilitude, not truth. Thus, an ontologically preceding nature, and partly transcendent to the knowledge that man could have of it, was configured; and «from here, the necessary work of overturning the intellect-nature relationship, with the consequent resizing of the first into a tiring and slow activity (with great effort or *con grande fatica*) only able to grasp limited aspects of the second» (Serrapica 2003, 37). The speculations of the *Investganti* thus questioned the very concept of truth. The problem of the *evidence* and *certainty* of scientific truths was becoming predominant. In the wake of Cartesian studies, introduced in Naples by Tommaso Cornelio, and in response to the Cartesian *evidence* criterion, the motif of probabilism and of the relativity of human knowledge was being affirmed by the *Investiganti*. This character of knowledge as hypothetical was making the idea of the absolute certainty of the sciences, falter. Physics are thus characterized by the *Investiganti* as *probable* and *verisimilar*; but the use and application of mathematics and of the geometric method to physics can infuse a light of *clarity* and of greater *evidence*.

Such questions, concerning *probabilism* and *verisimilitude* of human knowledge, act as constant motives in the Vichian reflection, and become problems with which Vico already confronts himself in *De ratione*, reintroducing and restructuring them in a critical way; on the one hand, through the speculations of

o certe per segni indubitati o probabili per forza di buoni raziocini o verisimili per sussidio di potenti congetture» (Croce 1953, 145).

the *Investiganti* and, on the other, from the patrimony of the humanistic rhetorical tradition. These two elements, the recovery of the rhetorical tradition and the methodological need characterizing the *investigante* experimentalism, respectively represent the Vichian approach to the problem of the *ratio studiorum*. The rehabilitation of a motif such as the *probability* and *verisimilitude* of human knowledge, corresponds to a profound rethinking of the human way of knowing, as not exclusively *critical-deductive*, but also *analogical-inductive*. The Vichian endeavor is therefore aimed at combining the dimension of the *critica* with that of the *topica* in the teaching of disciplines, rather in the same way as the Galilean experimental method fused together the inductive and the deductive moments. Just as men know and construct their reality in a process of transformation and learning about nature which takes place through language, so they must learn the disciplines.

> In our days, instead, philosophical criticism alone is honored. The art of "topics", far from being given first place in the curriculum, is utterly disregarded. Again I say, this is harmful, since the invention of arguments is by nature prior to the judgment of their validity, so that, in teaching, that invention should be given priority over philosophical criticism. In our days, we keep away from the art of inventing arguments, and think that this skill is of no use. We hear people affirming that, if individuals are critically endowed, it is sufficient to teach them a certain subject, and they will have the capacity to discover whether there is any truth in that subject. It is claimed that, without any previous training in the *ars topica*, any person will be able to discern the probabilities which surround any ordinary topic, and to evaluate them by the same standard employed in the sifting of the true.[7]

Vico does not propose to exclude the critical method from the teaching and learning process of the different disciplines, nore does he proposes to place a primacy of the *topica* over the *critica*. Instead, he tries to reintegrate, within the *ratio studiorum*, precisely the method of the *topica*, as well as those humanistic disciplines (rhetoric, philology, history) that the Cartesian classification of sciences had excluded. The *First* of the *Four Rules* (evidence, analysis, synthesis, enumeration) transposed by Descartes, in the *Discourse on Method* (Descartes

---

7 «Deinde sola hodie Critica celebratur, Topica nedum non praemissa, sed omnino posthabite. Incommode iterum: nam ut argomentorum inventio prior natura est, quam de eorum veritate dijudicatio; ita Topica prior Critica debet esse doctrina. At enim eam nostri facessunt. Et nullius usus putant: nam sat est, inquiunt, homines, modo critici sint, rem doceri; ut quid in ea veri inest in veniant: et quae circumstant verisimilia, eadem ipsa veri regula nullam Topicam docti vident» (*De rat.*, 37. In English: *De rat. E*, p.14).

2000) from Mathematics to philosophical reasoning, imposes the exclusion of everything that could undermine the absolute *clearness* and *evidence* of the logical proceeding. And this is precisely the problem that is reported by Vico, in the III book of *De ratione*, as being a bad method through which to educate adolescents:

> Let us begin with the instruments with which modern sciences operate. Philosophical criticism is the subject which we compel our youths to take up first. Now, such speculative criticism, the main purpose of which is to cleanse its fundamental truths not only of all falsity, but also of the mere suspicion of error, places upon the same plane of falsity not only false thinking, but also those secondary verities and ideas which are based on probability alone, and commands us to clear our minds of them. Such an approach is distinctly harmful, since training in common sense is essential to the education of adolescents, so that that faculty should be developed as early as possible; else they break into odd or arrogant behavior when adulthood is reached. It is a positive fact that, just as a knowledge originates in truth and error and falsity, so common sense arises from perceptions based on verisimilitude. Probabilities stand, so to speak, midway between truth and falsity, since things which most of the time are true, are only very seldom false. Consequently, since young people are to be educated in common sense, we should be careful to avoid that the growth of common sense be stifled in them by a habit of advanced speculative criticism. I may add that common sense, besides being the criterion of practical judgement, is also the guiding standard of eloquence.[8]

Through the Moderns' perspective, rhetoric, poetry, and metaphors do not contribute to the clarification of speculative thought, but they rather obscure it. Together with the modern-scientific rationalism, also the philosophical discourse becomes essentially a logical-mathematical reasoning. A kind of logic having as its exclusive object the truth understood as *res*, or as that which remains and subsists eternally identical: «the reference to *res* is, therefore, the initial point of traditional – and modern – philosophy, that which, in turn, presupposes *res* as being something "constant" in itself and for itself, and the counter-proof of an affirmation, of a "verb", takes place according to the rational definition: ontology

8 «Et principio, quod ad Scientiarum attinet instrumenta, a Critica hodie studia inauguremur: quae, quo suum primum verbum ad omni, non solum falso, sed falsi quoque suspicione expurget; vera secunda, et verismilia omnia, aeque ac falsa mente exigit iubet. Incommode quidem: nam adolescentibus quamprimum sensus communis est conformandus; ne in vita agenda aetate firmati in mira erumpant, et insolentia. Ut autem scientia a veris oritur, error a falsis; ita a verisimilibus gignitur sensus communis. Verisimilia namque vera inter et falsa sunt quasi media: ut quae fere plerumque vera, perraro falsa. Itaque cum maxime adolescentibus sensus communis aeduci deberet: verendum ne iis nostra Critica praefocetur. Praeterea sensus communis, ut omnis prudentiae, ita eloquentiae regula est» (Ibid., 31–33. In English: ibid., p. 12–13).

and logic are the prerequisites».[9] Both traditional and modern metaphysics start from the problem of beings, their determination, and definition: definition based on the Aristotelian logical assumptions of identity and non-contradiction, of characters and categories, and of first universal principles, valid at all times and in all places. In this way, philosophy can only move within the sphere of ontology and logic, in a horizon in which knowledge is understood as a reflection of universal, eternal and absolute truths, through the only valid language, which is the rational one. In this sense, the progress of sciences is a-historical, a-temporal; rhetoric and poetry undermine the objectivity, the character of abstractness and veracity of the sciences: «for this reason the ideal language is the a-historical one. Ontology and logic, as legitimation of language, exclude the "translated", the "metaphor", given that by means of the definition the universal meaning of the term is fixed, and reflects something subsistent in itself and of itself».[10] The elements characterizing the reasoning and method of modern logic thus become those of *evidence*, as being the original form of the first truths' manifestations; the concept and the definition, as expressions of the essence of phenomena in their universal foundations; and, finally, the syllogism, as a demonstration procedure. Both traditional and modern logic understand the human world as emerging from a rational deduction from the first principles, these latter being objects of an original vision from which to deduce reality. And in this sense, according to Vico, modern physics' way of discussing is a deductive type of proceeding, which does not build its own truths, but derives them from eternal assumptions valid in every time and in every place.

> It should be added that the geometrical method constitutes a hindrance in the way of eloquent exposition of the principles of physics. The geometrical method enables us to set forth matters in a purely geometrical, apodeictic form, and gives us the possibility of teaching them in a plain, unadorned way, devoid of any aesthetic charm. All of the modern physicists affect a style of exposition which is as severe as it is limited. Our theory of physics (in the process of learning as well as when mastered) moves forward by a constant and gradual series of small, closely concatenated steps. Consequently, it is apt to smother the student's specifically philosophic faculty, i.e., his capacity to perceive

9 «Il riferimento alla *res* è dunque il punto iniziale della filosofia tradizionale – e moderna –, il che presuppone a sua volta che la *res* sia in sé e per sé qualcosa di "costante", e la controprova di un'affermazione, di un "verbo", avviene in funzione della definizione razionale: l'ontologia e la logica ne sono il presupposto» (Grassi 1988, 38).

10 Ibid.: «per questo il linguaggio ideale è quello a-storico. L'ontologia e la logica, come legittimazione della lingua, escludono il "traslato", la "metafora", dato che a mezzo della definizione viene fissato il significato universale del termine che rispecchia qualcosa in sé e per sé di sussistente».

> the analogies existing between matters lying far apart and, apparently, most dissimilar. It is this capacity which continues the source and principle of all ingenious, acute, and brilliant forms of expression. It should be emphasized that tenuity, subtlety, delicacy of thought, is not identical with acuity of ideas. That which is tenuous, delicately refined, may be presented by a single line; "acute" by two. Metaphor, the greatest and brightest ornament of forceful, distinguished speech, undoubtedly plays the first role in acute, figurative expression.[11]

But why does the metaphor, as Vico emphasizes in this passage, opposing it to the proceeding of the geometric method, is the first and the principal figure of speech? We need to concentrate for a moment on this point, to understand its necessary function in the learning phase and in the cognitive processes at work to know the external world. The metaphorical activity is the creation and discovery of new linguistic worlds, and it is that which, through ingenuity, reveals analogies between widely differing and different things: «ingenuity's ability to grasp analogies in distant and different things results into a metaphor, that is, a complex model of signification that can be represented by an acute angle, where the two straight lines, as the two entities of a metaphor, by joining in one point, disclose a perspective».[12] The acute metaphor brings with it the possibility of disclosing to man infinite horizons and perspectives of signification. This process does not simply take the form of a necessary principle for all knowledge, but it is the very principle of knowing. Metaphorical induction has nothing in common with the syllogism or the sorite. «A predictive nexus that does not dare to cross the boundaries of genres, presupposes, on the one hand, a classification of reality into genres and species that provides the premises from which to move, and on the other, it remains prisoner of the already existing classification, with

---

11 «Deinde geometrica methodus physicas dissertationes, iuxta ac geometricas apodixes, tanquam contentas doceri tantum, ornari vetat. Itaque recentiores physicos omnes genere differendi contento, ac severo uti animadvertas: cumque haec physica et quum diseitur, et quum percepta est, perpeto ex proximis proxima inferat; eam auditoribus facultatem occludit, quae philosophorum propria est, ut in rebus longe dissitis, ac diversis similes videant rationes: quod omnis acutae, ornataeque dicendi formae fons et caput existimatur. Neque enim tenue idem est, atque acutum: tenue enim una linea, acutum duabus constat. In acutis autem dictis principem obtinet locum metaphora: quae est omnis ornate orationis maxime insigne decus, et luculentissimum ornamentum« (*De rat.*, 58–59. In English: *De rat. E*, p. 24).

12 «La capacità dell'ingegno di cogliere analogie in cose lontane e diverse dà luogo ad una metafora, cioè ad un complesso modello di significazione che può essere rappresentato da un angolo acuto, dove le due linee rette, come nella metafora le due entità, congiungendosi in un punto dischiudono una prospettiva» (Di Cesare 1986, 330).

respect to which it does not say and cannot say anything new».[13] As foundation of an identity originally acquired in perception, the metaphor is the first of many operations performed by the human mind in order to know and to represent the world.

If nature's truths are not knowable to man other then as probable hypotheses, and if he is not given access to a dimension of the eternity of truth – being confined to the realm of the finite and the mutable – what remains to man? What is it possible to have science, and not only consciousness, of? For Vico, it is possible to fill that knowledge gap which remains inaccessible to the geometric method, only through a philosophizing understood as thinking through images and metaphors, in which philosophy, painting, and poetry are combined. In this poetic and fantastic perspective, man gains access to a dimension in which he can have science, and not only consciousness, of his own doings. In the re-evaluation of the metaphorical activity, the anti-rationalistic scope of the Vichian discourse is fully discernable. Insisting on the concept of metaphor, Donatella Di Cesare noted how «the effort made by Vico to grasp the creative nature of language from an anti-rationalist perspective, marks a moment of rupture in that line of development that, in the history of the philosophy of language, links Aristotelianism to rationalism through scholasticism».[14] To a philosophy capable of understanding the *poesis* aspects of the human, what becomes accessible are those characteristics of reality that escape the logical-scientific speculation. The original aspect of the *topica*, not of the *critica*, in other words of a non-analytical and logico-rationalistic, but rather fantastic, memorable and ingenious process, constitutes one of the central themes of the Vichian *Oratio*. These two aspects of human thinking do not represent two opposite logics, but rather two tools necessary and complementary to one another. Unlike rationalism, that isolated reflection from sensible faculties, for Vico «the images make the thoughts visible, they put wings to the imagination and they impress a thought in the memory. Vico does not isolate thought, he places it at the center between imagination and memory, thus linking thought to the sensible faculties of the spirit» (Otto

13 Ibid.: «un nesso predicativo che non osa varcare i confini dei generi, da una parte presuppone una classificazione della realtà in generi e specie che gli fornisca le premesse da cui muovere, dall'altra rimane prigioniero della classificazione già esistente e, rispetto ad essa, non dice e non può dire nulla di nuovo».

14 Ibid, p. 325: «lo sforzo compiuto da Vico per cogliere la natura creativa del linguaggio muovendo da una prospettiva anti-razionalistica segna un momento di rottura in quella linea di sviluppo che, nella storia della filosofia del linguaggio, congiunge l'aristotelismo al razionalismo attraverso la scolastica».

1987–88, 7). Before the *critica*, or the analysis and the judgment, there is the *conceiving by similarities*, understood as a mechanism proper to the faculty of ingenuity, which expresses itself through the discovery and the invention of links between distant and different things, generating a synthesis between them and, thus, generating new knowledge. From an ethical-pedagogical point of view, «the fundamental error of Cartesianism has been that of making criticism the starting point from which to begin the course of studies, subverting the natural course of things».[15]

What Vico rethinks in depth, with his critique of the modern method, is the character no longer eternal, absolute and universal, but historical and mutable not only of truth but also of reality – that is, the external world. For what is reality, if not a human and an historical concrete construction, primarily linguistic creation and production? The language experimented with and used by a given community in representing itself the world, or its own communitarian and vital horizon, identifies the very same idea that such a community has of reality. In this sense, the Vichian thesis is equivalent to a leap over traditional and modern logic and ontology, beyond scholastic and Cartesian metaphysics. Language is no longer a mere medium, the *verb*, between thought and being, but the linguistic forms themselves are recognized as the founders of the historical reality. As Vico writes in the VII book, «the peoples' natures are made with languages, not languages with the peoples' natures».[16] The rational speculative language of traditional and modern metaphysics – which is the medium between thought and eternal reality – tends to avoid the intervention of history in the reality, especially of poetry as the foundation of historicity. The latter is, inversely, the very abandonment of ontology – it is the historical word, as it bears witness to the *here* and the *now* of a particular world, of a precise epoch, and of a given community. Language is therefore not rooted in the abstract, in the a-temporal, in the eternal, but in history, in a determined place and time.

Within the dimension of the *verisimilar* and of the *probable*, that is within the historical, civil and ethical-political horizon, man is no longer merely an actor but rather an author of his making. Here, he builds and transforms the world he inhabits in the dense network of relationships of his community; he manipulates the world, gives it shape, and he does so mainly through communication and, therefore, within the dimension of rhetoric. Returning to the point from which

15 «L'errore di fondo del cartesianesimo è stato quello di far iniziare il corso di studi con la critica, sovvertendo il corso naturale delle idee» (Granatella 2012, 155).

16 *De rat.*, p. 105: «Quare si eius disputationis, summis dignae philosophis, illa pars vera est: linguis ingenia, non linguas ingeniis formari».

we started, it is through rhetoric that the individual can communicate and act in the *polis*, in the necessary attempt to arouse consent among his fellow citizens, not as custodian of an eternal truth deduced from undoubted first principles, but through an ingenious talk capable of rooting itself in the common sense with which an entire community recognizes itself. As Vico writes in the book VII of the *De ratione*

> But the greatest drawback of our educational methods is that we pay an excessive amount of attention to the natural sciences and not enough to ethics. Our chief fault is that we disregard that part of ethics which treats of human character, of its dispositions, its passions, and of the manner of adjusting these factors to public life and eloquence.[17]

The error of the new sciences, and the method of study they prescribe, is identified by Vico as the abandonment of the civil dimension of the human, because very uncertain as often linked to chance, arbitrariness and, inversely, not definable within the confines of the *certainty* of those laws of nature deduced through mathematics and geometry. On the contrary, according to Vico, we are confined precisely in the reign of the mutable and of the temporal, and it is within this reign that we must know how to act. The task of the studies is, primarily, to form citizens and statesmen who know, through their ingenuity (synthesis of imagination and memory), how to prudently move in a horizon where simulation and dissimulation are most valuable.

> Since, in our time, the only target of our intellectual endeavors is true, we devote all our efforts to the investigation of physical phenomena, because their nature seems unambiguous; but we fail to inquire into human nature which, because of the freedom of man's will, is difficult to determine. A serious drawback arises from the uncontrasted preponderance of our interest in the natural sciences. Our young men, because of their training, which is focused on these studies, are unable to engage in the life of the community, to conduct themselves with sufficient wisdom and prudence; nor can they infuse into their speech a familiarity with human psychology or permeate their utterances with passion. When it comes to the matter of prudential behavior in life, it is well for us to keep in mind that human events are dominated by Chance and Choice, which are externally subject to change and which are strongly influenced by stimulation and dissimulation (both pre-eminently deceptive things). As a consequence, those whose only concern is abstract truth experience great difficulty in achieving their means, and greater difficulty in attaining their ends. Frustrated in their own plans, deceived by the plans of others,

17 «Sed illud incommodum nostrae studiorum rationis maximum est, quod cum naturalibus doctrinis impensissime studeamus; moralem non tanti facimus, et eam potissimum partem, quae de humani animi ingenio, eiusque passionibus ad vitam civilem, et ad eloquentiam accomodate» (ibid., 81. In English: *De rat. E*, p. 33).

> they often throw up the game. Since, then, the course of action in life must consider the importance of the single events and their circumstances, it may happen that many of these circumstances are extraneous and trivial, some of them bad, some even contrary to one's goal. It is therefore impossible to assess human affairs by the inflexible standard of abstract right; we must rather gauge them by the pliant Lesbic rule, which does not conform bodies to itself, but adjusts itself to their contours.[18]

To consider human facts with the flexible measure of Lesbos, is equivalent to proceed in the circumstances of life not with the rigidity imposed by the modern method, utterly useless in the civil and political horizon. Instead, it is necessary to know how to conform one's actions and words to the times and circumstances. As Biagio De Giovanni has written, the suggestion made by Vico to the "youngsters" (*giovinetti*) is: «if you want to train yourself, do not think you can do it through the Cartesian pedagogy […] through a mentalistic idea of truth, but instead tackle the world of verisimilitude, the world of probability, the world of common sense».[19]

> Whosoever intends to devote his efforts, not to physics or mechanics, but to a political career, whether as a civil servant or as a member of the legal profession or of the judiciary, a political speaker or a pulpit orator, should not waste too much time, in this adolescence, on those subjects which are taught by abstract geometry. Let him, instead, cultivate his mind with an ingenious method; let him study topics, and defend both sides of a controversy, be it on nature, man, or politics, in a freer and brighter style of

18 «Quia unus hodie studiorum finis veritas: vestigamus naturam rerum, quia certa videtur: hominum naturam non vestigamus, quia est ab arbitrio incertissima. Sed haec ratio studiorum adolescentibus illa parit incommoda, ut porro nec satis vitam civilem prudenter agant; nec orationem moribus tingere, et affectibus infiammare satis faciant. Et quod ad prudentiam civili sviate attinet, cum rerum humanarum dominae sint Occasio et Electio, quae incertissime sunt; easque ut plurimum Simulatio, et Dissimulatio, res fallacissimae ducant; qui unum verum curant, difficile media, difficilius fines earum assequuntur: et consiliis frustrati, alienis decepti, quam saepissime abeunt. Quando igitur viatae agenda ex rerum momentis, et appendicibus, quae circumstantiae dicuntur, aestimantur: et carum multae fortasse alienae, ac ineptae, nonnullae saepe perversae, et quandoque etiam adversiae suo fini sunt; non ex ista recta mentis regula, quae rigida est nominium facta aestimari possunt: se dilla Lesbiorum flexili, quae non ad se corpora dirigit, sed ad se corpora inflectit, spectari debent» (Ibid., 83–85. In English: ibid., p. 33–34).

19 «Se volete formarvi, non pensate di poterlo fare attraverso la pedagogia cartesiana […] attraverso un'idea mentalistica della verità, ma affrontate invece il mondo della verosimiglianza, il mondo della probabilità, il mondo del senso comune» (Giovanni 1968, 69).

> expression. Let him not spurn reasons that wear a semblance of probability and verisimilitude.[20]

The future citizen and stateman must know how to distinguish the *useful*, the *good* and the *beautiful* from that which is not; they must not distinguish it in the dimension of the *episteme*, of the eternal truths, but in that field, that is all human, historical and mutable, in which *the verisimilar are many and the false infinite*. Because «universal truths are eternal, and particular ones become, from one moment to the next, false; eternal things reside above nature, and within nature there is nothing that is not mobile and mutable. Therefore, truth coincides with the good, of which it has the same qualities and virtues».[21] And only a few lines after, Vico exposes to his young listeners what should be the rule, inherently flexible, to follow in the circumstances of civil life:

> But the sage who, through all the obliquities and uncertainties of human actions and events, keeps his eye steadily focused on eternal truth, manages to follow a roundabout way whenever he cannot travel in a straight line, and makes decisions, in the field of action, which, in the course of time, prove to be as profitable as the nature of things permits. Therefore, it is an error to apply to the prudent conduct of life the abstract creation of reasoning that obtains in the domain of science. A correct judgment deems that men – who are, for the most part, but fools- are ruled, not by forethought, but by whim or chance.[22]

This is precisely the horizon of relevance of rhetoric previously mentioned – that is, the field in which the rigidity of science's method reveals itself to be more harmful than useful, for there is no *clarity* and *evidence* in the circumstances

---

20 «...qui neque in Physicum, neque in Mechanicum eruditur; sed ad Rempublicam, vel Foro, vel Senatui, vel facris Concionibus instituitur; in iste studiis, quam methodo traduntur nec puer, nec diu immoretur: Geometriam per formas ad ingeniosam rationem addictat Topicam excolat: et de natura, de homine, de republica libero, ac nitidori differendi genere in utranque disputet partem, ut quod probabilius, verisimiliusque in rebus sit, amplectatur» (*De rat.*, 109. In English: *De rat. E*, p. 41).

21 Cfr. ibid., p. 87: «At ex genere vera aeterna sunt: particularia autem quoquo temporis momento in falsa mutantur. Aeterna supra naturam extant: in natura enim nihil, nisi mobile, nisi mutabile continetur. Tum autem bonum cum vero congruit: et eandem cum eo vim habet, easdem dotes».

22 «At sapientes, qui per agendorum obliqua, et incerta ad aeternum verum collimat, quia recta non possunt, circumduncunt iter: et consilia expediunt in temporis longitudinem, quantum natura fieri potest, profutura. Non recte igitur, per haec, quae diximus, ii faciunt, qui iudicandi rationem, qua utitur scientia, in prudentiae usum transferunt: nam ii res recta ratione aestimant: et homines, cum bona ex parte stulti sint, non consilio, sed libidine, vel fortuna reguntur» (ibid., 89. In English: *De rat. E*, p. 35).

of civil life, which is mostly related to chance and fortune, human instincts and passions, and to actions that are often in no way regulated by reason, but rather by strong feelings and elements appertaining to human's sensitive and bodily sphere. Inversely, for those who want to orient themselves and gain benefits within the civil and political conflictual dimension, having acquired the faculty of ingenuity and the rhetorical capacity is a necessity. The latter understood, once again, not as mere sophistry, but as an art – that of «attracting the listener with bodily images», so as to lead him to the act of loving, being that «if he loves once, he will easily be led to believe». If in fact «the mind lets itself be bent by subtle reasoning», the human soul, on the contrary, «does not let itself be overcome or eradicated by anything other than these corpulent oratory machines. [...] If eloquence is the faculty of persuasion at work, the one who succeeds in determining the desired state of mind in his listeners, obtains the persuasive purpose».[23]

Throughout this very same book and book X, Vico thinks back to the method of the Ancients in a systematic comparison with that of the Moderns. The references to both Greek and Latin cultures are functional to affirm the unitary, rather than the fragmentary, nature of knowledge; this latter being an instrument through which to train young people not simply to the knowledge of an abstract and timeless truth within the scientific field, but rather to train them, through eloquence, to practical action within the historical dimension of the *verisimilar* and *probable*. Just as the Ancients were able to integrate the *critica* to the *topica*, being philosophers, scientists and politicians at once, teaching logic, cosmology and morality as a unique knowledge, the Moderns should thus radically rethink the status of the teachings, conceiving therefore a *ratio* that does not fragments and separates studies, but favors a reintegration of the so-called *topical* disciplines and their specific method. It is only through the recovery of the *topica* that it is possible, for Vico, to rethink the status of the various sciences and propose a unitary knowledge as an ethical-pedagogical project aimed at forming men who inhabit a community and act in it, well before forming isolated scientists, unable to move in the civil life.

> When undivided attention was given to the cultivation of philosophy, or (which is the same) when the contemplation of the "ideal nature" was kept in view, Greece, Rome,

23 Ibid., p. 97: «mens quidem tenuibus istis veri retibus capitur; sed animus non nisi his corpulentioribus machinis contorquetur, et expugnatur. Eloquentia enim est officii persuadendi facultas. Is autem persuadet, qui talem in auditore animum, qualem valit, inducat».

> and the modern epoch experienced the greatest flowering of superior writers in each of those arts. But as soon as preceptive treatments regulating those arts were composed, the writers that arose were not similarly outstanding. Try to search for the reasons that account for these two phenomena, and you will find that I have quoted the correct one. In the past, all arts and disciplines were interconnected and rested in the lap of philosophy; subsequently, they were sundered apart. Those responsible for this separation can be compared to a tyrannical ruler who, having seized mastery of a great, populous, and opulent city, should, in order to secure his own safety, destroy the city and scatter its inhabitants into a number of widely strewn villages. As a consequence, it is impossible for the townsmen to feel inspired, through the bold pride awakened by the sight of the splendor and wealth of their city and by the awareness of their number, to band together and conspire against him, lending one another help in their fight against the common opposer.[24]

The wish and the proposal of the *De ratione* are that all the different disciplines could be brought back to their original unity and taught each according to their specific ratio, integrating the *topica* to the *critica*. Only in this way it will be possible to solicit the mind and inflame the hearts of young people, so that in every single man, the man, the scientist, the citizen, and the politician can coexist, thus formed for the progress and the good of the community: «let us not be merely more exact and more true than the Ancients, while allowing them to be more eloquent then we are; let us equal the Ancients in the fields of wisdom and eloquence as we excel them in the domain of science»[25, *].

24 «Cum enim una excolebatur Philosphia, sive adeo una optima spactabatur natura; maximi in quoque istarum artium genere Scriptores apud graecos, latinos, et nostros floruerunt: artibus autem apud quosque eorum excultis, non perinde clari extiterunt. Exequanimi, quaeso, de singulis rationem; et me nihil falsi dixisse invenientis. Quapropter qui artes, ac disciplinas, quae nedum omnes, sed cunctae in philosophiae gremio continebantur, et ab ea, et inter se ipsa diviserunt; mihi Tyrannorum similes fuisse videntur, qui amplissima, opulentissimaque, ac frequentissima hostium urbe potiti, quo tuti porro ab ea sint, urbem delent, et cives per pargos longedissitos dissipant: ut ne ultra saue urbis magnificentia, et pibus, suorumque numero freti spiritus, animosque efferre, neve conspirare, et alii allis auxilio esse possint» (Ibid., p. 129–131. In English: ibid., p. 47).

25 «ut ne in summa nostri sine scientiores antiqui: nostri veriores antiquis, et nobis eloquentiores antiqui: sed ita sapientia, et eloquentia aequemus, ut scientia superamus antiquos» (Ibid., 109. In English: ibid., p. 41).

* I would like to thank warmly Cecilia Casale for the precius and valuable work of revising the text.

Literaturverzeichnis

Battistini (1995): A. Battistini, *La sapienza retorica di Giambattista Vico*, Milan.

Croce (1953): B. Croce, *La filosofia di Giambattista Vico*, Bari.

Di Cesare (1986): D. Di Cesare, "Sul concetto di metafora", in *BCSV*, XVI.

Descartes (2000): R. Descartes, "Discorso sul metodo", in E. Garin (ed.), *Opere filosofiche*, Rome-Bari.

Giovanni (1968): B. De Giovanni, "Il de nostri temporis studiorum ratione nella cultura napoletana del primo settecento", in P. Piovani (ed.), *Omaggio a Vico*, Napoli.

Granatella (2012): M. Granatella, "Vico e la retorica degli antichi. Note per una discussione sui limiti della conoscenza umana", in G. De Luca (ed.), *Variazioni su Vico*, Pisa.

Grassi (1988): E. Grassi, *La filosofia dell'umanesimo*, in A. Trione (ed.), Naples.

Otto (1987–1988): S. Otto, "Giambattista Vico: razionalità e fantasia", in *BCSV*, XVIII.

Serrapica (2003): S. Serrapica, *Per una teoria dell'incertezza tra filosofia e medicina. Studio su Leonardo di Capua*, Naples.

Julia V. Ivanova – Pavel V. Sokolov

Physica Ingeniosa and Abyssinian Philosophy: The Ambivalence of the Cartesian Physics in *De Ratione*, V[1]

Abstract: *PHYSICA INGENIOSA AND ABYSSINIAN PHILOSOPHY: THE AMBIVALENCE OF THE CARTESIAN PHYSICS IN DE RATIONE, V.* This study contrasts Vico's conception of the physics based on *ingenium*, developed in chapter five of *De ratione*, to its alleged counterpart, Cartesian deductive natural science. By examining the various «faces» and ramifications of Cartesian physics with a special focus on Thomas Burnet's «ingenious physics», we demonstrate the affinity of some versions of the Cartesian hypothetical approach to Vico's rhetorical epistemology.

This study can be identified as a modest *addendum* to the multidimensional and highly controversial image of Vico's approach to Descartes and Cartesianism, primarily in *De ratione* («On the Study Methods of our Time», 1709) – given the huge amount of research literature dealing with this topic, we can hardly eschew following the beaten path. Let us set aside the widely known directions of the Vichian criticism of Cartesianism – the destruction of the *cogito* in *De antiquissima*, the rhetorical dismissal of the Cartesian philosophy of *verum* – we shall focus on a particular moment in Vico's approach to Cartesian physics, examining it against the background of the methodological principles carried out by some Cartesian physicians themselves, with a particular emphasis on the relationship between Vico and Thomas Burnet. We intend to tackle an issue that could already seem over-studied – the distinctive Vichian epistemic turn, «transplantation of rhetoric beyond the polis» (Marshall 2010, 121), the use of the same cognitive tool, the metaphor, and the same faculty of soul, *ingenium*, in a variety of fields, seemingly very distant from one another: aesthetics and literary theory (theory of the Sublime), rhetoric, and physics. Being effectively over-studied in itself (*ingenium* in Vico looks like a *cliché* or rather a tautology[2]), this topic remains resourceful for scrutinizing Vico's singular way of handling

1 This study (research grant No 15-01-0161) was supported by The National Research University–Higher School of Economics' Academic Fund Program in 2015–2016.
2 The main bibliography on this subject has been collected by Stefano Gensini (www.lettere.uniroma1.it).

with the rival theories: his paradoxical inclination to create the highly subjective and emotionally colored, often misleading and even self-contradictory images of his opponents.

Of Vico's projected *Hauptwerk* on physics, *Liber physicus*, only a small sketch has been preserved, so that we are constrained to gleaning the pieces of respective argumentation, disseminated through his different works: *De ratione* (1709), *De antiquissima* (1710), *Vita scritta da se medesimo* (1723/28), and *New science* (1725, 1730, 1744), with a particular focus on chapter five of *De ratione.* As everyone knows, Vico begins *De ratione* eulogically referring to Bacon – the figure of the *Verulamus* who has been explicitly associated with experimentalism, a method highly in vogue in *Seicento* Naples – in his youth Vico also paid tribute to it (let us remember his intimacy with the Neapolitan Epicureanism and relationship to the *Academia degli Investiganti*) (see Badaloni 2005; Barnouw 1980, 609–620; Jannizzotto 1968). But this reference to the experimentalism goes hand in hand with the distinctive idea of the rhetorical re-equipment of physics: in a famous passage, Vico opposes the purely deductive proceeding of the «modern» (Cartesian) geometry, presupposing a chain of reasoning whose links are connected very closely to each other, and the rapprochement of distant phenomena carried out by the *ingenium*:

> Our theory of physics (in the process of learning as well as when mastered) moves forward by a constant and gradual series of small, closely concatenated steps. Consequently, it is apt to smother the student's specifically philosophic faculty, i.e., his capacity to perceive the analogies existing between matters lying far apart and apparently, most dissimilar. It is this capacity which continues the source and principle of all ingenious, acute, and brilliant forms of expression. It should be emphasized that tenuity, subtlety, delicacy of thought, is not identical with acuity of ideas. That which is tenuous, delicately refined may be presented by a single line; "acute" by two. Metaphor, the greatest and brightest ornament of forceful, distinguishes speech, undoubtedly plays the first role in acute, figurative expression[3].

3 «Recentiores physicos omnes genere disserendi contento ac severo uti animadvertas: cumque haec physica, et quum discitur et quum percepta est, perpetuo ex proximis proxima inferat, eam auditoribus facultatem occludit, quae philosophorum propria est, ut in rebus longe dissitis ac diversis similes videant rationes: quod omnis acutae ornataeque dicendi formae fons et caput existimatur. Neque enim tenue idem est atque acutum: tenue enim una linea, acutum duabus constat. In acutis autem dictis principem obtinet locum metaphora, quae est omnis ornatae orationis maxime insigne decus et luculentissimum ornamentum» (*De rat. 1990*, p. 116. English: *De rat. E*, p. 24).

Later on, in his *Autobiography*, Vico corroborates the foundations of the «ingenious physics», drawing the analogy between the way *ingenium* acts in nature and its function within the set of anthropological faculties: «Now the Latins called nature *ingenium*, whose principal property is sharpness; thus imitating that nature forms and deforms every form with the chisel of air» (*A*, 148–149). The «acuity» operating both in physical and human nature, that the Egyptians symbolically represented in the form of a pyramid[4], establishes the common ground for eloquence and natural philosophy, making it possible to exercise the faculty of invention in both the civil and physical worlds. Another well-known statement from a later Vichian treatise, «On the Most Ancient Wisdom of the Italians», claims that the eloquence and «observational ability» of natural scientists spring from the same source (*ex iisdem fontibus, ex quibus copiosi oratores, et observatores etiam maximi provenire possint*). Along with inventive discovery, another common characteristic of physics and rhetoric is their belonging to the domain of the verisimilar (*verisimile*): whereas in rhetorical practice the «long chains of reasoning» from the *primum verum* to *vera secunda* engender boredom in the audience, in physics the *mos geometricus* fails to extend mathematical demonstration to the world of natural phenomena, because, in contrast to God, we do not «make» them; therefore, this method can only function as a sort of compositional tool (*a geometria methodum quidem habent, non demonstrationem*). Already in Vico's *juvenilia*, that is, in his third inaugural speech, the application of geometry to physics served as an example of *dolus* or *mala fraus* (*OI*, 35). This singular deficiency of modern «geometrical» physics, its unfounded claim of being the only reliable science has been emphasized several times in ulterior Vico writings. In the *New Science* (starting from the 1730 version), the physical world, the globe (*globo mondano*) on the «Dipintura», is represented as relying on the allegorical altar only by one side; as the author himself explained in the «Spiegazione», this was aimed at demonstrating the one-sidedness of contemporary physical science in contrast to the *scientia civilis*. In opposition to this analytical model of physical science, Vico displayed in the New Science his own «poetical physics», representing a mixture of civil history and natural science.

One of Vico's main arguments against the «modern» (that is, Cartesian) physics targets its fictitious character. If we compare the tartly characteristics

4 «From the word *coelum*, which means both "chisel" and "the great body of the air", he conjectured that perhaps the Egyptians, by whom Pythagoras was instructed, had been of the opinion that the instrument with which nature makes everything was the wedge, and that this was what they meant their pyramids to signify» (ibid., p. 149).

of Descartes' scientific autobiography in *Vita* with Vico's treatment of the Cartesian-like Thomas Burnet's theory of the Earth in the *New Science* of 1725, we can easily discern a common thread: the denunciation of both accounts as merely fictional narratives. In *De ratione*, Vico argues that the constitutive application of the new physics would require «a radically new phenomenon as its corollary» (*aliquod novum phaenomenon explices, tanquam eiusdem physicae corollarium*) (*De rat. 1990*, 114) – in my view, here we can see the echo of the idea of a «possible world», whose construction had been envisaged in Descartes' *Le monde.*[5] Vico considers two branches of Descartes' philosophy, which he quite characteristically describes as fictive narratives. These are the imaginary autobiography of the atemporal and ahistorical *ego* from the *Discourse on the method* (in *Vita* he famously claimed not to figure out, *non fingerassi*, his life story) and Thomas Burnet's cosmological *fantasia* which was, in Vico's opinion, picked up from Descartes' *Le monde* (notice the pleonastic use of words denoting the «resolution»: *risolve-risoluzione-risolutasi*, and of terms connected with imagination and fancy: *capricciosa-immaginata-fantasia*)[6]:

> This demonstration truly resolves the capricious resolution of the earth as Thomas Burnet imagined it. His fantasy was influenced by Van-Elmonte and subsequently by the physics of Descartes. After the flood, the earth had in its bowels much more air in the south than in the north, and this part floated more than the other. The north was elevated higher, while the south was submerged in the ocean This is the reason why the earth diverted its parallelism to the sun.[7]

---

5 On the role of fiction and related aesthetic terms in Descartes's epistemology and hereinafter see: (Labio 2004, 15–34).

6 «In order, however, to make the length of this discourse less boring for you, I want to wrap part of it in the cloak of a fable, in the course of which I hope that the truth will not fail to appear sufficiently and that it will be no less agreeable to see than if I were to set it forth wholly naked» (Descartes).

7 «La quale dimostrazione veramente risolve la capricciosa risoluzione della terra, immaginata da Tommaso Burnet; della qual fantasia ebbe egli inanzi i motivi prima da Van-Elmonte, e poi dalla Fisica del Cartesio: che, risolutasi col diluvio la terra della parte del sud, piucchè da quelle del nort, fosse questa restata nelle sue viscere più ripiena d'aria, e in consequenza più gallegiante, e perciò superiore all'altra opposta, tutta sommersa dall'Oceano; e quindi avesse la terra alquanto declinato dal suo parallelismo dal Sole». (*SN 30*, p. 53 trans. by Valentina Dafne De Vita and Chrisoph Haar). In the same time, Paolo Rossi emphasized the similarity between Vichian and Burnetian models of the world's history as well as in their aesthetics, underlining also the discrepancies between them – for example, Burnet's adherence to the *prisca sapientia* model or his accent on Christology totally absent from the Vico's thought (Rossi 1987, 106).

Vico perceived Descartes through a variety of lenses: as we learn from his *Autobiography* he first came across Cartesian physics and metaphysics when he took from his father's book shelves *Fundamenta physices* by Henricus Regius whom he erroneously thought to be a «mask» of Descartes himself. But Vico was perfectly unaware of Descartes' real attitude towards his unfortunate follower and knew nothing of the heated disputes that arouse between them at the end of 1640's; so he erroneously took the Regius' *Fundamenta* for an accurate account of Cartesian physics.[8] In *Vita* Cartesianism has famously been likened to Epicureanism – both philosophical currents recognized the unique genre of substance, the crucial difference being the attitude towards the role assigned to fate (the school of Epicurus denied it, while Descartes made it a pillar of his entire system). We can see that in fragments touching upon Regius and Burnet the complexity of various «faces» of Cartesianism has been smoothed – Vico mixed up, though unintentionally, the allegedly «Cartesian» transcription of Genesis by the English «theoreticians of the Earth» and Descartes' proper «mental experiment» from *Le monde*; he also subsumed Regius' dissident physics under the umbrella title of Descartes' philosophy of *primum verum*. In Vico's representation in *Vita*, Cartesian philosophy appears as defective and unable to give rise to the other sciences: ethics (Malebranche failed to build on it any system of the Christian ethics), logic (the alleged Cartesians Arnaud and Nicole in fact shaped their logical system according to the Aristotelian scheme), and medicine (because «the man of Descartes can't be found in nature by the anatomists») (*A*, 22). This sterility of the Cartesian method in its applications to particular disciplines is correlative to its detachment from the empirical world – and Burnet's «theory of the earth» represented one of the attempts, doomed to failure, to apply the Cartesian conceptual framework to any real object.

The reason for this particular deficiency of Cartesian physics resides on the fundamental tension inherent to the underlying construction of evidence: the hiatus between the *quid sit* and *an sit* or the ontological indeterminacy marks Descartes' thought as a whole. The shadow of skepticism – the idea that the Cartesian proof of the existence of the external world in the Sixth Meditation is nothing but an illegitimate inference, while his «physics is inadequately founded on empirical hypotheses (Marcialis 2003, 243)» – runs all throughout the history of the early reception of Descartes; Vico's general complaint against Descartes, as in a number of other cases, echoed the wide-spread image of the philosopher among the citizens of the Republic of Letters, an image partly justified by

8 On the Descartes – Regius controversy, see (Fowler 1999, 340–410).

the «authentic» Cartesian texts: in *Meteora* and *Dyoptrics* Descartes effectively proceeded on hypotheses (suppositions); *inter alias*, which can be explained as an element of prudential scenery (to use Descartes' own words, an attempt to «sound the channel», *sonder le guay*, or to «come forward, wearing the mask», *larvatus prodeo*). Descartes pretended in his correspondence that necessary precautions were the only reason for not making explicit the whole chain of reasoning, connecting the premises with the conclusions: «I can deduce them from first truths which I have already explicated, but I explicitly desired not to give them» (Garber 1992, 22).

Still, the hypothesis lies at the very heart of Descartes's scientific method in physics – a distinctive trait largely recognized by both his opponents and followers. Significantly, the centrality of hypothesis generates a shift in Descartes' conception of demonstration, moving it away from the Aristotelian rigorous deducting from the first principles (On this point see Clarke 1992, 258–285). This inner tension inside the Cartesian idea of demonstration (deduction *vs* proceeding from effects to hypothetical causes and *vice versa*) made his followers diverge on the issue of the explanatory power of eventually false hypotheses. Prior to examining the Burnet's solution, let us consider a representative sample of the passionate apology of the Cartesian «hypothetical» approach to physics in a treatise by Rasmus Bartholin (1625–1698), a Danish partisan of Cartesian philosophy. Bartholin in his *De naturae mirabilibus quaestiones academicae* recollects the most «embarrassing» arguments, targeting the ontological weakness of the Cartesian hypothetical proceeding in physics; he cuts to the very essence of the empiricist reproaches to Descartes, the result of which is very close to the Vichian criticism. As Bartholin neatly emphasizes, «the very nature of the hypothesis repudiates its demonstration by the experimental means»[9]; nevertheless, he is perfectly aware of the danger of the uncontrolled framing of hypotheses.[10]

9 «Quod si ergo Astronomi, hypotheses excogitarunt serio, non fictionibus ludentes cassis, quos tamen non jubetis, ut demonstrent, ipsas esse naturae constitutiones, potius quam ingenii sui foetus; cur Physicos putatis ingeniorum lascivire luxuria, eos, qui hypotheses amplectentur, ad explicanda reliqua naturae phaenomena? (…) Naturae hypothesium repugnat, ut demonstretur eas, ex rei compertae fide esse excogitatas; desinuntque esse suppositiones, ubi exerimenta rem ipsam ostendunt» (Bartolinus 1674, 74–75).

10 «Si derelicto sensu, et sequendo rationes quasdam congruentes, liceat fingere mundum ad libitum, aut systema mundi, quale Aristarchus et Copernicus, et Renatus Descartes, nullum certum erit systema in Astronomia; nihil in Physica reale; sed licebit cuivis ingenioso, et Astronomica eruditione, Physicisve experimentis erudito, fingere plures diversas hypotheses» (ibid., p. 75).

Paradoxically enough, the main guarantee of the validity of the Cartesian model of physics turns out to be its inner logical coherence and apodeictic singularity, putting the rival theories in embarrassing conditions because of the «difficulty of inventing another theory of equal perfection».[11] Thus, the demonstrative power of Cartesian physics resides not in the necessary relationship between theory and its object, but rather in its rhetorical efficacy. So, the difficulty of *mimesis* turns into a plausible ground of the scientific validity of a theory, and aesthetic criteria merge with the epistemological ones. Even on the level of the terms used by Bartholin for describing the impact of the logical coherence on who perceive it, we can see the affinity with the rhetorical categories: the alleged capacity of the Cartesian apodeixis to «lead the souls» (*ferre animos*) cannot but remind us the Ciceronian *animum movere*, as well as the stylistic characteristics of deductive reasoning, praising its «simplicity and natural beauty» *(simplicitas, naturalis venustas)*[12]; no less significant is the moral habit of distinctive reasoning, generated by the exercise of the Cartesian method (*diuturnitas distincte ratiocinandi, et disserendi, methodum hanc convertit in mores*) (Bartolinus 1674, p. 80), which endows the geometrical method with an ethical dimension proper to rhetoric. Quite characteristically, Bartholin puts forward the idea of a certain «invincible force» (*invicta quaedam vis)*[13], inherent to deductive argumentation, and declares the extension of this argumentative principle to all the possible areas of interaction (*in quotidianae vitae communi commercio*). This interference of mathematical demonstration and rhetoric constitutes one of the possible ways of surmounting the communicative deficiency of the Cartesian method; another one is represented by Vico's *bête noire*, Thomas Burnet.

As we have already mentioned above, Burnet's main cosmological work, *Telluris theoria sacra* (1681, engl. *Sacred Theory of the Earth*, 1684), despite its

11 «…Aut standum esse hoc invento, aut aliud diversum aequalis perfectionis fingendum; quod quam sit difficile, adeoque mortalium arduum nimis, fatebitur ille, qui singula penitius consideraverit" (ibid., p. 76).

12 «Quis non laudabit, et suspiciet hanc ingenuitatem, et simplicitatem investigandae veritatis, quae nullo fuco, sed naturali venustate, nitorem addit vilioribus, et quicquid in mundi ambitu continetur, vel est in quotidianae vitae communi commercio, non tantum explicat, sed demonstrat?» (ibid., p. 79).

13 «Hisce consequentiis necessariis indita est invicta quaedam vis, quae animos graviter ferit, quamquam ex abdito (…) Hinc pauca loquuntur, multa docent, nunquam fortuito disserunt, aut vulgaria; sed ea tantum enunciant, quae consequentia patefecit, demonstratio conclusit; propria Philosophiae, et veritati: eritque tam in Physica, quam in Mathematicis et Geometria, unus idemque Philosophiae vultus» (ibid., p. 77).

apologetic pathos (the author consciously presented it as a confutation of the notorious Isaac de La Peyrère's hypothesis on the eternity of the world (Magruder 2008, 462)), engendered a heated controversy throughout Europe and after a short period of enthusiasm attracted widespread criticism from his intellectual peers. Surprisingly, in the preface to the English edition of his «Theory…» Burnet made an unexpected step to counter the attack; as M. B. Prince justly observed, he «does not reject the criticism; rather, he embraces it!» (Prince 2005, 400); he turns his enemies' weapon against themselves, arguing that each theory of nature may be considered as a romance from a certain point of view:

> I mean Men of Wit and Parts, but of short Thoughts, and little Meditations, and that are apt to distrust every thing for a Fancy or Fiction that is not the dictate of Sense, or made out immediately to their Senses. Men of such Humour or Character call such Theories as these, Philosophick Romances, and think themselves witty in the expression. They allow them to be pretty amusements of the Mind, but without Truth or reality. Where there is variety of Parts in a due Contexture, with something of surprizing aptness in the harmony and correspondency of them, this they call a Romance; but such Romances must all Theories of Nature, and of Providence be, and must have every part of that Character with advantage, if they be well represented (Burnet 1697 a2v).

The «witty» critics of Burnet's physicotheology fall into an error because they lack ingenuity, being unable to «enlarge their thoughts to take in any great compass of Times or Things». Then, Burnet describes his «romantic» imaginative method (Coppola 2010, 120) along the same lines as Vico did, characterizing the proceeding of his topic: we «do not make or contrive ourselves [the natural scientific truths], but find and discover them».[14] This inventive strategy, which lays the «itinerary through chaos to order», has at its core «a formula of a grand aesthetic» – the idea of a «masculine beauty» of any scientific theory:

> And when they are clearly discovered, well digested, and well reasoned in every part, there is, methinks, more of beauty in such a Theory, at least a more masculine beauty, than in any Poem and Romance (Roger 1982, 95–112).

The scholars debate the extent of the English Earth theoreticians' reliance on Descartes: J. Roger pretends that Descartes displays in his *Le monde* the generation of the Earth «in some atemporal sense» in contrast to Thomas Burnet's historical account (Harrison 2000, 178), while P. Harrison sees the difference between them as rather one of emphasis. He states that in Burnet we find «only

14 Cf. another related statement: «Short-sighted minds are unfit to make Philosophers, whose proper business it is to discover and describe in comprehensive Theories the *Phaenomena* of the World, and the Causes of them».

partial historicization» of the Cartesian model; his geogonic model reminds us rather of the Hobbesian mental experiment of the state of nature.[15] According to some researchers, Burnet inherited from Descartes both his «temporal sensibility and epistemic posture» (Magruder 2008, 456) - despite his pronounced wish to keep the distance from the Mosaic account of the world creation, Descartes sought to endow the physics with a diachronic dimension, searching to display the «imaginative structure of rational order» (Prince 2005, 399). Furthering Descartes' line of cosmogonic thinking, Burnet pretends that his construction was not simply an idea of what possibly could have happened in the moment of Creation, but «an account of what really came to pass in the Earth» (ch. 7 of the «Sacred Theory…»). The possibility of application of Burnet's hypothetical cosmology to the real history of the Earth relies on the postulated congruence between the intellectual structures of the human mind and those of the universe, created by God, (i.e., the congruence between the «Intellectual World» and the natural one)[16]. In perfect accordance with the Vichian claim that the «facility dissolves the *ingenia*, while the difficulty sharpens them» (*facilitas dissolvat, difficultas vero acuat ingenia*), Burnet dedicated a long passage to the pleasure which arises from the exercise of our ingenious faculty of reason (Ivi, 4). At the same time, the crucial argument in defense of the scientific validity («fairness») of his «protogeological» theory resides, in full accordance with Bartholin's template, in its «consistency and possibility» and the «incongruity and impossibility» of the rival ones.[17] Moreover, the whole construction of evidence in Burnet is crowned by a fantasy in the line of Bernard le Bouyer de Fontenelle: he imagines a certain «visitant», a philosopher, coming from another planet «out of curiosity to see our Earth» and giving a bird's eye view «from the top of Pick *Teneriffe*» on our «little dirty Planet».

Thus it seems quite understandable why both the admirers and the critics of Burnet's theory of Earth carried out the aesthetic arguments of different sorts; thus, Joseph Addison dedicated an ode to Burnet, praising the *Telluris historia*

---

15 On the mental «annihilatio mundi» as the best starting point for any natural philosophy in Th. Hobbes see (Zarka 1999, 36–58).

16 «And we must first consider how God hath ordered Nature, and then how the Oeconomy of the Intellectual World is adapted to it; for of these two parts consist the full System of Providence» (Burnet 1697, 3–4).

17 «A fair Idea of a possible Deluge in general (…) a possible and consistent Explication of an Universal Deluge (…) all other ways hitherto assigned for the Explication of the Noah's Flood are incongruous or impossible; therefore it came to pass in that possible and competent way which we have proposed» (ibid., p. 54).

for its literary values (Addison 1727), while Melchior Leidekker, an uncompromising critic from the position of Reformed orthodoxy, blamed it for the frailty of the antediluvian and the gloomy picture of the postdiluvian world: «Bone Deus, si quid sentio veri, fractus orbis et collapsus est, et nos habitamus illius ruinas! (Leidekker 1704, 88.)». Melchior Leydekker (1642 – 1722) had a particular concern to attack Burnet – being a passionate partisan of *Nähere Reformation* and heated polemicist against Cartesianism in the footsteps of his teacher Gijsbert Vossius, he could not find a better target for his invective. Besides the merely theological arguments, taking Burnet's and Descartes' heliocentricism[18] as its aim, we can see in Leidekker's treatise a clash of rival aesthetic programs: for the «classicist» taste of the Dutch, Burnet's antediluvian Earth, being «from the very beginning predisposed to the ruin» (*ad ruinam mox ab ortu preparanda*), completely lacked any beauty (*nam Bruneti primigenia Tellus nullum habet κάλλος vel pulcritudinem, minime κόσμος est*). Another Cartesian trope that Leidekker detected and dismissed is that of the overlapping of allegorical exegesis and hypothetical proceeding (*metaphoricam ῥῆσιν flectere ad novam Hypothesin*); the erudite metaphor gives rise to a sort of juggling by unfounded hypotheses, because the underlying cognitive mechanism is the same.

If Leidekker's criticism was by and large confined to aesthetic and theological arguments, the majority of Burnet's opponents contested his scientific method on epistemological grounds, attacking chiefly the Cartesian attachment to hypotheses as a research tool. Thus, in contrast to a furious but serious criticism by Whiston, Keil, and Woodward, Robert St. Clair, Robert Boyle's assistant and partisan of the experimental method (Hunter 2015, 14) had no scruple to treat his opponent in a strikingly disdaining manner, saying, for instance, that «a good Woman that makes Butter'd Cakes to sell them again, does more service to the Publick, than the Doctor has done by his Theory». St. Clair's own diluvial theory represents the genesis of the Flood as a chemical process, «a conflict of contrary Salts, Acid and Alcali» in the bowel of the Earth. To prove his hypothesis, he resorts to an experiment, carried out together with his friend, an Ambassador of Venice: the eruption of the subterranean waters of the «Tehom-Rabba» (Great Abyss) was reproduced *in vitro* by the means of a siphon and acid, vitriol and metallic chips.[19] In a sarcastic passage, which emphasizes the arbitrariness of the

---

18 «At omnem audaciam superavit Burnetus, dum fassus est systema Cartesii Scripturis repugnare, nec minus suum de Sole in medio Universi constituendo» (Leidekker 1704, p. 87).

19 «One might represent the whole of this to the Eye thus, let there be a round Ball to represent the Earth, (with a hole at the end, standing for the North Pole, at *a*, which

elementary principles, set forth by Burnet, (that is, oil, salt, and earth), St. Clair insists on the fact that even his experimentally validated hypothesis may never be considered as a historical reconstruction of what really happened to the Earth in the course of the Universal Flood (the reader may excuse us for quoting the St. Clair's argument at length):

> Now may *Paracelsus* keep to himself his three Principles Salt, Sulphur and Mercury, *Aristotle* his four Elements, *Des Cartes* his three Principles of *Materia subtilis, globuli secundi elementi, & materia tertii elementi,* and the most experienc'd *Van Helmont,* his Axiom *Of Water and Seminal Principles all things are made;* tho' experience taught him, and others since him, that not only Oil, but also Salt, Earth, *&c.* are made of Water, which is known *à posteriori,* or by the effect, or experiment (the Foundation of all the Knowledge we have of Nature.) But as for the Antediluvian World, since it doth not so much concern us now, I shall leave the consideration of its Principles to the Abyssinian Philosophers, who demonstrate all things *à priori* (Ibid.).

Be it the cumbersome and somewhat scholastic refutation of his theory by Melchior Leidekker or the witty criticism of Robert St. Clair, the critics concentrated on the fictional nature of Burnet's account. Dismissing the very possibility of framing hypotheses for reconstructing the history of the world, his critics did not see the elements of inventive methodology, somehow close to the Vichian «topical physics», in Burnet's theory of the Earth.

Vico famously decries the extension of the methods and epistemological standards of the contemporary natural science to the era of the «first physicians» who were also the «first poets» with «robust imagination» and «little reason»; but surprisingly we find a kind of continuity between the «poetical physics» and the *recentior physica*; thus, Descartes has happily demonstrated the «visual ray» (*baston visuale*) of the Stoics, who had inherited this metaphor from the «heroic descriptions» of primitive men; moreover, it turns out that «our most intelligent physicists» are «just beginning to understand» the truth discovered by the

---

Kircher supposes the Ocean to circulate thro' the Earth) of glass *f f f,* full of risings to represent the Mountains *b b b,* let the Ball be fill'd with Water, and at the hole insert a Pipe *g g g,* which cement to the Neck, throw in by this Pipe some filings of Steel, after which some Oil of Vitriol, and keep the Ball inclining, so that the steams arising may not get out at the hole, but being pented in may drive out the Water at the Pipe, which if the Ball were the Center of the Earth, would over flow all the surface of the Glass, and cover the Mountains of it, but this being wanted, we may imagine another glass *c c c* divided in two as you see, so that they may be cemented together when the other glass ball is inclos'd, all the Water that runs out at the mouth of *g g g,* will over-flow the Hills *b b b, &c.*» (St. Clair 1697, *Preface*, s.p.)

«heroic poets», according to which «to touch a body is to take something away from it» (*SN44E*[2], 238). Moreover, Vico ranked among the *commoda*, i.e., among the advantages of the contemporary method in natural sciences, the progress of *ingenium* in physics (*a nostris longe ingenio victos* (*De rat. 1990*, 122))– let us remember in this respect the alleged utility of modern physics for poetry (at the end of the chapter VIII of *De ratione*), consisting in the fact that the former contains a copious reservoir of metaphors and sensible images (including even the more archaic trope of metonymy) which may be used by the latter (Ibid., 148–149).

In the final analysis, we may wonder, whether the distinction between the «modern» (Cartesian) physics based on «sorites» and the ancient or would-be physics of *ingenium* was effectively so sharp as it sometimes appears, and correspondingly, whether the «Cartesian» characters Vico targeted deserved his reproaches. The image of Descartes' physics in Vico, as examined throughout his writings, is full of contradictions and indeterminacy. In our opinion, the straightforward dualism of the analogical-inductive knowledge and critical-deductive one (*conoscere analogico-induttivo vs conoscere critico-deduttivo*), usually regarded as a distinctive trait of the Vico's thought, should be substituted by something subtler. Our analysis reveals the convertibility of some conceptual oppositions in Vico's thought: critical thinking doesn't merely contradict the topical-inventive thinking; rather, it contains the seeds of the previous stages of the «natural progress of the metaphors». The metaphor, the main cognitive tool of his physics, is also ambivalent: in *De ratione* it appears simultaneously as an element of *ornatus* and an epistemic principle of natural science. In spite of the insurmountable cleft between the sensitive thinking of the primitive men and the rationality of the scholars in the era of *ragione spiegata*, the imaginative metaphysics and sensitive metaphor – the «most luminous and therefore the most necessary and frequent» trope of the poetic logic – are still demanded by the contemporary science, as it is stated that «in every language the terms needed for the refined arts and recondite sciences are of rustic origin». Another sample of the active role that imaginative metaphysics plays in the epoch of the «explained reason» is the famous mental dictionary, «the language spoken by the ideal eternal history», exposed in details in the first *New Science*, but then omitted in the final cut of Vico's *opus magnum* – as well as that contemporary rational physics speaks by tropes of the poetic logic, the «rational civil science of Providence» uses «mental dictionary» springing from the *common sense* of nations. This oscillation between the continuity and rupture marks the whole of Vico's conceptual framework, making the position of the author, his *ironic* attitude, significantly problematic and somehow analogous to the status of the etymological reasoning in Plato's *Cratylus*. The *New Science* does not presuppose any external «observer» or «actor», or Pierre Nicole's *point fixe* – it is not by chance that the fragment containing the «practice of this science» had been omitted by the author in the final cut of his *opus magnum*. In contrast to the Cartesian dreamer Vico, himself involved in the «natural progress of metaphor», *rovesciandosi nella feccia di Romolo*, does not construct hypotheses – on pair with his famous addressee, who has never replied to sender.

Literaturverzeichnis

Addison (1727): *Mr. Addison's Ode to Dr. Thomas Burnet on his Sacred Theory of the Earth*, London, Printed for T. Warner.

Badaloni (2005): N. Badaloni, *Laici Credenti all'Alba del Moderno: La Linea Herbert-Vico*, Florence.

Barnouw (1980): J. Barnouw, "Vico and the Continuity of Science: The Relation of His Epistemology to Bacon and Hobbes", in «*Isis*» 71.

Bartolinus (1674) : E. Bartolinus, *De naturae mirabilibus questiones academicae, Hafniae, Bibliopola literis Gödiani* [...].

Burnet (1697): Th. Burnet, *The Sacred Theory of the Earth*, Printed for M. Wotton, Preface, London.

Clarke (1992): D. M. Clarke, "Descartes Philosophy of Science and the Scientific Revolution", in J. Cottingham (ed.), *The Cambridge Companion to Descartes*, Cambridge and New York.

Coppola (2010): A. Coppola, "Imagination and Pleasure in the Cosmography of Thomas Burnet's Sacred Theory of the Earth", in *A. B. Kavey, World-building and the early modern imagination*, New-York.

(Descartes): R. Descartes, *The World, Or Treatise on Light*, tr. by M.S. Mahoney, http://www.princeton.edu/~hos/mike/texts/descartes/world/worldfr.htm).

Fowler (1999): C. F. Fowler, *Descartes on the Human Soul: Philosophy and the Demands of Christian Doctrine*, Dordrecht.

Garber (1992): D. Garber, *Descartes' Metaphysical Physics*, Chicago.

Harrison (2000): P. Harrison, "The Influence of Cartesian Cosmology in Engalnd", in S. Gaukroger, J. Schuster, J. Sutton, (ed.), *Descartes' Natural Philosophy*, New-York.

Hunter (2015): M. Hunter, *Boyle Studies: Aspects of the Life and Thought of Robert Boyle* (1627–91), Dorchester.

Iannizzotto (1968): M. Iannizzotto, *L'empirismo nella gnoseologia di Giambattista Vico*, Padua.

Labio (2004): C. Labio, *Origins and the Enlightenment: Aesthetic Epistemology from Descartes to Kant*, New-York.

Leidekker (1704) : M. Leidekker, *De Republica Hebraeorum libri duodecim, quibus de sacerrima gentis origine et statu in Aegypto, de miraculis divinae providentiae in Reipublicae constitutione, de Theocratia, de illius sede ac civibus, de regimine politico, de religione publica ac privata, disseritur. Porro antiquitates Judacorum verae ostenduntur, et falsae corriguntur, historia Veteris Testamenti exponitur, fabulosae origine Gentium, Aegyptiorum, Phoenicum, Arabum, Chaldaeorum, Graecorum et Romunorum referuntur. Subjicitur Archaeologia Sacra, qua historia creationis et diluvii Mosacia contra Burneti profanum telluris Theoriam asseritur*, Amstelaedami, apud I. Stokmans.

Magruder (2008): K. V. Magruder, "Thomas Burnet, Biblical Idiom, and Seventeenth-Century Theories of the Earth", in J. van der Meer, S. Mandelbrote (ed.), *Nature and Scripture in the Abrahamic Religions: Up to 1700*, 2 voll., Leiden, vol. 1.

Marcialis (2003): M. T. Marcialis, "Sceptical Readings of Cartesian Evidence" in G. Paganini (ed.), *Seventeenth- and Eighteenth Century Italy, in The Return of Scepticism: From Hobbes and Descartes to Bayle*, Dordrecht.

Marshall (2010): D. L. Marshall, *Vico and the Transformation of Rhetoric in Early Modern Europe*, Cambridge.

Prince (2005): M.B. Prince, "A Preliminary Discourse on Philosophy and Literature", in J. Richetti (ed.), *The Cambridge History of English Literature*, 1660–1780, Cambridge.

Roger (1982): J. Roger, "The Cartesian Model and Its Role in the Eighteenth-Century "Theory of the Earth"", in T. M. Lennon, J. W. Davis (ed.), *Problems of Cartesianism*, Kingston and Montreal.

Rossi (1987): P. Rossi, *The Dark Abyss of Time: The History of the Earth and the History of Nations from Hooke to Vico*, Chicago.

St. Clair (1697): R. St. Clair, *The Abyssinian philosophy confuted, or, Telluris theoria neither sacred not agreeable to reason being for the most part a translation of Petrus Ramazzini, Of the wonderful springs of Modena: illustrated with many curious remarks and experiments by the author and translator: to which is added a new hypothesis deduced from Scripture and the observation of nature: with an addition of some miscellany experiments*, Printed for the author and sold by W. Newton, London.

Zarka (1999): Y. Ch. Zarka, *La décision métaphysique de Hobbes: conditions de la politique*, Paris.

Matthias Kaufmann

Giambattista Vicos Umgang mit dem Begriff des *Dominium*

Abstract: In *De Uno* Vico for a number of times uses the term *Dominium* which is mostly forgotten in current debates, but which was a central topic of discourse in legal theory for more than three centuries, partially because of its double meaning as „domination" and as „property". Vico's use of *Dominium* reflects elements of this medieval and early modern discourse, but he makes a very original use of them. He applies the word for God's rule over the world as well as for the development of specific human structures of possession and domination.

Wenn Giambattista Vico in *De Universi Juris Uno Principio et Fine Uno* als eines der drei Elemente der ewigen Gerechtigkeit das *dominium* bezeichnet, so greift er auf einen Begriff aus dem römischen Recht zurück, der vom 13. bis zum 18. Jahrhundert eine zentrale Rolle in den naturrechtlichen Diskussionen einnimmt, dann jedoch mehr und mehr in den Hintergrund tritt. Kant legt etwa Wert darauf, dass es „Eigenthum (dominium), welchem alle Rechte in dieser Sache ...inhärieren, über welche also der Eigenthümer (dominus) nach Belieben verfügen kann" nur bei körperlichen Sachen geben könne, „daher ein Mensch sein eigener Herr (sui iuris), aber nicht Eigenthümer von sich Selbst (sui dominus) ...geschweige denn von anderen Menschen" sei (Kant, Metaphysik der Sitten, Rechtslehre, AA. VI, 270). Später schränkt er ein, so etwas könne wegen eines Verbrechens doch geschehen, nicht aber durch Vertrag (ebd., § 49 Anm. D, AA VI, 330). In der Religionsschrift hält er fest, der Mensch habe nur ein „Untereigenthum", *dominium utile* an der Erde, wahrer Eigentümer, *dominus directus* sei Gott (Kant, Die Religion innerhalb der Grenze der bloßen Vernunft, AA. VI, 78). Ob Hegel darauf anspielt, wenn er sich im § 62 seiner „Grundlinien der Philosophie des Rechts" etwas mit dem Verhältnis von *usufructus, dominium directum* und *dominium utile*, aus den *Institutiones* des *Corpus Iuris Civilis* plagt, wobei ihm der Sinn „jener leeren Unterscheidung" offenbar nicht deutlich ist, (Hegel 1955, 62§; 69f.) ist aus dem Text nicht ersichtlich.

Die enorme Brisanz, die die naturrechtlichen Auseinandersetzungen um diesen Begriff besaßen, hat unter Anderem mit einer Doppeldeutigkeit zu tun, die sich in Andeutung bei Kant noch findet – während Hegel sich ohne Bezugnahme zum Naturrecht unmittelbar auf die entsprechenden Passagen aus den

Institutiones bezieht – die aber bei Vico sehr präsent ist. Ich werde im Folgenden zu zeigen versuchen, wie sich Vico in die Tradition einfügt und wo er seine sehr eigenen Wege geht.

1. Der Begriff des *dominium* in der naturrechtlichen und theologischen Tradition

Der Begriff *dominium*, auf den Vico in *De Uno* an zentraler Stelle zurückgreift, hat bis dahin bereits die mehr als vierhundertjährige Geschichte eines oftmals mehrdeutigen Gebrauchs hinter sich. Nicht selten wird diese Mehrdeutigkeit in erbitterten politischen Auseinandersetzungen eingesetzt. Ein wichtiger Eckpunkt ist die Konfrontation zwischen Papst Johannes XXII. und Teilen des Franziskanerordens im sog. theoretischen Armutsstreit. Johannes reagiert in seiner Bulle *Quia vir reprobus* aus dem Jahr 1329 auf die franziskanische Vision eines von Eigentum und Herrschaft freien Zustands vor dem Sündenfall, indem er einen eigenen Zustand der Unschuld entwickelt. Er bezieht sich dabei auf die Passage aus *Genesis* I 28, wo Adam ein *dominium* über Fische im Meer, die Vögel in der Luft und die anderen Tiere zugesprochen wird. Er deutet dies unter Ausnutzung der Doppelbedeutung von *dominium* als „Herrschaft" und „Eigentum", als erste Form des Eigentums und legt anhand einer Passage aus dem Buch *Jesus Sirach* (*Ecclesiasticus*) 17.1–5 besonderen Wert darauf, dass dieses Eigentum vor Evas Entstehung bereits Adam gehörte, so dass die ursprüngliche Form des Eigentums im Stande der Unschuld nicht etwa Gemeinbesitz, sondern das individuelle Eigentum war. Dieses Eigentum habe es vor aller menschlichen Gesetzgebung gegeben. Wenn Gott zu Adam sagt, er solle sein Brot fortan im Schweiße seines Angesichts essen, so sei das ja offenbar *sein* Brot, und nach der Heiligen Schrift habe es Eigentum vor allen Königen gegeben. Außerdem könne Eigentum den Menschen nur von Gott als dem ursprünglichen Herrn aller Dinge gegeben werden.[1]

Wilhelm von Ockham lässt in einer ausführlichen Entgegnung auf *Quia vir reprobus* in einem bei Ludwig dem Bayern in München verfassten Werk mit dem Titel *Opus nonaginta dierum* als *dominium* im Sinne von „Eigentum" letztlich nur das gelten, was vor einem irdischen Gericht als solches eingeklagt werden kann und macht damit Eigentum zu einer Sache menschlicher Konvention (Ockham 1963, cap. 26; 484). Dies ist das Resultat einer komplexen Überlegung. Ockham

1 Kaufmann 2005, 73-87; Tierney 1997, 154ff.; Brett 1997. Laut Annabel Brett waren es primär die Franziskaner, die sich der Doppeldeutigkeit des Wortes *dominium* bedienten. Man wird festhalten müssen, dass dann Johannes XXII. gut von ihnen gelernt hat.

beginnt mit einer ganzen Serie von Definitionen und Unterscheidungen, etwa von Gebrauch (*usus*) und *dominium* (Ockham 1940, 301f., 307ff.), die seine späteren Argumente vorbereiten. Danach hat Johannes seine Beweise schlicht auf Äquivokationen aufgebaut. Mit „Gebrauch" muss nicht notwendig der positivrechtlich legitimierte Gebrauch gemeint sein, welcher in der Tat ein *dominium* über den Gegenstand implizierte (Ebd. 302). Vielmehr geht es manchmal um die bloße faktische Verwendung, so wie man auch sagen kann, dass der Dieb das gestohlene Gut gebraucht. Selbst der Terminus „Gebrauchsrecht" muss nicht im engen, legalistischen Sinn verwendet werden. Nach Ockham gibt es nämlich ein positives und ein natürliches Recht des Gebrauchs. Auf das natürliche Gebrauchsrecht können auch die Franziskaner gar nicht verzichten (Ockham 1963, cap. 61, 561), in Notsituationen gibt es sogar ein Gebrauchsrecht auf Kosten der legalen Besitzer (Ockham 1940 cap. 3; 301f., 325).

Auf diese Weise steht den Franziskanern und dem Franziskanerorden der Gebrauch der Dinge zu, die sie erbetteln, ohne damit ein *dominium* über diese Dinge zu erhalten. Ockham zieht eine klare Linie zwischen einem unveräußerlichen natürlichen Recht auf das Lebensnotwendige und einem positiven Eigentumsrecht, welches man durchaus vollständig aufgeben kann. Ferner besaßen nach Ockham die Ureltern im Paradies tatsächlich eine Art *dominium* über die Tiere und Pflanzen, doch war dies „eine Macht zum vernünftigen Leiten und Lenken der irdischen Wesen, ohne deren gewaltsamen Widerstand, weshalb ihnen die Menschen weder Gewalt noch Schaden zufügen konnten" (Ockham 1963 cap. 14; 432). Damit verbunden war eine Fähigkeit, bestimmte Dinge zu benutzen, weshalb in diesem Stadium der Gebrauch der verzehrbaren Dinge nicht vom *dominium* getrennt war (Ebd. 435). Diese Art von *dominium* sei vergleichbar der Weise, wie die Engel heute die Geschöpfe lenken, mit dem Rechtsinstitut des Eigentums indessen nur durch Äquivokation verbunden (Ebd. 484), sie habe mit ihm nicht mehr als das Wort gemeinsam. Dass dieser Zustand nicht mehr anhält, zeige sich schon daran, dass die Tiere von den Menschen nicht mehr ohne Gewalt gelenkt werden können (Ebd. 434ff.).

Nach dem Sündenfall sei daher ein *dominium* ohne Zwang nicht mehr in derselben Weise möglich. Selbst die Fähigkeit der Apostel, Wunder zu tun, entspreche nicht dem *dominium* der Ureltern, auch wenn sie einige Ähnlichkeiten damit habe (Ebd.). Die Trennung der Rechtslage vor und nach dem Sündenfall wird ein gängiger Topos im Naturrecht, welcher etwa auch bei Samuel Pufendorf (Pufendorf 1997, 7) und Christian Thomasius auftaucht – und eben bei Vico. Dem Menschen mit seiner *natura corrupta* bleibt für Ockham nur ein schwacher Abglanz seiner ursprünglichen Herrschaft, die Fähigkeit, sich das, was niemandem gehört, als Individuum oder als Gruppe anzueignen (Ockham 1963 cap.

14, S. 435ff.). Im eigentlichen Sinne ist dies keine gemeinsame Herrschaft, „weil sich sonst niemand etwas davon ohne den Konsens der Gemeinschaft aneignen dürfte" (Ebd.). Wenn man diese allen Menschen gleiche Macht zur Aneignung und Aufteilung ein *dominium* nennen will, so gab es einen Gemeinbesitz der Dinge. Somit sind drei Zeitalter zu unterscheiden: Vor dem Sündenfall, nach dem Sündenfall und vor der Teilung der Dinge sowie nach der Teilung, als das Eigentum entstand, welches es heute von den irdischen Dingen gibt (Ebd. 439).

Jene Art von *dominium*, die man als „Eigentum" einer Einzelperson oder eines Kollegiums bezeichnet, bleibt also an positives Recht gebunden (Ebd. 484). Die Verteilung des Eigentums ist ein Werk der Menschen, welches angesichts deren Schwäche und Uneinsichtigkeit durchaus seinen guten Sinn hat, jedoch wie alles menschliche Tun Unvollkommenheiten aufweist.

Keinesfalls könne man aber akzeptieren, dass das Einzeleigentum direkt von Gott stamme, weil Adam vor Evas Erschaffung bereits Eigentum an den Dingen der Welt gehabt habe: Andernfalls wäre er durch Evas Erschaffung schuldlos eines Teils seiner Güter beraubt worden, was im Paradies undenkbar war (Ebd. 488). Selbst wenn das *dominium* über die Dinge vor der Erschaffung Evas an Adam gegangen sein sollte, so hatte er es doch nicht als sein Eigentum, sondern für sich, für seine zu schaffende Frau und sämtliche Nachkommen (Ebd.).

Für lange Zeit spielt der Umgang eines Autors mit dem Terminus *dominium* eine wesentliche Rolle für sein Rechtsverständnis. Wichtige Persönlichkeiten sind etwa Bartolus de Sassoferrato, Jean Gerson, Domingo de Soto und Francisco de Vitoria. Soto differenziert bereits die privatrechtliche und politische Verwendung von *dominium*, da es im politischen Bereich kein *dominium* geben darf, schließlich würde eine Herrschaft im Sinne des Besitzens despotisch zu nennen sein (Tosi 2002, S. 72). Francisco de Vitoria betont in seiner ersten Vorlesung *De Indis* aus dem Jahr 1539, die Indianer seien trotz ihres heidnischen Glaubens, ihrer geistigen Beschränktheit und ihrer grausamen Handlungen *veri domini*, rechtmäßige Besitzer ihrer Dinge gewesen, was die *conquista* auf den ersten Blick zum Unrecht werden ließe (Vittoria 1997, S. 383ff).

Im Anschluss an die genannten Diskussionen bestimmt Luis de Molina im Jahr 1593 den Begriff des *dominium* unter Rückgriff auf Bartolus von Sassoferrato als „Recht, vollständig über einen körperlichen Gegenstand zu verfügen, **solange es nicht vom Gesetz verboten ist**" (ius perfecte disponendi de re corporali, nisi lege prohibitur).[2] Wie de Soto unterscheidet auch er ein *dominium*

2 Luis De Molina, *De iustitia et iure* (DIEI). Ed. Novissima. Mainz, 1659; II 3.1. Dieses Werk wird hier zitiert mit Angabe des Traktats (römische Ziffer), der Disputation

proprietatis vom *dominium iurisdictionis*. Diese Differenzierung ist politisch essenziell: Während ein Sklave zum Eigentum gehört, sein Herr somit ein *dominium proprietatis* über ihn besitzt, ist die Herrschaft eines Fürsten über seine Bürger stets als *dominium iurisdictionis* zu verstehen, bei dem die wechselseitigen Rechte und Pflichten mehr oder minder ausgehandelt und durch Gewohnheitsrecht zementiert werden.

Durch die bereits in die Definition aufgenommene, auf den ersten Blick triviale, Gesetzesbindung des *dominium* werden allerdings in jedem Fall der traditionell mit dem *dominium* verbundenen Verfügungsgewalt, inklusive dem auch von Molina im Prinzip anerkannten *ius destruendi* (Molina *DIEI*, III 1.1), dem Recht, das Eigene zu zerstören, von Beginn an bestimmte Schranken gesetzt.

Allerdings tritt Molina der von Bartolus vorgenommenen Definition insofern wieder entgegen, als er nicht akzeptiert, dass das *dominium* eine *species* unter dem *genus* „Recht" sei. Schließlich habe man Rechte, weil man Herr sei und man sei nicht Herr, weil man bestimmte Rechte habe. Selbst die Verbindung von Nutzungs- Veräußerungs- und Verbrauchsrecht macht noch kein *dominium* über eine Sache aus. Es scheint also so, dass auch das *dominium* als eine rechtliche Position zu verstehen ist, der ein ganzes Bündel von Rechten entspringt (Molina *DIEI* II.3.5).

Es können aber offenbar recht verschiedene Gesetze sein, die festlegen, bis wohin das *dominium* und die damit verbundenen Rechte im konkreten Fall gehen: Da Gott kraft seines Schöpfertums der Herr von allem ist, auch des Lebens der Menschen sowie der Engel, bleibt alle menschliche Herrschaft dieser Herrschaft Gottes stets untergeordnet. Dies hat Folgen für die Rechte der Menschen, sowohl für die Rechte über sich, da sie ihres Lebens und ihrer Glieder Hüter (custodes) sind, nicht jedoch deren Herren, insbesondere aber auch für die Rechte über ihre Untergebenen, selbst dort, wo diese ihr Eigentum sind: Ein Herr darf daher seinen Sklaven nicht töten oder verstümmeln, noch ihn an der Ehe oder am Vollzug derselben hindern (Molina *DIEI* II 18.5–7). Auch ein Sklave hat somit das Recht auf Leben und körperliche Unversehrtheit.

Die Menschen sind gemäß dem Naturrecht die Herren von allem unter dem Himmel, inkl. des Lichts. Jedoch genügt es zu dieser Art von *dominium*, dass der Mensch die Dinge nach seinem Willen in der Weise benutzen kann, für welche

---

und des Abschnittes (arab. Ziffern). Der erste Traktat und die Disputationen 1–40 des zweiten Traktats sind enthalten in: Luis de Molina, *De iustitia et iure/Über Gerechtigkeit und Recht*, hrsg. u. eingeleitet von Matthias Kaufmann/Danae Simmermacher, Stuttgart-Bad Cannstatt: Fromman-Holzboog 2019.

sie die Natur uns zur Verfügung gestellt hat und so, dass es dem göttlichen und menschlichen Recht nicht zuwiderläuft.[3] Damit ist nicht nur das Leben der Menschen, die sich unter jemandes Herrschaft befinden, der Zerstörung entzogen, sondern alles, dessen Zerstörung den anderen und dem ganzen Universum Schaden zufügen würde, etwa die Zerstörung natürlicher Arten. Dazu hätte Noah die Möglichkeit gehabt, nicht jedoch das Recht (Molina *DIEI* II 18.13). Diese Sicht mag heutzutage geradezu „ökologisch" erscheinen, allemal stellt sie eine deutliche Modifikation im Umgang mit dem *dominium* dar, zu dem traditionellerweise das Recht des Zerstörens (*ius destruendi*) gehörte, das Molina wie gesagt im Prinzip akzeptiert. Wer sein Eigentum an diesen Dingen zerstört, handelt unmoralisch, verstößt jedoch nicht gegen das natürliche Recht. In den angeführten Bereichen unterliegen die Befugnisse des Eigentümers hingegen einer drastischen Einschränkung, teils durch das Naturrecht, teils durch das göttliche positive Recht (Molina *DIEI* II 25, III 1.8). Durch seine Definition des *dominium* vermag Molina daher, diesen Begriff auf der einen Seite in relativ weiten Bereichen in univoker Weise anzuwenden, kann die Verfügungsgewalt über bestimmte Formen von Eigentum jedoch andererseits deutlichen naturrechtlichen und positivrechtlichen Einschränkungen unterwerfen. Kriterium für diese Beschränkung sind, wie man sieht, die tatsächlich oder auch nur möglicherweise betroffenen Rechte der anderen. Dies wird gerade für den rechtlichen Umgang mit Sklaven relevant.

Somit haben weder der Staat noch seine Oberhäupter, die Fürsten, ein *dominium* über die äußeren Güter ihrer Untertanen, natürlich erst recht nicht über deren Leben und Glieder (Molina *DIEI* I 2. 1.). In diesem Kontext wird auch erläutert, warum der Mensch sich nicht töten oder verstümmeln darf, weil sein Körper nicht ihm, sondern Gott gehört, mit dem es allerdings keine kommutative Rechtsbeziehung geben kann, weil der Mensch nicht in der Lage ist, Gott etwas Adäquates zu geben. Insofern ist eine Verletzung dieser Ansprüche Gottes schlimmer als eine Ungerechtigkeit, weil sie nicht ausgeglichen werden kann (Molina *DIEI* III 1.1).

Allerdings ist dem Menschen sein Leben und sein Leib verliehen, um sich des Lebens zu erfreuen und seine Glieder und ihre diversen Funktionen zu gebrauchen. Er darf daher mit der genannten Einschränkung das damit tun, was sein freier Wille ihm gestattet und wer ihn daran hindert, tut ihm ebenso Unrecht, wie

3 Molina, *DIEI* II 18. 13: „ad dominium satis est facultas pro arbitratu eis utendi ad usus, ad quos natura contulit nobis res & ad usus, qui lege divina vel humana non sunt prohibiti".

der, der ihn verstümmeln oder töten will (Molina *DIEI* III 1.4). Weil der Mensch als Hüter und Verwalter seines Lebens und seiner Glieder eingesetzt ist, darf man ihm nicht, wenn er widerstrebt, aus medizinischen Gründen Glieder amputieren oder ihn zur Einnahme von Medikamenten zwingen. Anders ist die Situation, wenn den Eltern oder einem Betreuer (tutor) die Sorge für ihn obliegt, oder wenn er einem Prälaten zu gehorchen hat, da in jenem Fall diese die Entscheidung zu seinem Wohlergehen zu treffen haben (Molina *DIEI* III 1.10). Und weil der Mensch Besitzer seiner diversen Fähigkeiten ist, über die er nach seinem Willen zu entscheiden vermag, kann er sie verleihen oder in der Ehe dem anderen zum ehelichen Gebrauch des Körpers übertragen.[4]

Gerade beim auf den ersten Blick so unumschränkten und unkontrollierbaren *dominium* zeigt sich daher, wie sich die Grenzen der jeweiligen Verfügungsgewalt und damit die Grenzen öffentlicher wie privater Rechtssetzung an erster Stelle durch die Rechte der von diesen Handlungen Betroffenen ergeben.

2. Vicos Gebrauch des Begriffs *dominium*

Sieht man sich Vicos Umgang mit dem Begriff des *dominium* an, so zeigt sich, wie wichtig es ist, sich die eben skizzierten unterschiedlichen historischen Verwendungsweisen zu vergegenwärtigen, aber auch, wie weit er sich davon abwendet, schließlich stand er unter einer Vielzahl unterschiedlicher naturrechtlicher und theologischer Einflüsse (Piro 2000, 125–149). Allerdings gibt es bei Vico insofern zunächst einmal eine Entscheidung zwischen Herrschaft und Eigentum, als *dominium* unter die Rechte gezählt wird, die mit der *Justitia aequatrix* verbunden sind, der ausgleichenden Gerechtigkeit, die der *Justitia rectrix* als der ordnenden Gerechtigkeit gegenübersteht. Diese ausgleichende Gerechtigkeit bestimmt die Form, wie gerecht gehandelt wird, also erworben, behalten, veräußert und mit ihr verbunden sind Rechte wie Freiheit, Schutz, *dominium*, Nießbrauch, Handeln in seinen vielen Varianten.[5] Wie sich zeigen wird, ist die begriffliche Entscheidung jedoch weniger eindeutig, als es im ersten Moment den Anschein haben mag.

4 Molina, *DIEI* III 1 5. Auffällig ist, nebenbei, die Ähnlichkeit dieser Definition der Ehe mit Kants „berüchtigter" Bestimmung der Ehe als „lebenswierigen wechselseitigen Besitz ihrer Geschlechtseigenschaften", *Metaphysik der Sitten, Rechtslehre* § 24, AA VI 277.

5 *De Uno* 2007, cap. 63. Verwendet wird hier die von Fabrizio Lomonaco edierte Faksimile-Ausgabe des Originals von 1720, Napoli 2007. Die Übersetzung von Theophil Spoerri, *Von dem einen Ursprung und Ziel allen Rechts*, Wien 1950, wurde konsultiert, wird jedoch wegen des unterschiedlichen Umgangs mit der Terminologie im Normalfall nicht benutzt.

Zunächst sei die Definition des *dominium* als Teil der ewigen Gerechtigkeit und die Verbindung dieses *dominiums* mit ihren anderen Elementen vorgestellt, nämlich der Freiheit und dem Schutz:

> „Die kluge Festlegung der nützlichen Dinge, also eine Festlegung, die der Vernunft folgt und nicht der Begierde, erzeugt das *dominium*, der maßvolle Gebrauch des Nützlichen schafft die Freiheit, die im ausgewogenen Gebrauch der Dinge besteht, und die durch Tapferkeit geleitete Kraft bringt den unbescholtenen Schutz hervor.
>
> Das *Dominium* ist das Recht, über das Ding zu bestimmen, wie du willst, die Freiheit ist das Recht zu leben, wie du willst, der Schutz ist das Recht, dich und die deinen zu schützen wie du willst.
>
> Aber all dies in ausgewogener Weise, alles mit Maß: dem Maß, das die Vernunft allem vorgibt: denn die Geizigen und Verschwenderischen sind Sklaven, keine Herren, die maßlos Freien und Zügellosen sind Knechte von Natur, nicht frei: die das Unrecht schützen sind nicht starker Natur, sondern gewalttätig oder leichtsinnig."[6]

Wir haben also ganz klar das *dominium* als eine *species* des *genus* Recht, genauer als subjektives Recht. Auffällig ist zudem eine gewisse Parallele zu Lockes Trias, die seine Lesart von *property* bildet: *life, liberty and estate* (Locke 1993, § 123), allerdings verwendet Locke in diesem Kontext *dominion* klar im Sinne von Herrschaft, wenn konkret das Ende der Herrschaft des Vaters über *life, liberty and estate* des Sohnes zur Sprache kommt (Locke 1993, § 59). Im Unterschied zu Locke ist bei Vico dieses Eigentum offenbar nur dann gesichert und kann als Recht gelten, wenn es nicht der Begierde, sondern der Vernunft entsprechend verteilt ist. Dass Vico Locke kannte ist anzunehmen,[7] inwieweit seine eben angeführte Dreiteilung durch die Auseinandersetzung mit dem englischen Empiristen inspiriert war, ist weniger klar.

Die Definition wird begleitet durch die Randbemerkung, dass es daher drei Quellen des freiwilligen Rechtes gibt, jedoch nur eine des notwendigen Rechts. Diese drei Rechte sind dem Menschen angeboren, jedoch kommen sie erst bei

---

6 „LXXI. Prudens utilitatum destinatio, hoc est destinatio facta ratione, non cupiditate suadente gignit dominium: temperatus utilium usus gignit libertatem, quae in aequabili rerum usu consistit; vis fortitudine recta gignit inculpatam tutelam.
LXXII. Dominium est jus disponendi de re, ut velis; Libertas est jus vivendi, ut velis; Tutela est jus tuendi te & tua, si velis.
LXXIII. Sed omnia haec aequabiliter, cum modo omnia: quem modum omnibus una adhibet Ratio: namque avari, luxuriosi natura sunt mancipia, non domini: immodice liberi, seu licentiosi sunt natura servi non liberi: qui iniurias tuentur, non sunt natura fortes, sed violenti, vel temerarj." *De Uno 2007*; Übers. MK.

7 Amodio 1997, 183–194; Scisciolo 1997, 73–111; Sanna 2000, 31–50.

bestimmten Gelegenheiten zum Vorschein: Die Freiheit durch die im Krieg erfolgte Versklavung, *Dominium* im Sinne von Eigentum als das Land aufgeteilt wurde, der Schutz seiner Selbst entsteht sofort aus Macht, wird in der Kindheit erkennbar und wird gemäß dem Urteil und der Autorität der Sinne ausgeführt, die in der Kindheit am Stärksten sind (*De Uno 2007*, cap. 74).

Die drei Elemente *Dominium*, Freiheit und Schutz sind alle aus einem göttlichen Ursprung und sind wechselseitig ineinander enthalten. Aus ihnen sind zudem alle Staaten entstanden, weil aus ihnen die Autorität besteht, die gemeinsam mit der Vernunft das Prinzip allen Rechts und aller Jurisprudenz ist (*De Uno 2007*, cap. 86–88).

Den Begriff der Autorität gilt es indessen seinerseits differenziert zu betrachten, da er gemäß Vico historisch wie systematisch in sehr unterschiedlicher Form auftritt. Die *natürliche* Autorität eines Menschen ist seine Fähigkeit zu wissen, zu wollen, zu handeln (*De Uno 2007*, cap. 90), sie ist die Grundlage der Gottesähnlichkeit des Menschen (*De Uno 2007*, cap. 93). Wir würden diese Fähigkeit heute wohl eher mit dem Begriff der Autonomie in Verbindung bringen, doch gilt es zu bedenken, dass die Begrifflichkeit, mit der die heutigen ethischen und rechtsphilosophischen Debatten wesentlich bestritten werden, in jener Zeit gerade im Entstehen ist und die Art, wie man die aus den verschiedenen antiken, mittelalterlichen und neuzeitlichen Traditionen aufgegriffene Begrifflichkeit modifiziert und verwendet, in gewissem Sinne experimentellen Charakter hat. Aus der Erkenntnisfähigkeit, worin der Mensch die sterbliche Natur überragt, entspringt das *Dominium*, das Gott Adam über sie einräumte, das somit auch bei Vico den Charakter der Herrschaft annehmen kann, vielleicht ähnlich dem *Dominium* der Ureltern bei Ockham. Doch bleibt Vico zunächst noch kohärent: das *Dominium*, welches früher Autorität hieß, nennt man im allgemeinen Sprachgebrauch jetzt Eigentum (*De Uno 2007*, cap. 96). Der Bezug des Begriffs zur Herrschaft erscheint in dieser Sicht als ein lange zurückliegendes Phänomen.

Aus dem Willen entstammt die Freiheit, während die anderen irdischen Dinge dem vorgegebenen Verlauf zu folgen haben und aus dem Vorrang selbst entsteht das Recht auf Schutz, das der Mensch gegen die anderen Wesen hat. So ist die Autorität selbst aus der Vernunft entstanden (*De Uno 2007,* cap. 94).

Die durch die göttliche Vorsehung gegebene richtige Ordnung dieser Dinge ist das Eine, das es hier zu erkennen gilt. Zum Anderen erzählt Vico ihre menschliche Seite, eine gewissermaßen spekulative Geschichte der Entstehung dieser Grundsätze, die er zwischendurch immer wieder auf die römische Geschichte anwendet, die sich im Wesentlichen jedoch lange *ante urbs conditam* abspielt. In der *Scienza Nuova* ist dies eine Geschichte, die nicht nur nach dem Sündenfall, sondern sogar erst nach der Sintflut einsetzt, als die Welt mit riesenhaften, zugleich „blöden, stumpfsinnigen und schrecklichen Bestien" besiedelt war (*Sn 44* § 374). In *De Uno* hingegen ist nur der menschliche Status einer *natura corrupta*, also die Zeit zumindest nach dem Sündenfall relevant. Auch hier ist nach wie vor Gott die Quelle des Rechts.

Der Gallierfürst Brennus hatte durchaus Recht, wenn er sagte, die Macht sei der erste Ursprung des Gesetzes unter den Sterblichen, verstand aber nicht, dass es sich um die Macht einer höheren Natur handelte (*De Uno 2007*, cap. 95). Vico bindet also die „realistische Sicht" der Macht ins Theologische zurück, indem er als Repräsentanten dieser Position den eher unglücklich geendeten – von den Römern hingerichteten – Brennus anführt.

Die menschliche Autorität, soweit sie bislang besprochen wurde, ist der erste ursprüngliche Erwerb irgendeines Rechts. Allerdings ist diese „monastische Autorität", wie Vico sie nennt, eine eher solitäre Angelegenheit und es gibt für den Schutz nicht die Möglichkeit, auf das Recht zurückzugreifen, sondern nur das Recht auf Selbstverteidigung (*De Uno 2007*, cap. 97–99). Aus diesem entspringt das Völkerrecht, *ius gentium*, als „Recht der Gewalt" (ius violentiae). In diesen (spekulativen) ersten Zeiten gab es höhere und niedere Völker, mit je eigenen Göttern, die höheren Völker bestehen vor der Gründung der politischen Strukturen (ante civitates fundatas), die anderen entstehen danach. Rechtsprechung geschieht in dieser Zeit in Form von Duellen, man schafft sich seine Sklaven, seine Ländereien und anderen Besitzungen an (mancipia, usucapiones), indem man sie ergreift und mit Gewalt verteidigt (*De Uno 2007*, cap. 100).

Aus der monastischen entsteht durch Übertragung auf die Kinder und die Verfügung des Familienvaters über das Vermögen die ökonomische, also das Haus betreffende Autorität. Dort hat der Vater absolute Macht, die Freiheit der Kinder liegt im Ermessen der Eltern, bis dahin, dass der Vater die Söhne verkaufen kann. Die aristotelische Charakteristik des Sklaven als belebtes Werkzeug wendet Vico hier auf die Kinder an, der Schutz der Kinder ist schlicht als Schutz des eigenen Besitzes zu verstehen (parentes habent tutelam filiorum tamquam rei suae). *Dominium* ist in diesem Fall *pecunia*, abgeleitet von *pecus*, Vieh, Herde, ebenso wie *patrimonium* – Vermögen - von *pater, hereditas*, Erbe von Hero, *familia* von den *famuli*, den Freien, die im Unterschied zu den angebundenen – *nexi* – die Gemeinschaft der nützlichen Dinge des Hauses bilden, abstammt. Vico lässt hier bereits seine ausgeprägte Liebe zur Philologie und Etymologie erkennen, die z.T. ähnlich spekulativ erscheint wie seine aus den Termini abgeleitete frühe Menschheitsgeschichte.

Diese Familie – mit der absoluten Macht des Vaters über Leben und Tod – ist die erste rudimentäre Form einer politischen Ordnung, in der das *Dominium* vom Vater als absolutem Herrn gemäß dem Naturrecht allein nach seinem

Willen weitergegeben wird. (tanquam Princeps summus legibus solutus jure naturali nuda voluntate rerum suarum in alios transfert dominium). Wir haben also hier eine deutlich geringere Bindung des *Dominiums* durch das Naturrecht als in den scholastischen Texten.

Allerdings, so Vico, wurde bislang übersehen, dass außer der Familie auch die Klientel zu diesen ersten der Optimaten"republiken" gehörte. Dies geschah, weil die Philosophen annahmen, der Staat werde nur aus den Familien zusammengesetzt. Dieser Irrtum erklärt sich daraus, dass die Geschichte der Entwicklungen, die in den dunklen Zeiten geschehen sind, noch nicht wirklich erfasst ist, weil sie sich bislang aus den falschen Zeugnissen der Dichter erschließt.

Kurz gesagt geht es darum, dass sich in der gesetzlosen Zeit nach dem Sündenfall (in statu exlegi corrupta Natura) allerlei irreguläre Formen von Zusammenleben entwickelten, Formen der Religiosität, woraus ein *jus divinum*, ein göttliches (heidnisches) Recht hervorging. Ferner fand eine Aufteilung und Bebauung des Bodens durch die größeren Menschen (gentes majores, Heroen) statt, so dass allmählich menschliches Recht entstand. Dadurch wurde aus dem ursprünglichen Gemeinbesitz des Bodens, so wie ein Theater oder die Thermen Gemeinbesitz sind, durch die Aufteilung ein *Dominium* der Einzelnen. Durch diesen Vorgang verändert das *Dominium* laut Vico seine Natur (*De Uno 2007*, cap. 104). Wir haben, wie eine Randbemerkung uns wissen lässt, damit die zweite ursprüngliche Erwerbung der Rechte vor uns.

Dieses Recht der Optimaten war das Recht der Stärksten, wie es lange vor Gründung Roms bestand. Aufgrund des Widerstands der Klienten gegen die Unterdrückung durch die Optimaten – die unter sich durchaus gleiche und billige Aufteilungen annahmen, nur eben die Klienten ausschlossen – durch die Drohung mit Sezession entsteht aus der Verbindung der Rechte aller Beteiligten die Republik, die Gemeinschaft aller den Bürgern nützlichen Dinge, wie sie definiert ist (Resp. Definiatur, Omnium Civilium utilitatum Communio) *De Uno 2007*, cap. 106. Dies ist wiederum die dritte und weiteste Allgemeinheit des Rechts, in der durch die *universitas juris* jedem Menschen sein Recht zukommt.

War bislang das *Dominium* klar oder zumindest überwiegend als Eigentum zu verstehen, ändert sich dies etwas, wenn bei der Staatsentstehung aus dem *Dominium* aller das *Dominium eminens* hervorgeht, der Oberbefehl (imperium summum), die Macht der bürgerlichen Gemeinschaft und mit ihr die Freiheit, wodurch die Bürger Gesetze haben (*De Uno 2007*, cap. 108). So entsteht die Metamorphose der drei genannten Elemente: des *Dominium*, der Freiheit, des Schutzes aus dem gewaltsamen Recht ins bescheidene, in das allen Staaten gemeinsame bürgerliche Recht (*De Uno 2007,* cap. 118). Dieses bewirkt dann die **dritte Form des ursprünglichen Erwerbs**, die durch das bürgerliche Recht eingeführt wurde. Hier ergibt, sich, dass durch die Autorität des Rechts alle privaten Rechte auf öffentliche Autorität zurückgehen. Diese Rechte teilen sich wiederum auf in *Dominium*, Freiheit, Recht, wobei zum *Dominium* Dinge wie Nießbrauch, Dienstbarkeiten, Beuterecht gehören (*De Uno 2007,* cap. 119–121). Auch hier können wir feststellen, dass das *Dominium* mit der Fortentwicklung des Rechts von der Herrschaft zum Eigentum wird.

Ein neuer Aspekt tritt hinzu, wenn nach dem Überwiegen eines der drei Elemente Schutz, Dominium und Freiheit die Staatsformen unterschieden werden zwischen dem Optimatenstaat, dem königlichen und dem freien Staat. Im ersten Fall überwiegt der Schutz der eigenen Gruppe, im zweiten ragt die Macht eines einzelnen im maximalen Sinne Freien hervor, im dritten wird die Gleichheit der Abstimmungen gefeiert, die Freiheit der Meinungen (libertas sententiarum), der gleiche Zugang aller zu Ehren (*De Uno 2007,* cap. 138).

Neben dem Rückgriff auf zwei unterschiedliche traditionelle Bedeutungen von *Dominium*, die sich trotz des gegenteiligen ersten Anscheins finden lassen, können wir bei Vico also eine weitere Differenzierung beobachten. Diese findet statt zwischen einer idealen Lesart des *Dominium*, wie es dem Willen Gottes, der Vorsehung entspricht, und einer typisierenden Beschreibung, wie *Dominium* als Teil des Rechts aus dem Machtspiel der heroischen, als *gentes majores* bezeichneten Herrscher hervorgeht, In der *Scienza nuova* werden diese Herrscher eher monströs beschrieben. Die in *De Uno* beschriebenen Machtspiele der urtümlichen Völker, von denen die Römer jedenfalls die Rechtsmetaphysik übernahmen, könnte man quasi als Vorläufer der ewigen idealen Geschichte lesen, wie sie sich dann in der *Scienza nuova* zeigt. Auf einer dritten Ebene wird nachvollzogen, wie sich diese ideale Geschichte im Falle des römischen Rechts entwickelt. Vico verwendet somit eine traditionelle Terminologie, verbindet sie jedoch mit neuen Elementen und zeigt, dass die Termini in unterschiedlichen Kontexten eine verschiedene Bedeutung annehmen und somit andere soziale Kontexte beschreiben können. Auch diese Historisierung und Kontextualisierung traditioneller Begrifflichkeiten kann als eine bedeutende Innovation Vicos gelten.

Literaturverzeichnis

Amodio (1997): Paolo Amodio, „La diffusione del pensiero di Locke a Napoli nell' età di Vico. Contributo critico-bibliografico", in: *Atti dell'Accademia di Scienze Morali e Politiche*, Napoli.

Brett (1997): Annabel S. Brett, Liberty, *Right and Nature: Individual Rights in Later Scholastic Thought*, Cambridge.

Di Scisciolo (1997): Nicoletta Di Scisciolo, „Presenza di Locke a Napoli tra fine Seicento e inizio Settecento. dagli Investiganti alle eredità genovesiane", in *Studi filosofici*.

Hegel (1955): Georg Wilhelm Friedrich Hegel, *Grundlinien der Philosophie des Rechts* (1821), Hamburg.

Kant (1901 ff.): Immanuel Kant Akademie-Ausgabe (AA), Berlin.

Kaufmann (2005): Matthias Kaufmann, „Das Recht auf Eigentum im Mittelalter", in Andreas Eckl, Bernd Ludwig (Hg.), *Was ist Eigentum?*, München.

Locke (1993): John Locke, *Second Treatise of Government* (1689), London.

Molina (1659): Luis De Molina, *De iustitia et iure. Ed. Novissima*. Mainz. Luis de Molina, *De iustitia et iure/Über Gerechtigkeit und Recht*, hrsg. u. eingeleitet von Matthias Kaufmann/Danae Simmermacher, Stuttgart-Bad Cannstatt, 2019.

Ockham (1940): Wilhelm von Ockham, *Opera Opera Politica* I, Mancunii: Manchester.

Ockham (1963): Wilhelm von Ockham, *Opera Opera Politica* II, Mancunii: Manchester.

Piro (2000): Francesco Piro, „I presupposti teologici del giusnaturalismo moderno nella percezione di Vico", in *BCSV* XXX.

Pufendorf (1997): Samuel Pufendorf, *De officio hominis et civis juxta legem naturalem libri duo*, (1673) in ders., Gesammelte Werke, Bd. 2.

Sanna (2000): Manuela Sanna, „Vico e lo 'scandalo' della 'metafisica alla moda loc-kiana'", in *BCSV* XXX.

Spoerri (1950): Theodor Spoerri, *Von dem einen Ursprung und Ziel allen Rechts*, Wien.

Tierney (1997): Brian Tierney, *The Idea of Natural Rights: Studies on Natural Rights, Natural Law and Church Law*, Atlanta.

Tosi (2002): Giuseppe Tosi, *"Veri domini" o "servi a natura"? La teoria della schiavitù naturale nel dibattito sul Nuovo Mondo*, Bologna.

De Vitoria (1997): Francisco De Vitoria, „De indis", in Ulrich Horst, Heinz-Gerd Justenhoven, Joachim Stüben (Hg.), *Vorlesungen. Politik, Völkerrecht, Kirche II*, Stuttgart.

Stefan Knauß

„Aus den tiefsten Mysterien der Philosophie"-Giambattista Vicos Naturrechtslehre zwischen Metaphysik und Geschichte

Abstract: *"From the deepest mysteries of philosophy" - Giambattista Vico's doctrine of natural law between metaphysics and history*. The following essay deals with the question of how Vico's doctrine of the law in *Diritto universale: De uno universi iuris principio et fine* uno (1720) can be localized according to its epistemological status. To answer this question, I focus on the initial passages of the work. I use the distinction between natural law and legal positivism, introduced in the twentieth century by Kelsen (1960, 1979), as a heuristic distinction to approach Vico's philosophy of right.

Vico's comments in his autobiography *Vita scritta da se medesimo* (1723) suggest that his return to the Roman tradition in de uno anticipates important theses of his major work *Scienza Nuova* (1725). This concerns essentially Vico's strong commitment to history and contingency. Such a reading presents Vico as a sharp opponent of natural law and a legal positivist in the sense of the heuristic distinction mentioned above.

Referring to Vicos selective recourse to Roman history as well as his methodical determination of jurisprudence, we must the primacy of metaphysics in the strict provability of its principles. His reference to Cicero, who iterates a platonic position, is paradigmatic for the influence of Greek and Roman antiquity. Vico formulates an alternative to Iberian-continental European natural law, which today must be read as a plea for metaphysical principles of law and as a rejection of legal positivism.

Zusammenfassung: Der folgende Aufsatz ist der Frage gewidmet, wie sich Vicos Rechtslehre in *Diritto universale: De uno universi iuris principio et fine uno* (1720) ihrem erkenntnistheoretischen Status nach verorten lässt. Zur Beantwortung dieser Frage konzentriere ich mich auf die Anfangspassagen des Werkes und gebrauche die spätestens im zwanzigsten Jahrhundert durch Kelsen (1960, 1979) u.a. eingeführte Unterscheidung zwischen Naturrecht und Rechtspositivismus als heuristische Distinktion, um Vicos Rechtsphilosophie aufzuschließen.

Vicos Stellungnahmen in seiner Autobiografie *Vita scritta da se medesimo* (1723) legen nahe, dass seine Rückführung des Rechts auf die römische Tradition in *de uno* wichtige Thesen seines Hauptwerkes *Scienza Nuova* (1725) vorwegnimmt. Der Sache nach betrifft das vor allem Vicos starkes Bekenntnis zur Geschichte, das ihn in den Augen vieler Interpreten zum Theoretiker der Kontingenz macht. Eine solche historisierende Lesart stilisiert

Vico zum scharfen Gegner des Naturrechts und macht ihn im Sinne der angeführten heuristischen Unterscheidung zum Rechtspositivisten.[1]

Ich werde zeigen, dass Vico einerseits durch seinen selektiven Rückgriff auf die römische Geschichte, andererseits durch die methodische Festlegung der Rechtswissenschaft auf die strenge Beweisbarkeit ihrer Prinzipien von einem Primat der Metaphysik ausgeht bzw. ausgehen muss. Seine Bezugnahme auf Cicero, der eine platonische Position iteriert, steht paradigmatisch für den Einfluss der griechischen und römischen Antike. Vico formuliert eine Alternative zum iberisch-kontinental europäischen Naturrecht, die heute als Plädoyer für überzeitliche Prinzipien des Rechts und als Ablehnung des Rechtspositivismus gelesen werden muss.

1. Vico als Rechtspositivist?

Der österreichische Rechtswissenschaftler Hans Kelsen (1881–1873) gilt als einer der bedeutendsten Vertreter des *Rechtspositivismus* im 20. Jahrhundert. In seiner Abschiedsvorlesung bringt Kelsen seinen Hauptgedanken mit ein wenig Pathos auf den Punkt: "Und in der Tat, ich weiß nicht und kann nicht sagen, was Gerechtigkeit ist, die absolute Gerechtigkeit, dieser schöne Traum der Menschheit. Ich muß mich mit einer relativen Gerechtigkeit begnügen und kann nur sagen, was Gerechtigkeit für mich ist“ (Kelsen 1953, 52). Das Minimalverständnis von Positivismus, das ich im Laufe des Aufsatzes als heuristische Folie auf Vicos Rechtsphilosophie legen möchte, kann im Anschluss an Kelsens Zitat so formuliert werden: „Ein Rechtspositivist glaubt notwendig an einen relativen Gerechtigkeitsbegriff“ oder „Wer an einen absoluten Gerechtigkeitsbegriff glaubt, kann kein Rechtspositivist sein“.

Zunächst soll nun nachvollzogen werden, warum Vico in diesem Minimalverständnis als Rechtspositivist verstanden werden kann. Wir setzen uns weiterhin mit der These auseinander, dass Vico als antirationalistischer Denker zu charakterisieren sei. Aus seinem Antirationalismus – so die weiterführende These – folge notwendig auch seine Abkehr vom Naturrecht. Wenn man Naturrecht begreift als ein Set von Normen, deren Geltung nicht von kontingenten

---

1 Die Unterscheidung zwischen Naturrecht und Rechtspositivismus auf Vico anzuwenden, bedeutet nicht zu behaupten, er habe selbst über diese Begriffe verfügt. In Bezug auf Vico von Positivismus und Naturrecht zu sprechen, ist vielmehr eine Möglichkeit, seine Philosophie *heute* zu verstehen und bedeutet daher gerade so viel, wie Vico als „modern“ oder „seiner Zeit voraus“ zu bezeichnen. Inhaltlich beziehen sich diese rückblickenden Bewertungen meist auf die Aussage Vicos, nur die von Menschen gemachte Geschichte sei für diesen auch erkennbar, die Natur aber von Gott gemacht und daher niemals vollständig vom Menschen zu begreifen.

politischen Setzungen abhängt, sondern von der notwendigen rationalen Einsicht bestimmt wird, dann führt Vicos Kritik am Rationalismus auch zur Kritik des Naturrechts. Eine Rechtstheorie, die die Geschichte, nicht aber der Gerechtigkeit als Quelle der Normengeltung annimmt, müsste hiernach die Folge sein.

Als Philologe findet Vico vielleicht stärker noch als andere Wissenschaftler seinen Zugang zu den Gegenständen über Texte. So schlussfolgert etwa Auerbach, der Übersetzer der deutschen Ausgabe der *Scienza Nuova* bereits 1925: „Die klassische Philologie war von jeher die einzige Wissenschaft, die eine allgemeine Gesellschaftslehre umfasst, denn in ihr sind alle Zweige menschlicher Tätigkeit in den Texten enthalten und Gegenstand des Studiums. Von ihr stammt Vicos Konzeption einer Vereinigung aller Geisteswissenschaften zu einer Geschichtstheologie, und sie ist immer wieder die Quelle, aus der seine Gedanken fließen" (Auerbach 1925, 12).

Vicos sprachwissenschaftliche Herangehensweise, seine Aufwertung des Mythos, seine Liebe zur poetischen Ausdrucksweise sowie sein frühes Plädoyer für das was man später als *Geisteswissenschaften* bezeichnete, lassen ihn in den Augen Vieler als einen quasi-natürlichen Opponenten des Rationalismus erscheinen. Seiner brennenden Liebe für die Philologie wird oft ein regelrechter Hass gegen strikte Formen des Denkens gegenübergestellt. „Der leidenschaftlichen Neigung, die er ihr [der Philologie] entgegenbrachte, entsprach seine ebenso leidenschaftliche Antipathie gegen die leere Subtilität der kasuistischen Logik" (Auerbach 1925, 12). Die teilweise Ablehnung des Rationalismus, den Vico vor allem in Form der cartesischen Methode in Neapel kennengelernt hatte, wird auf unterschiedliche Weise begründet. Einerseits wird hier auf die wissenschaftliche Vormachtstellung der Descartes-Anhänger innerhalb der Universität verwiesen, andererseits wird Vicos Kritik des Rationalismus auch auf dessen eigenes Unvermögen zum logisch-mathematischen Denken zurückgeführt.

Nachdem Vico neun Jahre als Hauslehrer im Schloss Vatolla gewesen war, kehrte er bekanntlich 1694 nach Neapel zurück, wo die cartesische Philosophie inzwischen die Scholastik als maßgebliche universitäre Lehre abgelöst hatte. Vicos stilisierte und dramatisierte Rückkehr von Vatolla – de facto war er wohl nur gelegentlich auf dem Schloss – wird als Beginn für seinen „Kampf gegen den Rationalismus" betrachtet (Auerbach 1925, 14). Noch weiter ausgreifend wird Vicos anti-rationalistischer Zug geradezu als Wesensmerkmal seiner Philosophie herauspräpariert: „Aus der Opposition zu Descartes ist Vico zu dem geworden, als der er heut vor uns steht" (Auerbach 1925, 20). Seine Frontstellung gegen den Rationalismus wird auf diese Weise als *das* leitende Muster seines Oeuvres betrachtet. Der grundlegende Konflikt mit der Philosophie des Cartesius sei demnach von Anfang an die treibende Kraft seines Denkens gewesen, folglich in all seinen Schriften mehr oder weniger offensichtlich. So ließen sich Vicos Werke regelrecht anhand seines Antirationalismus aufteilen, in die frühen, die defensiv gegen Descartes und andere argumentierten bis hin zu den Spätwerken, die in der *Scienca Nuova* ihren Höhepunkt erreichen und zum offenen Angriff gegen den neuzeitlichen Rationalismus übergehen. Dem entspräche weiterhin auch Vicos Einstellung zu den Geisteswissenschaften, die er zunächst schlicht zur Kenntnis nahm, später aber gegenüber objektivierenden Wissenschaftsformen privilegierte.

1.1. Der Gemeinsinn und die Geschichte – Vico über gesellschaftliche Veränderung

Neben der unterstellten Abneigung zum Rationalismus wird auch Vicos starkes Bekenntnis zur Historizität ins Feld geführt, um ihn als Gegner des Naturrechts zu platzieren. Vicos Fokus auf die grundlegende Geschichtlichkeit des Menschen betont dessen Rolle als kreativer Gestalter und beschreibt implizit Kontingenzerfahrungen. Die Veränderlichkeit, Transformation und Evolution von Kulturen und Gesellschaften in ihrer Auseinandersetzung mit tradierten Überzeugungen, gesellschaftlichen Einrichtungen sowie politischen und moralischen Ordnungsvorstellungen sind vor allem im 20. Jahrhundert in den Blick der Geistes- und Sozialwissenschaften gerückt. Vico erscheint mit seiner Situierung des Denkens innerhalb der Geschichte gewissermaßen als ein Vorbote einer Wissenschaftsausrichtung, die bis in die Gegenwart von Bedeutung ist.

Vico betont dabei als einer der Ersten die Veränderlichkeit und Formbarkeit der vom Menschen gemachten Geschichte. Auf der anderen Seite scheint er nicht zu glauben, dass sich gesellschaftliche Veränderungen vollkommen beliebig vollziehen und unabhängig von Begriffen und Theorien ablaufen. Vico ist nicht nur ein Theoretiker der Geschichte, sondern *zugleich* auch Metaphysiker. Die Existenz von allgemeinen Begriffen mit universaler Geltung und die prinzipielle Kontingenz der Geschichte scheinen für ihn keinen Widerspruch darzustellen. Dadurch wird Vico aufmerksam auf kulturelle und historische Differenzen und thematisiert Partikularität auf eine Weise, in der es im zwanzigsten Jahrhundert vor allem das postmoderne Denken getan hat. Mit seinem Glauben aber, an eine Universalgeschichte, die er „ewige ideale Geschichte“ nennt, greift er ein Thema auf, das an die göttliche Vorsehung erinnert.

Das analytische Werkzeug, mit dem Vico zwischen den universellen Vernunfteinsichten einerseits und den besonderen Bedürfnissen konkreter Menschen in ihren individuell verschiedenen Umständen vermitteln kann, ist sein Begriff des *Gemeinsinnes*. So bringt er im Bereich der rechtlich-moralischen

Überzeugungen das „ewige Recht" (*SN44D*, 324)[2] und das von der Philosophie als voll entfalteter Vernunft ermittelte Wahre „der Ideen bezüglich des Gerechten" (*SN44D*, 1045) in einen Gegensatz zum „Gemeinsinn", dem *senso comune.* Cacciatore definiert den senso comune wie folgt: „Dieser Gemeinsinn ist ein Urteil ohne jede Reflexion, allgemein empfunden von einem ganzen Stand, einem ganzen Volksstamm, einem ganzen Volk oder dem ganzen Menschengeschlecht" (Cacciatore 2002, 142). Der senso comune bezeichnet eine von der Gemeinschaft geteilte intuitive, organisch gewachsene Auffassung dessen, was gerecht und moralisch gut ist. Er folgt keineswegs deduktiv aus rationalen Prinzipien, sondern geht als veränderliches, kommunikatives Produkt aus den Handlungen, Meinungen und Gewohnheiten der Menschen hervor.

Vico geht von einer prinzipiellen Wandelbarkeit des Gemeinsinns aus und liefert auf diese Weise eine höchst interessante und ergiebige Perspektive auf Phänomene der gesellschaftlichen Veränderung und Evolution. Vico wendet dabei das neuzeitliche Axiom – *verum et factum convertuntur* – an, wonach wir nur erkennen können, was wir selbst gemacht haben. Daraus schließt er bekanntlich, dass die Natur nur von Gott als ihrem Schöpfer vollständig erkannt werden kann. Die Geschichte hingegen ist wesentlich von Menschen gemacht, insofern auch von diesen erkennbar. In einer seiner meistzitierten Passagen, dem § 331 seiner *Scienza Nuova*, der *Neuen Wissenschaft*, in der dritten Fassung aus dem Jahr 1744, die kurz nach seinem Tode erschien, heißt es: „Doch in solch dunkler Nacht voller Finsternis, mit der die erste von uns so weit entfernte Urzeit bedeckt ist, erscheint dieses ewige Licht, das nicht untergeht, folgender Wahrheit, die auf keine Weise in Zweifel gezogen werden kann: dass diese politische Welt sicherlich von Menschen gemacht worden ist; deswegen können (denn sie müssen) ihre Prinzipien innerhalb der Modifikationen unseres eigenen menschlichen Geistes gefunden werden" (*SN44D*, § 331). Mit Isaiah Berlin kann Vico daher als ein Entdecker der Historizität der menschlichen Natur betrachtet werden (Berlin 1976).

1.2. Vico – eine Standard-Lesart?

Im ersten Teil meines Aufsatzes habe ich versucht, systematische Evidenzen dafür zu finden, dass wir Vicos Rechtsphilosophie als eine frühe Form des Rechtspositivismus lesen müssen. Ein Indiz ist Vicos akademische Ausrichtung mit einer starken Neigung zur Philologie, die er vor allem in Opposition zur rationalistischen Tradition, insbesondere gegen René Descartes, ausgeprägt hatte. Ob man

2 Ich folge der Übersetzung von (Hösle; Jermann 1990).

so weit gehen muss, sein Werk auf einen Kampf gegen den Rationalismus zu reduzieren, sei dahingestellt. Jedenfalls liegt es nahe, sein starkes Bekenntnis zum Mythos und zur poetischen Ausdrucksweise als Affront gegenüber einer Philosophie zu verstehen, die glaubt feststehende Prinzipien und unveränderliche Grundsätze aus einer methodisch geleiteten Untersuchung zu gewinnen.

Ein weiterer Anhaltspunkt dafür ist Vicos Interesse an der Geschichte und dem Wandel menschlicher Gesellschaften. Damit ist implizit eine Abwendung von objektivistischen Rechtfertigungsnarrativen verbunden. Eine Absage an das Naturrecht und den Rationalismus scheint eine unausweichliche Folge seiner Zuwendung und Akzeptanz kontingenter Weltverläufe zu sein. Unsere Aufgabe wird es nun sein, zu überprüfen, inwiefern sich diese Vico Lesart als Interpretament für seine frühe Rechtsphilosophie eignet.

Das rechtsphilosophische Werk *De uno universi iuris principio et fine uno* erschien im Juni 1720 in Neapel und wurde ein Jahr später durch die zweiteilige Schrift *De constantia iurisprudentis* (Teil 1: *De constantia philosophiae* und Teil 2: *De constantia philologiae*) ergänzt. Beide Werke fasste Vico mit einer Synopsis und weiteren Anmerkungen versehen im Jahre 1722 unter dem Titel *Diritto Universale* zusammen. Es soll nun die Vermutung überprüft werden, dass bereits die frühere und weniger bekannte Rechtsphilosophie auf ein grundlegendes Problem in Vicos Denken hindeutet, das in der *Scienza Nuova* (1725/44) zum Ausdruck kommt: die Vereinigung der Philosophie mit der Philologie. Ausgehend von dieser synthetischen Lesart der philosophischen und der philologischen Vorgehensweise, die Vico als Methode einer neuen Wissenschaft auszuarbeiten bestrebt ist, werden auch Vicos Frühwerke interpretiert. Für seine rechtsphilosophischen Arbeiten wird daraus ein spezifischer Umgang mit dem Geltungsanspruch des Rechts gefolgert: Vico vollzieht im Laufe seines *Oeuvres* einen radikalen Umbruch innerhalb der Tradition des Naturrechts und der politischen Philosophie selbst, da er das Recht als einer der Ersten aus einer historischen Perspektive betrachtet (Morrison 1978).

Die Thematisierung eines universalen Rechts ist im katholisch und spanisch geprägten Süden Europas im 18. Jahrhundert keine Besonderheit. Bemerkenswert ist jedoch, dass Vico wenig bis kaum auf die Theoretiker der sog. spanischen Spätscholastik und der Schule von Salamanca verweist. Aufgrund der geographischen und kulturellen Nähe Vicos zu Spanien erstaunt seine bisweilen unorthodoxe Thematisierung des Rechts als eines gänzlich vom Menschen gemachten Konstrukts. Die Hinwendung zur Geschichte, die Vico in seinem Werk vollzieht, scheint auf den ersten Blick dem starken Geltungsanspruch des Naturrechts zu widersprechen.

Auf diese Weise stellt Vicos Rechtsphilosophie einen äußerst interessanten Wandel innerhalb des Rechtsdenkens seiner Zeit dar. Vico erscheint daher für eine Reihe von aktuellen Problemlagen als interessanter Gesprächspartner. Es werden grundlegende Fragen nach dem Zusammenhang von Politik und Religion, der komplexen Beziehung zwischen Nützlichkeit und Gerechtigkeit normativer Ordnungen sowie der Verbindung von Ethik und Geschichte aufgeworfen. Die Prinzipienebene des Menschen- und Völkerrechts stellt den Rahmen dar, innerhalb dessen diese Elemente behandelt werden. Vico nimmt durch die Breite seiner kreativen Perspektive auf das Recht wichtige Punkte vorweg, die in der Gegenwart angesichts einer Internationalisierung und Pluralisierung des Rechts notwendig zu beachten sind. Dies betrifft vor allem den Anspruch auf universale Geltung des Rechts und die Notwendigkeit, auf die verschiedenen Traditionen und Kulturen einzugehen, die für das Panorama der Globalisierung typisch sind.

Ich fasse die Standard-Lesart der Rechtsphilosophie Vicos zusammen: Sie ergibt sich in erster Linie durch (1) die *Rückprojektion* einer synthetischen wissenschaftlichen Methode, die Vico in der *Scienzia Nuova* entwickelt und die eine Konvergenz der philosophischen und philologischen Methode beschreibt. Daraus scheint sich (2) ideengeschichtlich betrachtet ein *Bruch* mit der rationalistischen Naturrechtstradition zu ergeben, die (3) systematisch gesehen eine Position von besonderer *Aktualität* zur Folge hat.

Das Hauptargument, das ich im Folgenden entfalte, wird vor allem die These (2) problematisieren und als zu undifferenziert ausweisen. In den Worten des us-amerikanischen Vico Interpreten James C. Morrison lautet sie wie folgt: “My major thesis is that the doctrine of the natural law of the gentes implies a radical transformation of the traditional doctrine of natural law and thus of traditional political philosophy itself: political philosophy becomes the philosophy of history” (Morrison 1978, 48).

Ich glaube zeigen zu können, dass diese These der radikalen Transformation des Naturrechts allenfalls scheinbar in Vicos *de uno* vollzogen wird. Seine Stellungnahmen, seine deduktive Methode und die Reminiszenzen an Descartes, Cicero und Platon begründen meiner Ansicht nach eine Form des Naturrechts, die fern von den Vorstellungen des Rechtspositivismus des 20. Jahrhundert ist. Vico bereits in *de uno* als Positivist zu lesen, ist daher eine unzulässige Rückprojektion, die der Autor selbst durch die Stellungnahmen in seiner Autobiografie genährt hat. Möglicherweise trifft die Standard-Lesart auf die *Scienzia Nuova* zu, auf die Anfangspassagen von *de uno* angewendet, scheint sie aber im Widerspruch mit zentralen Aussagen des Textes zu stehen.

2. Vico über Rom

Die große gedankliche Nähe Vicos zur römischen Antike sticht sofort ins Auge, wenn man beginnt, Vicos Rechtsphilosophie zu studieren. Bekanntlich beginnt *de uno* mit einem Zitat aus Ciceros *de legibus* Buch 1, Kapitel 5. In der zitierten Passage fragt Atticus seinen Gesprächspartner Marcus: "*Du denkst also nicht, dass die Rechtswissenschaft aus dem Edikt der Prätoren hervorgeht, so wie es zur Zeit die Mehrheit annimmt, oder von den 12 Tafelgesetzen, wie die Leute es geglaubt haben, sondern aus den tiefsten Mysterien der Philosophie?*"

Es ist auffällig, dass Vico Cicero (106 – 43 v. Chr.) – genauer gesagt dessen Rechtsphilosophie – auf den Plan ruft, um die grundlegenden Charakteristika von *de uno* zu verdeutlichen. Bereits hieraus lässt sich ein Argument gegen den Rechtspositivismus gewinnen. Um die Bedeutung des Cicero-Bezugs nachzuvollziehen, ist es zunächst nötig, sich die Architektonik von *de legibus* vor Augen zu führen. Ciceros *de legibus* („Über die Gesetze") ist als ein Dialog zwischen Cicero selbst, seinem Bruder Quintus und seinem Freund Atticus konzipiert. Cicero versucht zu zeigen, wie die bürgerlichen Gesetze letztlich auf dem Naturrecht beruhen. Das Werk entstand wohl Ende der 50er Jahre v. Chr. und ist nur etwa zur Hälfte erhalten. *De legibus* war offenbar als Ergänzung zu der 51 v. Chr. veröffentlichten *de re publica* gedacht. Beide Werke stehen in der Tradition Platons und ahmen dessen Doppelwerk *Politeia* und *Nomoi* nach, das zunächst eine ideale Staatsverfassung entwirft und im zweiten Teil die dazugehörigen Gesetze untersucht. In *de re publica* hatte Cicero seinerseits den besten Staat erläutert, während er in *de legibus* die besten Gesetze abzuhandeln gedachte. Bereits durch diese Kette von Reminiszenzen, die letztlich auf die platonische Rechtsphilosophie verweist, scheint es unwahrscheinlich, dass Vico in *de uno* grundlegend für die Kontingenz des Rechts argumentiert.

Diese Vermutung lässt sich erhärten, wenn wir uns der inhaltlichen Exegese des Zitates zuwenden. Allem Anschein nach sind Vico und Cicero davon überzeugt, die Rechtswissenschaft habe ihren Anfang weder in den Edikten des Prätors (*Edictum praetoris)* noch in den 12-Tafelgesetzen zu finden. Der Ursprung des Rechts läge vielmehr – so das Zitat – in den „tiefsten Mysterien der Philosophie". Für den Interpreten drängen sich nun die Fragen auf, (1) warum Cicero die Geltung der Prätoren-Gesetzgebung und der 12 Tafelgesetzen relativiert und (2) warum Vico gerade diesen Aspekt in der Einleitung seiner Rechtsphilosophie hervorhebt. Eine kurze Auseinandersetzung mit den von Cicero verworfenen alternativen Rechtsquellen lohnt an dieser Stelle.

2.1 Die Rolle der Prätoren

Die Edikte der Prätoren waren bekanntlich jährliche Verkündigungen von Prinzipien innerhalb der römischen Gesetzgebung. Zwar folgten die Prätoren während ihrer einjährigen Amtszeit oft den Entscheidungsprinzipien ihrer Vorgänger, doch waren sie durchaus mit der Kompetenz versehen, die Grundsätze nach ihren eigenen Vorstellungen zu modifizieren und zu verändern. Da die Stärken der Prätoren eher im politischen- als im juridischen Bereich lagen, konsultierten sie in der Regel die römischen Rechtsgelehrten bei der inhaltlichen Ausgestaltung der Prinzipien. Die rechtlich bindende Kraft der im Laufe der Geschichte anwachsenden Sammlung von Edikten blieb dabei temporär, da sie ausschließlich an die Amtszeit der Prätoren gebunden war. Unabhängig von ihrem – möglicherweise überzeitlichen – Gehalt waren die Erlasse also auf die politische Macht der Amtsinhaber angewiesen, um Geltung zu erlangen. Das Prätorenrecht kann also trotz der Expertenfunktion der römischen Juristen als ein Paradebeispiel positiven Rechts gelten. Es bedurfte explizit der institutionellen Durchsetzungskraft der Prätoren, um die Normativität der Prinzipien zu gewährleisten. Es ist anzunehmen, dass Cicero und mit ihm Vico das Prätorenrecht kritisieren wollen, weil dessen Geltung nicht in erster Linie von der Schlüssigkeit philosophischer Argumentation abzuhängen scheint, sondern ausschließlich von der Autorität an und für sich rechtsunkundiger Prätoren.

Es lassen sich darüber hinaus noch weitere Vermutungen anstellen, warum Vico hier mit Cicero gegen ein positives Prätorenrecht optiert. Der römische Jurist Papinian z.b. (c.148–211) betrachtet das prätorische Recht (*jus praetorium*) als eine wichtige Ergänzung, Erweiterung und als notwendiges Korrektiv des *jus civile*, dessen essentielle Funktion darin bestand, über die Prätoren auf politischem Wege das öffentliche Interesse in die Gesetzgebung einfließen zu lassen. Das prätorische Recht wird aufgrund der hohen Ämter der Gesetzgeber auch als *jus honorarium* bezeichnet und als ein bedeutendes Vehikel für die Fortentwicklung des *jus civilis* betrachtet.[3]

Erst unter der Herrschaft des 14. römischen Kaisers Hadrian von 117–138 nach Christus wurden die Edikte der unmittelbaren Verfügungsgewalt der Prätoren entzogen und durch das *Edictum perpetuum* ersetzt. Einerseits konstatierte

3 “Praetorian law (*jus praetorium*) is that which in the public interest the praetors have introduced in aid or supplementation or correction of the *jus civile*. This is also called honorary law (*jus honorarium*), being so named for the high office (*honos*) of the praetor” Aemilius Papinian in seinen *Definitionen* aus dem *Corpus Juris Civilis*, *Digesten*, 1.1.7.1. in der Übersetzung von (Watson 2011: 2).

Hadrian mit der Festsetzung der Edikte den *status quo* der Erlasse, die – wie bereits gesagt – inhaltlich nur wenige Veränderungen erfuhren und damit *de facto* bereits auf Dauer gestellt waren. Durch den Kompetenzentzug der Prätoren erreichte Hadrian nun allerdings auch eine *normative* Verfestigung der Gesetzgebung, indem er die Norm als nicht mehr veränderlich bezeichnete. Rund einhundert Jahre nach Ciceros (106 - 43 v. Chr.) Forderung, die Gesetze auf die Philosophie zu gründen, hätte Hadrians Perpetuierung des Edikts wohl dessen Zustimmung erhalten.

2.2. Die Zwölftafelgesetze

In Bezug auf die frühe Praxis der Prätoren-Edikte haben wir Ciceros Kritik nachvollzogen und sie darauf zurückgeführt, dass er das frühe Prätorenrecht als kontingente Setzung verwerfen musste, da es die mutmaßlich überzeitliche Geltung des Rechts konterkariert. Verwunderlich ist, dass Cicero im gleichen Maße auch die Zwölftafelgesetzte abzulehnen scheint. Bekanntlich wurden die Zwölftafelgesetze 450 v. Chr. auf Bronzeschildern im Forum Romanum ausgestellt, um Streitigkeiten zwischen den Patriziern und Plebejern zu schlichten. Die symbolische Bedeutung der Gesetze als Inschriften auf Metalltafeln, die überdies öffentlich ausgestellt wurden, scheint: Es soll der Eindruck der Beliebigkeit, der Parteilichkeit, aber auch der Intransparenz der Gesetze vermieden werden. Diese Form der Veröffentlichung sollte vor allem dem Vorwurf entgegenwirken, dass Recht werde in einer mit Willkür behafteten Weise von privilegierten Juristen gegen die Interessen des einfachen Volkes ausgelegt. Dem Mythos nach enthalten die Tafeln Bestandteile der Gesetzgebung des Solon und des Drakon. Die Gesetze von Solon und Drakon wiederum sollen römische Gesandte direkt in Griechenland aufgespürt haben. Der Import der griechischen Regierungspraxis war seinerzeit wohl noch geeignet, um die Geltung der Verordnungen zu verbürgen und sie gewissermaßen interkulturell zu begründen. Heute ist umstritten, ob die Römer bei ihrem Bedürfnis nach Anschluss an die Griechen überhaupt bis nach Griechenland kamen. Nachgewiesen scheint außerdem, dass die römischen Tafeln dem Inhalt nach stark von den vermeintlichen griechischen Vorbildern abwichen. Die metallenen Tafeln selbst überdauerten den Überlieferungen nach nur kurze Zeit, ihre symbolische Bedeutung allerdings wurde durch die Selbstbeschreibung der römischen Juristerei hervorgehoben und immer wieder betont. Livius etwa bezeichnete sie als „Quelle des gesamten öffentlichen und privaten Rechts (*fons omnis publici privatique iuris*)" (Kaser 1986, 12).

Die Hochachtung für die Tafeln wurde auch von Cicero geteilt, der sie seinerseits zitierte und seine Argumentation an wichtigen Stellen auf die zwölf Tafeln zurückführte. Interessant ist dabei, dass Cicero neueren Forschungen zufolge kein glaubwürdiger Zeuge für die Wiedergabe der Rechtstexte ist. Er zitiert sie in erster Linie den Interessen seiner eigenen Argumentation folgend, lässt bewusst Passagen unter den Tisch fallen oder beruft sich auf Abschnitte, deren historische Existenz fraglich ist. Die Zweifel an Cicero, der lange Zeit als einigermaßen verlässliche Quelle für den Inhalt der verlorenen Tafeln betrachtet wurde, reichen bis zu dem Vorwurf, er habe einige Abschnitte schlicht frei erfunden (Fögen & Meier 2007). Was folgt nun aus Ciceros laxem Umgang mit der Zwölftafelgesetzen für unsere Argumentation?

Die bisherige Interpretation des Cicero Zitates hat gezeigt, dass Vico die Zweifel seines römischen Vordenkers an den Edikten der Prätoren und selbst an den Zwölftafelgesetzen teilt. Beide Denker erachten letztlich die systematische philosophische Methode als zuverlässiger, um sich über die Grundsätze des Rechts ins Klare zu setzten. Der Rekurs auf die Gesetzgebung der Prätoren ist insofern interessant, als dass Cicero selbst hier eine kontingente, in gewisser Weise sogar an den Willen des Volkes gekoppelte Form der positivistischen Juristerei verwirft. Ciceros Verhältnis zu den Zwölftafelgesetzen ist vielschichtiger. Zwar entlehnt er selbst die Autorität der in Bronze manifestierten Prinzipien und nährt – wie Livius – deren symbolische Bedeutung als Grundlage römischen Rechtes. Weiterhin imitiert auch Cicero – und nach ihm Vico – den durch die Tafeln vermittelten Rückgriff auf die griechische Antike, um seine Ausführungen auf Dauer zu stellen. Letztlich zeigt aber Ciceros eklektischer Umgang mit den Inhalten der Tafelgesetze, wie sehr er *de facto* von deren überzeitlicher Geltung überzeugt war. Cicero gebraucht sie zwar als Autoritäten, macht aber durch seinen selektiven und manipulativen Rückgriff auf die Gesetze implizit deutlich, was er von ihrer Geltung hält. Aus Ciceros vager Referenz auf die Tafelgesetze wird klar, warum er die philosophische Reflexion als notwendiges Korrektiv und als eigentlichen Hort der Rechtsgeltung betrachten muss. Nach dieser Stichprobe, worauf Vico sich denn genau beruft, wenn er auf das römische Recht als Grundlage seiner Rechtsphilosophie rekurriert, wende ich mit einer systematischen Rekonstruktion des Verhältnisses von Recht und Metaphysik bei Vico zu.

3. Recht und Metaphysik

Im folgenden Abschnitt argumentiere ich dafür, dass wir Metaphysik und Jurisprudenz bei Vico als “zwei wechselseitig aufeinander bezogene Pole menschlicher Erkenntnisbemühungen” zu verstehen haben (König 2007, 73). Diese tiefere Einheit von Rechtswissenschaft und spekulativen Denken entlehnt Vico aus der griechischen Antike. Er weist mehrfach daraufhin, dass die Metaphysik von den Griechen definiert wurde, wie die Jurisprudenz von den Römern, als Wissenschaft von den göttlichen *und* menschlichen Dingen. Wie wir gesehen haben, hatte Cicero die Edikte der Prätoren und die Zwöftafelgesetzte für ungenügend erachtet, um die Geltung des Rechts zu begründen. Schon in *de ratione* von 1708 fordert Vico, das Metaphysik und Jurisprudenz voneinander profitieren sollen. Metaphysik soll den Anwendungsbezug finden und Jurisprudenz sich ihrer Grundlagen versichern.

Dabei teilt Vico eine dualistische Metaphysik des Geistes cartesischer Prägung. Die Dualismus-These der Frühwerke wird auch in *de uno* durchgehalten, aber um eine stärkere historische Perspektive ergänzt. Letztlich gipfelt dieses Modell in der Definition von unveräußerlichen Rechten als "unkörperlichen Dingen", dem eigentlichen Beweisziel von *de uno*. Vico sieht die geschichtliche Entwicklung der römischen Republik und die grundlegenden Einsichten über das Wesen des Rechts nicht miteinander im Widerstreit. Naturrecht und Rechtspositivismus, so können wir aus der Perspektive unserer heuristischen Rückprojektion sagen, widersprechen sich nicht, sondern verweisen gegenseitig aufeinander, indem sie eine inhaltliche Übereinstimmung zu erkennen geben. Hier lässt sich mit Peter König "zwischen einer Metaphysik, die theoretische Voraussetzung des allgemeinen Rechts ist, und einer Metaphysik, die das geschichtliche Resultat der römischen Jurisprudenz darstellt" unterscheiden (König 2007, 74). Das Studium der Geschichte der römischen Jurisprudenz ist daher jene universale Wissenschaft, die es mit dem Prototyp der Entwicklung menschlichen Rechts zu tun hat. Anhand ihrer gewinnen wir nicht nur die Einsicht einer konkreten historischen Genese des positiven Rechts, sondern zugleich auch Einblick in die eigentliche Verfassung des Naturrechts.

3.1. Lemma – Vicos rationalistische Seite

Vico stellt seiner Rechtslehre fünf metaphysische Axiome voran, deren Geltung er als Grundlagen seiner Wissenschaft stets vorauszusetzen scheint. In den drei Elementen Erkennen, Wollen und Können (*nosse, velle, posse*) erblickt er drei wesentliche Merkmale des göttlichen und menschlichen Geistes, die zudem auch die notwendigen Bestandteile des Wissens darstellen. In einer gebräuchlichen, wie gleichermaßen metaphorischen Redeweise schreibt Vico der Vernunft die grundlegende Einsichtsfähigkeit des menschlichen Geistes zu. Die Vernunft sei hiernach das „Auge des Geistes", Kraft dessen Gott das „Licht der ewigen Wahrheit" zu erkennen gibt (König 2007, 74). Vico erscheint durch die Trias Erkennen, Wollen und Können als ein „ausgewogener Denker", der menschliches Verhalten und Begreifen nicht intellektualistisch oder sensualistisch zuspitzt, sondern in seiner ganzen Bandbreite darstellt. Ihm gelingt es, gnostische, voluntative und faktische menschliche Vermögen in ihrem Zusammenwirken abzubilden. Erst aus dem Zusammenspiel mentaler, motivationaler und pragmatischer Aspekte – so kann man weiter folgern – ergibt sich für den neapolitanischen Philosophen das spezifisch Menschliche. An diesem Bild des balancierten Vico stört einzig der Umstand, dass er aus der rationalistischen Tradition ein Primat des Geistes über den Körper erbt und immer wieder eine Unterordnung der dualistisch unterschiedenen *res extensa* unter die *res cogitans* vornimmt.

Viel ist über die Frontstellung Vicos gegenüber dem französischen Philosophen René Descartes gesagt worden, über die akademische Präsens des Franzosen und die szientifische beinahe Übermacht der Cartesianer im Neapel seiner Zeit. Trotz der persönlichen Ressentiments gegenüber der cartesischen Philosophie und trotz des Versuches, eine alternative wissenschaftliche Ausrichtung zu präsentieren, bleibt Vico in *de uno* zu weiten Teilen dem Körper-Geist-Dualismus und den von Descartes selbst gezogen Konsequenzen verbunden. So vollzieht Vico etwa ein *Cogito-Argument* und macht es zur Grundlage seiner Unterscheidung der menschlichen Vermögen. Nosse, Velle und Posse seien deshalb als menschliche Fähigkeiten vorauszusetzen, weil wir sie als Funktionen des Geistes unmittelbar erfahren und zweifelsresistent mit ihnen hantieren. Mit dieser unvermittelten Erkenntnis basaler kognitiver Fähigkeiten sieht Vico auch die Existenz des Geistes als bewiesen an. Zwar unterscheidet Vico an anderer Stelle Wahrheit (*verum*) und Gewissheit (*certum*) möglicherweise auch in polemischer Absicht gegen Rene Descartes voneinander, allerdings vertraut er dessen Schluss auf die Existenz der Seele unaufgeregt und beinahe stillschweigend. En passant weist Vico auch sein rationalistisches Erkenntnisprogramm aus: Den Nachweis, dass alle Prinzipien von Gott kommen, hatte er bereits in *Liber Metaphysicus* (1710) unternommen (König 2007, 75). Mit den bereits angesprochenen Fähigkeiten des Erkennens, Wollens und Handelns verfüge der Mensch zudem über Vermögen, die ihn göttliche Prinzipien erfahren lassen. Die Kraft menschlicher Einsicht als göttlich vermittelter Grundlage der Wissenschaft fasst Vico als Kriterium auf, um Aussagen auf Wahrheit und Falschheit zu überprüfen.

3.2. Die Definition des Menschen und ihre ethischen Implikationen

In *de uno* verwendet Vico eine zweifache Definition der menschlichen Natur. Einerseits ist er dem cartesischen Substanzendualismus verpflichtet, wenn er den Menschen als eine aus „Seele und Leib“ bestehende Entität bestimmt. Andererseits wird der Mensch anhand seiner kognitiven und voluntativen Fähigkeiten bestimmt, so teilt er die göttlichen Eigenschaften des *Kennens, Wollens* und

Wissens (Nosse, Velle, Posse) (*De uno D*, 19).[4] Beide Definitionen, die metaphysische als Leib und Seele und die kognitiv-voluntative als Wesen, das erkennt, will und weiß, bedingen einander.

Hiernach ist der Mensch durch seine immaterielle, unendliche Seele mit Gott und der metaphysischen Ordnung der ewigen Einsichten verbunden. Die Seele gewährleistet also die Teilhabe an den kognitiv-voluntativen Fähigkeiten. Der durch die Seele eingegebenen geistigen Dimension des Menschlichen steht die körperliche Komponente entgegen. Der Leib individuiert den Menschen einerseits, zeichnet ihn also als Besonderen gegenüber allen anderen Wesen aus, trägt aber auch zur nur unvollkommenen Realisierung der kognitiv-voluntativen Fähigkeiten bei. Für die Seele bedeutet der menschliche Leib Beschränktheit, Verletzlichkeit und Laster. Diese systematische Beschreibung bettet Vico wie folgt in eine theologische Erzählung ein: Im Sinne der ewigen Naturordnung, die Vico mit der paradiesischen Situation vor dem Sündenfall identifiziert, gebietet die Vernunft erfolgreich über die Begierden des Menschen. „So war die ungeschwächte Natur des Menschen mit der Stammvater Adam von Gott geschaffen war, durch göttliche Hilfe in der Weise gerüstet, daß er durch keinen Aufruhr der Sinne geplagt wurde, sondern über Sinne, wie Begierden eine freie und ruhige Herrschaft ausübte“ (*De uno D*, 19). Vor dem Sündenfall konnte der Geist gewissermaßen frei, gemäß seiner eigenen Natur walten und die moralisch-richtigen Eingebungen ins Werk setzen. Nach dem Sündenfall geht diese Anlage zwar nicht verloren, wird aber keineswegs mehr automatisch realisiert. Es bedarf der mühevollen Bändigung der leiblichen Bedürfnisse, um dann und wann im Sinne der ewigen Ordnung zu leben.

Wie wir bereits gesehen haben, deutet Vico die systematische, durch die Dualismus-Annahme metaphysisch begründete Hierarchie von Körper und Geist, einerseits religiös durch die Darstellung des biblischen Sündenfalls, andererseits formuliert er damit aber auch ein ethisches Ideal für das gelingende menschliche Leben. Das vernunftgemäße Leben, das das Erkennen, Wollen und Durchsetzen-Können der ewigen Ordnung im Diesseits beinhaltet, wird Vico zum Maßstab „menschlicher Seligkeit auf Erden“ (*De uno D*, 20). Der Idealzustand der unmittelbaren Realisierung des Rechts *ante lapsum* generiert den Zielpunkt menschlicher Existenz unter den Bedingungen *in terris*. Die selbstverständliche Umsetzung des Vernünftigen im Paradies wird Kriterium des tatsächlichen Lebens der Menschen, das durch leibliche Bedürfnisse und Verfehlungen ebenso geprägt ist, wie durch die Orientierung an den ewigen Einsichten göttlicher

4 Ich zitiere *De Uno* nach der deutschen Übersetzung (Glaner 1950).

Provenienz. Auch wenn der Sündenfall eine „Knechtschaft des Königlichen, der Vernunft“ bewirkt hat (*De uno D*, 20), büßt der Mensch seine Orientierung am Guten und Wahren dennoch niemals vollständig ein. Der Mensch wird getäuscht und irrt gelegentlich im Bezug auf seine gute Lebensführung, doch geschehe dies laut Vico stets im Streben nach der ewigen Ordnung, die uns Kraft des Lichts Gottes immer erkennbar bleibt (*De uno D*, 21).

Durch diese Skizze des Paradieses gewinnt Vico den Maßstab menschlichen Lebens unter den Bedingungen des Diesseits. Auf diese Weise verbindet Vico seine Doppeldefinition des Menschen, metaphysisch als Geist und Körper, kognitiv-voluntativ durch die Zuschreibung der Kompetenzen des *Kennens, Wollens* und *Wissens* (nosse, velle, posse) in der Zielvorstellung gelingenden menschlichen Lebens.

3.3. Die Tugend und der Ursprung des Rechts

Ein weiterer Aspekt kommt für Vico in den Blick, bevor er den argumentativen Schlussstein für *de uno* setzen kann. Durch welche habituellen Kompetenzen kann der Mensch nun versuchen, das Recht zur Geltung zu bringen? Welche Angewohnheiten helfen ihm, das Richtige zu tun, das ihm einerseits immer erkennbar bleibt, andererseits aber unter den miserablen Bedingungen seiner faktischen Existenz oft genug verfehlt wird? Die *Tugenden* sind das wichtigste Hilfsmittel des Menschen um das Gute zu erkennen und im Handeln anzustreben bzw. zu inkorporieren. Damit iteriert Vico letztlich eine platonische Position, die immer wieder die Beziehung des diesseitigen menschlichen Handelns zur Metaphysik herstellt. In besonderem Maße zeigt sich dieser Charakterzug auch in seiner Definition des Ursprungs und Zieles allen Rechts: „Wenn nun die Macht der Wahrheit oder die menschliche Vernunft, sofern sie mit der Begierde kämpft Tugend ist, so ist sie, sofern sie die Interessen lenkt und ausgleicht, Gerechtigkeit und somit der einzige Ursprung und das einzige Ziel des gesamten Rechts“ (*De uno D*, 22). In der *pragmatisch-habituellen Funktion* der Vernunft als Tugend kommt ihr die Aufgabe zu, die Begierden in Zaum zu halten. In ihrer *kriteriellen Dimension*, „die Interessen ausgleicht und lenkt“ nennt Vico sie „Gerechtigkeit“ oder den „einzige[n] Ursprung und das einzige Ziel des gesamten Rechts“. Zumindest der Definition nach bekennt sich Vico hier eindeutig zum vernünftigen Nachturrecht. Die menschliche Vernunft als das Vermögen, über Wahrheit und Falschheit zu urteilen spielt in *De uno* die entscheidende Rolle. Sie steht an erster Stelle, wenn es um die Geltung des Rechts geht. In Form der Tugend zieht Vico zwar ein kontingent-habituelles Vermögen in Betracht, allerdings hängt auch dieses von der kognitiv-kriteriellen Funktion der Vernunft ab.

4. Politischer Aristotelismus vs. moderne Kontingenz?

Im folgenden Abschnitt argumentiere ich dafür, dass Vico in *de uno* bewusst als Vertreter des politischen Aristotelismus auftritt um die modernetypischen, kontingenten Begründungsmuster des Rechts, die etwa Thomas Hobbes und die Vertragstheoretiker vorgelegt haben, zu verwerfen. Dieser antimoderne Zug hat Auswirkungen auf sein Naturrechtsverständnis und soll in den folgenden zwei Facetten nachvollzogen werden. Einerseits begründet Vico die Sozialität des Menschen aus dessen Bezug zur Wahrheit. Andererseits argumentiert er mit der Unterscheidung zwischen Gelegenheiten und Ursachen gegen die Behauptung, Recht gründe auf der zufälligen, faktischen Interessenkonvergenz tatsächlicher menschlicher Willensäußerungen. Stattdessen argumentiert Vico dafür, dass Recht auf eine notwendige metaphysische Ordnung gegründet ist, die der Mensch allenfalls erkennen und durchsetzen kann, nicht jedoch erfinden muss.

4.1. Der soziale Grundzug des Menschen

Wie wir bereits gesehen haben, erachtet Vico die Vernunft als das wichtigste Vermögen des Menschen, das Ursprung und Ziel des Rechts verbürgt. Die damit einhergehende Fähigkeit, die Wahrheit als Maßstab theoretischer wie ethischer Fragen heranzuziehen, verbirgt für Vico auch den sozialen Charakter des Menschen. Der gemeinsame Bezug auf eine objektivierte Realität der Begriffe erklärt für Vico letztlich den intersubjektiven Charakter der Sprache. Es ist dieses geteilte Interesse an der Wahrheit, das die prinzipielle Anerkennung von Recht und Billigkeit als Maßstab der gemeinsamen Interaktionen ermöglicht. Der Mensch sei geboren, „zu einer Interessengemeinschaft auf Grund des Wahren und der Vernunft" (*De uno D*, 23) und könne von daher auch überzeitliche Kriterien des Rechts erwägen.

Vico erweist sich an dieser Stelle als Verfechter eines politischen Aristotelismus, der gegen die individualistische Tendenz der Moderne an die Sozialität des Menschen glaubt. Die kommunikationstheoretische Lesart der Sozialitätsthese beinhaltet ebenfalls sensualistisch-emotivistische Aspekte des ethischen Zusammenlebens: Der Mensch sei so gebaut, dass er „die Wallungen des Herzens durch freudige, traurige oder sonstige Mienen kundtut, sowie seine eigenen Mienen den anderen angleicht, mit den Lachenden lacht, mit den Trauernden trauert" (*De uno D*, 23). In Bezug auf Vicos Ausführungen über Sozialität lässt sich zweierlei festhalten: Einerseits wird das Zusammenleben der Menschen weder als fragil noch als konstruiert begriffen, darin gleicht Sozialität nach Vico im weitesten Sinne dem politischen Aristotelismus. Andererseits fußt Sozialität aber auf Rationalität und dem Bedürfnis nach Wahrheit und ist somit nicht als natürlich zu betrachten. Kennzeichnend für die bemerkenswerte Zwischenstellung, die Vico der Sozialität beimisst, ist das Primat der Vernunft, die menschliches Leben bedingt und begründet. Neben dem intellektuellen Aristotelismus, den Vico an dieser Stelle vertritt, ist der neapolitanische Philosoph aber auch bestrebt, die Redeweise der Interessen mit einzubeziehen.

4.2. Gelegenheiten vs. Ursachen – die Unveränderlichkeit des Naturrechts

Insbesondere für die Begründungsväter des neuzeitlichen, auf innerweltliche Bedürfnisse hin orientierten Rationalismus, Thomas Hobbes (1588–1679) und Nicolo Machiavelli (1469–1527) steht es außer Frage, dass die politische Begründung des Rechts nüchternen Kosten-Nutzen-Abwägungen folgen muss. Dafür bedarf es weder natürlicher Sozialität, noch eines geteilten Strebens nach Wahrheit, um eine staatlich verfasste Gemeinschaft aufrecht zu erhalten. Seinen eigenen Vorteil zu suchen ist, wie Vico weiß, eine amoralische Kategorie, da es weder „schimpflich noch ehrenhaft“ ist, seinen eigenen Interessen zu folgen. Nun erweckt es den Anschein, Vico schlösse sich auch dem vertragstheoretischen Paradigma an, wenn er schreibt, die menschliche Gesellschaft sei eine „Interessengemeinschaft“ (*De uno D*, 23), die das Rechte und Billige sucht. Doch geht das Recht laut Vico keineswegs darin auf, der empirische Kulminationspunkt geteilter Präferenzen zu sein. „Keineswegs war also die *Nützlichkeit* Mutter des Rechtes und der menschlichen Gesellschaft [...], sondern sie war eine Gelegenheit, durch welche die von der Natur aus sozialen Menschen zur Entfaltung ihrer Anlage gedrängt wurden“ (*De uno D*, 24).

Auf die Weise glaubt Vico, die *Unveränderlichkeit des Naturrechts* belegen zu können. Es mag sein, dass jenes zu bestimmten Zeiten der Geschichte Veränderungen und Modifikationen erfährt, diese Aspekte der Genese dürften jedoch nicht mit der Geltung des Rechts verwechselt werden. In *de uno* stimmt Vico explizit der Auffassung des Augustinus (354–430) zu, dass das Recht unabänderlich und als eine Art „heilige Verordnung“ zu betrachten sei, „gleichsam als Stimme des göttlichen Geistes, durch welche Gott dem Menschen das ewige Recht verkündet und befiehlt“ (*De uno D*, 24). Mit der Hinwendung zum Kirchenvater Augustinus führt Vico einen Autoritätsbeweis für die Position, dass faktische Übereinkünfte allenfalls Gelegenheiten zur Artikulation des Naturrechts sein können, nicht jedoch Grund seiner Geltung.

Ein weiteres Indiz für die metaphysische Begründung des Rechts, die Vico in *de uno* annimmt, ist die enge Verbindung von Recht und Wahrheit. Qua Natur des Menschen geht er von einer Art Gleichursprünglichkeit epistemischer und moralisch-rechtlicher Universalitätsbestrebungen aus: „Aus dem Charakter ihres göttlichen Ursprunges sind die Gemeinschaft des Wahren und die des Rechten und Billigen wechselseitig ineinander enthalten" (*De uno D,* 27). An anderer Stelle spricht er von einem „Doppelreich natürlicher Gemeinschaften, einerseits des *Wahren*, andererseits des *Rechten* und *Billigen*" (*De uno D,* 25). In der Wahrhaftigkeit und im Versprechen erblickt Vico eine basale Ebene des Einhaltens von Verpflichtungen, die den Grundstein für Recht und Gerechtigkeit legt. Hieraus folgen für Vico zwei wesentliche Gesetze, die für den Leser von heute Aspekte von negativer und positiver Freiheit enthalten. Zunächst wird negativ die *„Enthaltung von fremden Eigentum!"* als elementarer Gerechtigkeitsgrundsatz vom Naturrecht gefordert. Darüber hinaus kommt die positive Rücksicht auf den Mitmenschen in den Blick, die für Vico ein Interesse an dessen Wohlergehen impliziert.

Im Weiteren bietet Vico eine Ausdifferenzierung an, wie das Streben nach Wahrhaftigkeit sich durch rechtliche Weisungen ausdrückt. Auf der individuellen Ebene fasst er den Imperativ *„Lebe menschenwürdig*!" ins Auge, der nach dem bisher gesagten wohl auf ein aufrichtiges Selbstverhältnis abstellt, das mit den normativen Implikationen der Wahrhaftigkeit in Einklang zu bringen sein muss. Ob Vico dabei an so etwas wie Pflichten gegen sich selbst gedacht hat, lässt sich an dieser Stelle nicht klären, allerdings wird klar, dass Vico auch den Bereich der praktischen Selbstverhältnisse als Gebiet betrachtet, das mit moralisch-rechtlichen Obligationen versehen ist.

Zwei weitere Weisungen lassen sich vielmehr als Explikationen der beiden Rechtsgrundsätze betrachten, die wir weiter oben als funktionale Äquivalente der positiven und negativen Freiheit charakterisiert hatten. Der Imperativ *„Schädige den Nächsten nicht!"* ist folglich als Aufforderung zu verstehen, nicht illegitim in die Selbstbestimmungssphäre des Mitmenschen zu intervenieren, mithin Leib, Leben und Besitz unangetastet zu lassen. Dass Vico aber nicht bei dem stehen bleibt, was in der liberalen Tradition die Freiheitsrechte sind, wird klar, wenn er das seit der griechischen Antike bekannte Prinzip der Verteilungsgerechtigkeit *„Gib jedem das Seine!"* aufruft. Hier lässt sich vermuten, dass Vico etwa auf Ciceros Formulierung der Gerechtigkeit anspielt. In *De legibus* leitet Cicero das griechische Substantiv νόμος (*nómos*, Gesetz) von dem Wort νέμειν (*némein*, zuteilen) ab, wenn er schreibt: „Und diese Sache (das Gesetz) sei, wie jene glauben, mit ihrer griechischen Bezeichnung nach dem ‚jedem das Seine Zuteilen' benannt" (Cicero 1969, I, 6, 19). Auch in *De officiis* findet sich die Vorstellung, dass die Aufrechterhaltung der Gesellschaft der Menschen darin bestünde, „einem jedem das Seine zukommen zu lassen sowie in der Verlässlichkeit vertraglicher Abmachungen" (Cicero 1986, I, 15). Es ist anzunehmen, dass

Vico diese Ausführungen vor Augen hat, wenn er *De uno* schon mit einem Cicero Zitat beginnt. Der Sache nach bedeutet das, dass Vico einerseits an der Engführung von Rationalität und Gerechtigkeit festhält, um Sozialität zu begründen. Die Redeweise der Kongruenz der Gemeinschaft des Wahren und des Rechten ist hier einschlägig. Andererseits legt er, entgegen der liberalen Scheidung negativer von positiven Rechten, nahe, dass ein direkter Zusammenhang zwischen Recht und Verteilung besteht.

Nach der Darlegung grundlegender Rechtspflichten und deren normativer Herleitung aus dem sozialen Wesenszug des Menschen, der wesentlich in seiner Fähigkeit besteht, durch die Sprache und die Vernunft ein auf Wahrheit gerichtetes Leben in einer geteilten Welt der Bedeutung zu führen, ist Vico besonders darauf bedacht, den erkenntnistheoretischen Status seiner Feststellungen zu klären. „Wie gezeigt, stammen die Grundlagen der Wissenschaft von Gott und liegen in uns. Man kann sich daher über jene „Hochgelahrten“ wundern, die behaupten, obige drei Weisungen seien solche des positiven Rechtes und nicht Axiome des Rechtes im Sinne der Rechtswissenschaft, und darüber reden, als wäre die Rechtswissenschaft eine Art Kunst, die rein auf Vorschriften und nicht auf strenger Beweisbarkeit beruht, so daß der Mensch ihre Grundlagen empirische gewinnen müsste“ (*De uno D,* 26, 27). Für Vico scheint also klar zu sein, dass die Grundlagen des Rechts in der Metaphysik liegen, ihr bloßes historisches Auftreten mithin bloß zufällig, keineswegs aber begründungstheoretisch ausreichend ist, um die Geltung des Rechts zu verbürgen. Sie müssen – so Vico im obigen Zitat – den logischen Kriterien „strenger Beweisbarkeit“ genügen.

Fazit

Aufgrund seiner Frontstellung gegen Descartes und als einer der Entdecker der Historizität erscheint Vico zunächst als Gegner des Naturrechts. Trotz dieser durchaus plausiblen Anfangsvermutung ist er jedoch in *De uno* alles andere als ein Rechtspositivist. Zwar zeigt er wohl inhaltliche Differenzen zum iberischen und kontinentalen Naturrecht, trotzdem bedeutet seine Reminiszenz an die platonische Philosophie eine Konservierung der Metaphysik als leitende Wissenschaft für das Auffinden der Rechtsgrundsätze. Von einer induktiven Methode à la Bacon kann methodisch jedenfalls nicht die Rede sein. Vicos Rückgriff auf Cicero und das römische Recht wirkt wie eine Versöhnung von Metaphysik und Geschichte und macht den Reiz einer hegelianisierenden Lesart aus. Der Sache nach sind Vicos implizite Zugeständnisse an die Metaphysik im Sinne einer nicht-zeitlich gedachten Welt der Ideen und Begriffe aber zu stark. In *De uno* unterscheidet Vico explizit Gelegenheiten des historischen Auftretens von Rechtspositionen von der inhaltlichen Dimension der Geltung dieser Positionen. Daraus folgt meiner Ansicht nach ein stark selektiver Umgang mit Geschichte. Die Unterscheidung zwischen Gelegenheiten und Ursachen macht deutlich: Zwar besteht bei Vico ein Bewusstsein für die Geschichte des Rechts, in *De uno* aber interessiert die Geschichte nicht *als* Geschichte, sondern als zufällige Gelegenheit der Artikulation denknotwendiger Grundsätze. Die Berufung auf Cicero und die Gesetzgebung des antiken Roms hatte eingangs der Schrift gezeigt, dass für Vico die Grundlagen des Rechts „in den tiefsten Mysterien der Philosophie" zu suchen sind, weil nur dort mit der strengen Beweisbarkeit der Grundsätze zu rechnen ist.

Literatur

Berlin (1976): Isaiah Berlin, *Vico and Herder, two studies in the history of ideas*, London.

Cicero (1969). Cicero, *De Legibus // Über die Gesetze*, Reinbek.

Cicero (1986): Cicero, *De Officiis // Vom pflichtgemäßen Handeln*. Übersetzung: Heinz Gunermann, Stuttgart.

Cacciatore (2002): Guiseppe Cacciatore, Metaphysik, *Poesie und Geschichte. Über die Philosophie von Giambattista Vico*, Berlin.

Fögen, Meier (2007): Marie T. Fögen, H. Meier, *Das Lied vom Gesetz*, München.

Glaner (1950): M. Glaner, *Von dem einen Ursprung und Ziel allen Rechts*, Wien.

Hösle, Jermann (1990): Vittorio Hösle, Christoph Jermann, *Prinzipien einer neuen Wissenschaft über die gemeinsame Natur der Völker*, Hamburg.

Kaser (1986): M. Kaser, *Römische Rechtsquellen und angewandte Juristenmethode: ausgewählte, zum Teil grundlegend erneuerte Abhandlungen*, Wien.

Kelsen (1960): Hans Kelsen, *Reine Rechtslehre*, 1. Aufl., Leipzig und Wien 1934, (2. Aufl.: Wien: Verlag Österreich).

Kelsen (1979): Hans Kelsen, *Allgemeine Theorie der Normen*, Wien.

König (2007): P. König, *Giambattista Vico*, München.

Morrison (1978): J. C. Morrison, "Vico's Doctrine of the Natural Law of the Gentes", in: Journal of the History of Philosophy, *16*(1), 47–60.

Watson (2011): A. Watson (Hg.), *The digest of Justinian*, Philadelphia.

Fabrizio Lomonaco

Between Law and Religion. A Contribution to Textual Criticism of *De Uno*

Abstract: This essay is the result of analysis and textual study on the extremely articulate trajectory of Vico's interests before the *Scienze Nuove*. Particular importance is given to the three books of *Diritto universale* which mark a significant step in the redefinition of the relationship between metaphysics and philosophical questions of law. This has led to the acknowledgement of the connection – rather than the juxtaposition – of natural and historic law in Vico. So the originality of the new natural right of peoples which, unlike Grotius' law *among* nations, theorizes the historical right *of* nations, natural, rational and positive at the same time. The modernity of an original thought such as Vico's is achieved by the demand for unity of human and divine knowledge. He sees the *verum* in the history with an aspiration to a concrete universal, not devoid, however, of the absoluteness, but identified in the *ideals* that are the "human ideas" constitutive of human history lived ethically in the experience of religion.

1. The unsatisfactory practice of textual criticism, mortifying the connotative value of the system of signs and messages of Vico's philosophy, is one of the reasons for the choice made in 2007 to reproduce for the first time an anastatic print of *De Uno* in its original form, attested by a Neapolitan code (*XIII B 62*), assumed by Nicolini's edition, by Cristofolini's one (with the addition of the Italian translation by Sarchi) and by the Spanish and English translations.[1]

---

1 See: *Obras EdU*; *UR*, 1–291; Schaeffer 2003, 23–274. Without Latin text in front, these translations, albeit with very different exegetical choices, have as source the Nicolini-Cristofolini edition (*OG*). Those translations reproduced the subdivision into chapters and numbered sections, collecting Vico's notes and those of editors. If Schaeffer simply refers to the *Dissertationes*, including in his notes the Vichian ones of 1722, Pinton and Diehl offer a broader commentary, the *Notes* and the *Dissertations* in a «Book Three» (*UR*, 617–711), followed by an appendix on «The Correspondence of Giambattista Vico, Jean Le Clerc, and Others, concerning the Universal Right» (ibid., 713–728). On the criteria of this translation and his exegetical choices (with many indications drawn from the nineteenth century edition of C. Giani, ibid., XL) see G. Costa, careful to catch in Pinton a Vico «strictly Catholic», inspired by the studies of E. Gianturco and M. Lilla, to illuminate the thesis of the translator «rather shaky», convinced «that Vico was mainly a jurist» (Costa 2002, 104–105). Resting on «two registers of the Vichian discourse, the speculative and the juridical» is the interesting review of (Carillo 2001–2002, 167–172).

Also for a non-critical edition, such as this anastatic reprint, the delicate problem of justifying the choice of the reproduced specimen must be dealt with. In other words, this problem is, in itself, a critical choice, referable to a judgement on the meaning of the marginal notes and the identified variants, to the adoption of a method of reading texts which combines *order* and *exegesis, emendatio* and *interpretatio* (Garzya 1997, 22–23). The 1720 text of *De uno,* full of marginal notes, is kept in fairly good conditions at the "Vittorio Emanuele III" National Library of Naples. It is 260 x 200 mm in size and features numbered pages (1–100) within a very valuable code (the abovementioned *XIII B 62*) which also includes the original specimens of *De constantia* and *Notae,* made of special paper and featuring wide margins, rich in typographical flaws and signed marginal notes. The notes are of a genetic and evolutive nature as they date back to different drafts, as confirmed by the variation of the ink colour. The printed pages of *Notae* come before other documents: 3 sheets, the first of which features on the recto the title «Aliae/ Virûm Clarissimorum / Epistolae / Ineditae» (including a letter by Biagio Garofalo dated 13th September 1721 (279r -281v); a printed version of *Synopsis* (arranged in two columns in very small print) with crossed out marginal notes and with other signed notes inserted on the final page (282r - 283v, 284r); finally, a series of signed corrections relative to *De uno* and *De constantia* entitled «Mendorum ab typis literariis/Emendationes» (285r - 289v). These valuable documents, which Vico probably had bound, were kept by him for over a decade, from 1720 to 1734, when they were given to F.F.A. Gervasi as can be inferred from a signed marginal note on the bottom margin of the title page of *De uno*: «Dono dell'Autore con alcuni suoi Caratteri a F.F. A. Gervasi/1734».[2] In this year, as known, after printing the 1730 *New Science*, concurrently with the formulation of the third (1730–1731) and fourth (1732–1734) «Correzioni, Miglioramenti e Aggiunte», Vico decided to leave out a text, whose revision with the complicated inclusion of marginal notes and variants was useless, especially considering that the reference philosophical theses had been abandoned. *De uno* seemed a self-sufficient work in content and form. The theorized unsurpassable «circularity» of principle and unity, eternity and time

2 Nicolini reports this year to 1735 (Nicolini 1936, 797). From Gervasi the autograph code passed to Giuseppe Solari and the, in July 1872, to the Marquis Filippo Raffaelli in Fermo, as documented by a note in a paper glued on the second cover of the work. For Francesco Antonio Gervasi Vico composed, between April and May 1727, a sonnet, published in *Raccolta di vari componimenti in lode di Francescantonio Gervasi. Per lo suo insigne Quaresimale, che ha predicato in quest'anno MDCCXXVII con sommo profitto, ed applauso nella insigne collegiata di Marigliano,* Napoli, 1727.

was freed by the intense and heavy work of a detailed re-elaboration of *New Science,* which by the mid-thirties was already so advanced that it showed a new reflection on a text which had undergone internal, structural twisting, by then incompatible with the Twenties' *Universal right*: «(...) Vico is dissatisfied further with the *Universal Right* because he tried therein to descend from the mind of Plato and other enlightened philosophers into the dull and simple minds of the founders of the gentile peoples, whereas he should have taken the opposite course; whence he fell into error in certain matters»[3].

The anastatic reprint of *De uno* can find its meaning also from this opinion. Not very interested in ascertaining the author's «last will», it reproposes the original printed work as published by Vico while bearing witness to a historically determined moment of its articulated building process, often passed unobserved or escaping the scholars' notice. In analyzing the complicated becoming of the work, marginal notes don't ever give evidence to a partial modification, but are the sign of a study practice involving the text as a whole and influencing its internal layout. In addition to corrections of graphic signs and punctuation marks[4] and to typographical flaws[5] several references and textual integrations are present. The former are to be related to the additions that, on the side margins, refer to passages in the *Notae* as published in the 1722 volume. They can be distinguished from the other marginal notes for the different ink intensities, thus bearing witness to the overall character of the code, which can be compared to a real working copy. In addition to the varying use of the reference mark in the text[6] do not correspond to those indicated in the

---

3 «(...). Gli dispiacciono i *Libri de' Principj del Diritto Universale*: perché ivi noi dalla *mente* di *Platone*, ed altri chiari *Filosofi* tentavamo di *scendere* nelle *menti balorde*, e *scempie* degli *Autori della Gentilità*; e dovevamo tenere il *cammino* tutto *contrario*, e dalle *menti* di *quelli* salire alle *menti* degl'*Addottrinati*: onde andiamo ivi *errati* in un gran numero di *materie*» (G. Vico, *Correzioni, Miglioramenti, ed Aggiunte Terze poste insieme con le Prime, e Seconde*; e *tutte coordinate per incorporarsi all'Opera nella Ristampa della Scienza Nuova Seconda,* in "Vittorio Emanuele III" National Library of Naples, XIII D 80, then in *SN30*, 405–406). Similar judgments are already reported in the *Additions* (1731) to the autobiography (*Vita*, 92. English: *A*, 194) and then: *CMA3, XIII B 30*, in *SN30*, 547–548.

4 *De uno 2007*, for example, 2 (line 16), 6 (line 16), 8 (line 8), 13 (line 8), 44 (line 28).

5 Ibid., 9 (line 16): *Obbesium* = Hobbesium; 12 (line 19): sit = sint; 21 (line 21): *Heautontimorumenones* = *Heautontimorumeni* and then, for example, 32 (line 1), 37 (line 7), 43 (line 21), 61 (line 7), 73 (line 1).

6 Cf.: ibid., for example, 2 (line 16), 55 (line 19 and 31), the positions of the marginal notes on pages 118 (line 9), 135 (line 16), 136 (line 14).

Notae.[7] More significant errors can be found on pages 165 and 182 where there is no reference whatsoever to the respective pages of the *Notae* which, however, make reference to the text: in the case of page 165, to introduce the long, valuable addition dedicated to «Feuda heroicae originis esse»; in the case of page 182, to refer to the note of *Omissa aliquot,* at the bottom of the *De Constantia* (*DC 2013*, 240).

As regards the marginal notes and the different interpretations, even though they should not be analyzed here, it is useful to provide a first exemplification, not limited to the mere technical-critical datum but focussing on themes and problems that, in my opinion, underpin *De uno* and *Universal right.* For instance, on the bottom margin of page 97 there are two marginal notes referring to the part of Chapter 149 dealing with the «prime leggi» and the «prima infanzia della lingua latina» to show that «i primi vocaboli delle cose» are «monosillabi», those *voices* connected to the first *gestures* to unite and animate bodies and things. In this respect, Vico adds in such margin the wording «nux» to all the others (*lux, fons, glans*) and uses «hoc» (to indicate «sky»), observing that «et apud *Comicos* passim / *Luciscit hoc jam* / pro Luciscit jam caelum».[8] These erudite reflections reconcile, as is known, with an extensive and complete consideration on the linguistic experience that is interest for the study on the early institutions. The aim is recognizing the gradual process of the human civilizing process in the origins of words and their progressive semantic modifications. In particular language, which is dynamically open to *societas* and to the *institutio* of human life, is where the laws "speak", and provides access to the authentic place of integration between the «storia delle cose» and the «storia delle tre lingue, ebrea, greca e latina», included by Hugo Grotius into a «sistema di un dritto universale» (*Vita*, 65). In replying to the question of how words can mean things, Vico's exceptional philosophical fantasy has recourse to his insuppressible vocation to a non-intellectual study of etymology, different from the «grammatical» one having a Vossian origin. Using a more essential style than usual, being careful not to repeat old formulae, the author of *De uno* invites us to think carefully about words,

7 *Notae XIII B 62*, «Notae in Librum Priorem», 5, 6–7 and 8–9. In the text to the line 5 of page 118 (quoted in *Notae*, 5) does not correspond to any marginal note; to page 7 of *Notae* the reference to page 136 of the text is correct to match the line 14 to the page that contains it (it is page135 but the line is 16!).

8 *De uno 2007*, 97 (lines 20, 23). The marginal note was commented by (Placella 1978, 65–67, notes) with references to marginal notes in pages 12 (line 5), 123 (line 19), 133 (lines 8, 12), 149 (line 30), emphasizing in Nicolini the oscillation of their location in the text or in the notes.

documenting that the first language of laws was sensitive to the natural and religious experiences of primitive man. Therefore, the laws which are initially to be taken into consideration are not to be understood as artificial instructions or abstract provisions but rather as a spontaneous and non-conventional expression of habits of a concrete life. Hence, the strict connection between *law, nature* and *religion* and the origin of the latter «non a *religando*» (as Vico wrote in Chapter 149 by correcting, in the right-hand margin of the text, the original printed wording [*relegando*]), «sed a *relegendo*, accurate legendo» the sacred seats of the cults.[9] They hand down the original habits of humanity and, in particular, the memory of the processes that originally bind men to the *earth,* through which law originates, gradually entering the sphere of the *certainty* of the «heroic language». Here the theory of *fas* is introduced, of that law of peace and war which has become the common language of the peoples, a «certain» and universal language, slowly matured in history and, therefore, very different from the one that Grotius attributed to a discovery of the «philosophers». With respect to this theme, some significant signed marginal notes are present, as documented by Chapter 169 dealing with the «lingua eroica la quale è il "fas gentium"». Here in the right-hand margin, there is a first marginal note adding the following: «Quae principio fuisse / necesse est praedura / lingua curva, ac prohin / de harpentis dentes». Within a reasoning about the «favola di Cadmo», Vico does not introduce simple, insignificant corrections but rather connections aimed at introducing relevant consequences as regards the structure of his reflection on the genesis of human history and its linguistic-mythological representation. Vico evokes it on a striking page, analyzing the state not regulated by the law where the killing of the snake by the hero, the peasant Cadmus, the «primo ritrovatore delle lettere», is an act of submission of land to agriculture, to the power of the plough and the teeth of the reptile, a representation of the introduction to the civil «contese». The *fortes* ploughing the soil are the origins of «urban» life, an expression to be referred to the «curvature degli aratoli» (called by the Latins «*urvae*, donde il nome di *urbes*») and to a marginal note present in the same place to underline the function of the *optimi,* the founders of the first civil societies «qui orti sunt quirites / hastis armati» and act as a collective subject.[10]

---

9 *De uno 2007*, 99 (line 9). The more intense color of the ink in the marginal note and the fact that it is preceded by "em." suggest that the intervention is subsequent to a first correction and to that merged in the *Emendationes* in which there is no reference to the page examined here.

10 Ibid., 133 (lines 8 and 12). Both the marginal notes are indicated by Nicolini and Cristofolini in the notes (*OG*, 241). On the theory of the «*fas* of the wars and the peaces»,

Thus, Cadmus' myth recalls that heroic world where *truth* is not understood in the form of unfolded all-absorbing reason that is at the end and not at the origins of the historical course. Here the mythical-poetical relationship prevails, a prologue to authentic knowledge, where the finiteness of human reason meet the ambition to the universal, represented by the political Roman experience, a true example for the capacity to preserve the habits of the most ancient peoples. This is proved, amongst other things, by the noble insignia, written in heroic characters and dealt with in the Chapter 185 dedicated to the «Filosofia dei giureconsulti derivata dalla sapienza eroica». Here the attention to the «origine delle geneaologie» is linked to the complicated matter of the «diramazione delle stirpi originarie nelle parecchie famiglie» to study the origins of the *ordo* of the «genti maggiori» according to «l'ordine della mortalità» (*OG*, 276). Thus we go back to the ancestors' systems, to their coats-of-arms that, according to Vico, derive from the word «thread». Representing an unavoidable historical phase of primitive rudeness, are were disregarded by the optimates and, then, preserved with «filiale pietà» and «religioso rispetto» as Vico claims by strenghtening his historical-etymological reconstruction using a marginal note which, in the left-hand margin, adds the verbs «inchoavit, duxit» (*De uno 2007*, 156, line 8). Originated from a perturbed and moved state of mind, the fable goes, however, over and beyond sudden sensitivity, thus revealing the constituent opening towards the future, in a narrative form made up of individual facts in collective actions. Cadmus' tale, in particular, pre-figured the destiny of human life through the significant event of the division of the fields that Vico claimed to represent the solid foundations for the themes of production and appropriation bound to the concept of *nomos*. Before defining law as positive ruling, we shall understand its original mythical form which belongs to the history of the formation of the heroic family and, hence, of the first civil orders. With them the sphere of individual *suum*, a unity of three original laws (*dominion, liberty* and *tutelage*), acquired the certainty of ordered and social relationships, implying in fact the *family* as a place for the communication of material needs and *customers* as a source of new rights in the beneficial struggle between common *dominion* and the *law* of the weak against the strong. This moment of theoretical reflection and historical re-construction corresponds, in Chapter 163 («Debbonsi distinguere le leggi secondo le condizioni del governo da cui emanano»), to the reference to

which has become «a common language of humanity», see (Badaloni 2005, 176–177). He discussed a «systematic aspect» privileged by the final part of *Universal right* and not granted to historical themes (ibid.).

the «*Tribuniciae leges*», typical of the Roman republic, explained by adding a marginal note on the right-hand side saying: «Sive tanquam dominus / Imperii et Iuris Romani / cum libera administratione».[11] If the secession of the plebeians on the Mons Sacer gives rise to an initial alteration of the political equilibrium with the so-called free «natural law» State, the establishment of the tribunal affirms the right of *intercessio* and *vetus* as prerogatives that contribute to its new *ius* practice. As a conveyor of liberty and equality, such innovative legislative provision is the sign of an explicit reaction to the injustice of the strong ones and, at the same time, a configuration of interests and of their corresponding laws, contrasting the secrecy of ancient private Roman jurisprudence, born as a form of interpretative knowledge of the Patricians, the «custodes iuris» (*OG*, 230, 231).

Besides a restricted group of corrective interventions as proposed in the appendix on *De constantia*'s example (*DC 2013*, 240–241), we must reflect also on the typology and contents of the corrections introduced into the hand-written and signed papers of the above-mentioned Neapolitan code (XIII B 62), entitled «Mendorum ab typis literariis Emendationes» (*De uno 2007,* Appendix, 1–11 [un-numbered pages]). Given there are no manuscripts used for printing the *Universal right*, they undoubtedly represent relevant, critical documents in that they witness a revision phase coming after the printing of the work. Vico, not without some omissions and recollections, which often do not correspond to the lines as indicated by the correction,[12] draws up a reminder of corrections re-proposing and integrating the marginal noted interventions in the printed text of *Universal right,* as well as the *errata* («Insigniora Priorum duum Librorum menda emendata») as a premise to the *Notae* text. It is worthwhile underlining the content of such marginal notes and variations with a privileged reference to *De uno*, even if in general terms and by means of exemplifications, were it only because these corrections are not to be found in Vico's critical text tradition or are not recognizable when introduced without any critical warning. Such interventions Antonio Garzya has correctly defined as «auto-glosses», expressing the Author's wish to integrate and, partly, modify «a text which continues to accept» (Garzya 1973, 30).

If the phenomenology of errors due to oversight is limited, more frequent are the corrections trying to amend it back to the original version by means of an incorrect *lectio* already quashed in the print and replaced in the margins. An

11 Ibid., 123 (line 19). The marginal note is placed by Nicolini-Cristofolini in the note to the Latin text (*OG*, 227).

12 See, for example, page 150 of the text (*De uno 2007*), where at the line 19 the marginal note on the left is referred to an *emendatio* (with the sole indication «e.») absent in the manuscript.

example of this intervention is to be found in *Emendationes* on page 12 of the printed text where, on the left-hand side margin, the substitution of «veris» with «certis» is proposed. The argumentative context is the final part of *De Opera Proloquium* referred to the «Definizioni del vero e del certo». In the background, as it is known, there is the anti-Cartesian debate, as shown by the recollection in the note to *De antiquissima,* a work in which the Neapolitan philosopher theorizes on the difference between *scientia* and *conscientia.* The new path chosen in *De uno* is to distinguish between the *truth,* as found in the eternal order of things, and *certainty,* as produced by «*conscientia dubitandi secura*». Without the latter, falsehood cannot be distinguished from doubt and like many other true things, showing themselves sometimes as doubtful, they would appear both doubtful and certain, and so, on the contrary, falsehoods would become certainties («true» is the incorrect and quashed variant), and so they would become both false and true.[13]

After 1710 Vico refuses the identification of reality with Descartes' geometrized universe. He warns that the main problem of the «principle» of sciences and unity of human and divine knowledge is resolved in resorting to the *idea of truth,* coinciding with God's order, the horizon of pure intelligibility, which cannot be reduced to the perfection of the human *mens* or to its isolated and divided corporeity. The idea of order is eternally at the basis of how men give sense and value to their relationships, sharing the same notion of *truth.* From such an approach depends the definition of the foundation of law as «ordre immuable de la justice», as Vico could have read in Malebranche (Malebranche 1955–1965 [1972], 193). The work of the oratorian philosopher, who is inclined to conjugate Descartes with Augustine, may be at the origin of the interest for a criterion of truth which is not exclusively based on the auto-evidence of the *cogito,* but on the obscure conscience of the soul, which «par simple vûë ou par sentiment interieur» takes part in the divine, eternal order, a principle for every physical and psychic modification. Finished beings, deprived of autonomous causality, mean men had to keep themselves within the cognitive limits of the vision of everything in God, between the «psychological» dimension of the *men* and the platonic one of ideas contrasting with the activity of the senses and the

13 *De uno 2007*, 12 (line 5). For Ingegno the references to the error and doubt in the Vichian metaphysics of 1710 are interesting as «remote origin of that *conscientia dubitandi secura*» (Ingegno 1991, 504).

damaging «union de nôtre esprit avec nôtre corps».[14] However what is missing in Malebranche – as it has happened with Descartes – is the *novum* of Vico's intention to privilege law as a dialectics of idealness and reality, the constant ambition to an ever more shattered and then all the time re-newed unity of the individual and collective *men*. Nothing more than *ius* reveals the progressive adaptation of ideas over concrete experience. In its activity, law is a rational form that orders facts within the world of those individuals dominated by the immediacy of needs, which exactly the action of such a form is called upon to transform. In order to save the identity of human action, beyond empty and dispersive singularity, it is necessary to make it converge into a common and constant process of civilization that involves a fundamental experience of both thought and life. The awareness of all this belongs to philosophy, which already in its classic (Platonic) matrix sets the question of the relationship between the incorporeal idea and the human world, thus substantiating law in its dimension as a *true* principle. This is at the same time consequence of the absolute and a booster to fix the order of ideas in the human *mens*, so as to establish the unity of values in the process of exterior, temporal, social life. Transforming a classic theme is central to modern philosophy or law, leading to searching for the rational, non-contingent foundation of *ius*. The new *scientia iuris*, born out of the «conversion» of *truth* and *certainty*, from *philosophy* and *philology*, is the illumination that Vico receives or believes to receive from Grotius. The famous definition of «natural law» in *De iure belli ac pacis* («Ius naturale est dictatum recate rationis», Book 1, Chapter 1, § X, 1) is directly mentioned in Chapter 82 of *De uno* (*OG*, 100). In Chapter 77, while developing that division of natural law into *prius* and *posterior* introduced by the stoics, and confuted but, at the same time, adopted by the Dutch scholar, Vico achieves to define the «materia e forma di ogni diritto volontario» and, in particular, revaluate the «parte posteriore del diritto» which prescribes or bans what is «assolutamente immutabile, per esser dettato dall'eterna ragione» (*De uno 2007*, 49, 47). Thus the reasons for Grotius' good luck are bound to the motivations supporting an original transformation aimed at theorising a new conciliation of universal and particular in the real life of people and civil nations. This implies the definitive abandonment of the ancient metaphysics of being and of the *mens* as *being* in the re-newed Cartesian formulation. Vico knows how to contrast it with the sense of Ciceronian «metafisica del genere umano» so as to

14 Malebranche 1678, Book 5, Part 2, Chapter 6, 418 and Preface (page 5 un-numbered). On the theme see the well-known studies of Landucci and Marcialis, Billi and Ingegno. Cf. now Nuzzo (2017, 1–77).

confirm that the centre of theoretical interest has changed, from *ontology* to *gnosiology*, and to privilege the determinations of the human *mens* both in its rational and pre-logical manifestations. This leads to the possibilty of an agreement with Grotius, defined as a «giureconsulto del genere umano» in this chapter of *De uno* which gathers and transforms also the Augustinian interpretation of Varro's «formula di natura» (ibid., 47, 31). Vico uses it to blend the philosopher's theology with the civil one and without the Father of the Church's reservations, to bring into view that *formula* which has God as an *idea* and *life* in the world of human action, the horizon of life and the possible certainty of the same *ius*. However the novelty as regards the principle of *verum-certum* in *De uno* is in the fact it supports the conversion of *certainty* to *truth*, as an *emendatio* (not present in the marginal notes in the printed text) to a passage from Chapter 56 («Principio e fine unico della giurisprudenza e della morale cristiana»), exemplifying the philosophy of the work in general, it is underlined, by integrating the reference to *societas* with the term *humana*, that it is founded on «cognazione naturale, la qual (…) deriva immediatamente da Dio» (ibid., 31 [21]). The defence of the rational nature of man from every danger as regards subjectivism and sceptical relativism is a discovery of the eternal in that which is changeable. Thus, in order to be able to exist, it requires a «theological» framework, even though updated and revised. Law aims at being the measure of reason within facts and, at the same time, the «revelation» of a universal order in its authentic, divine rational meaning. If this is not enough to explain the debate – which only arose in *New Science* – against the abstract law of the modern supporters of the discipline of natural law (with Grotius closer to Selden and Pufendorf) who undervalued the «providential» principle, at least it justifies, in Vico's *De uno*, what Dario Faucci called «a new weaving of conceptual threads of Grotius' discipline of natural law» (Faucci 1968, 515). This is not merely a historization of natural law as the critical issue of *De uno* is disclosed and then immediately concealed when history reveals its privileged Roman *exemplum*. Nevertheless, in this respect, Vico features an original interpretative strength and is aware that only through *verum* is it possible to find a direction in historical reconstruction. Acting with the help of «naturali costumi umani», the divine *verum* is not in conflict with the historical course of law, a work of man in that it is the outcome of the development of *mens*. Therefore, Malebranche's theory of *occasio* is used in *De uno* in a theoretical perspective combining Grotius' philosophy with *ius naturale gentium*, separated from *ius philosophorum* which does not help to understand the strains and transformation of human *societas*. The «diritto naturale delle genti» is that which «corre in tempo» and, therefore, is not perfect, *ab aeterno*, independent of those who have to observe it. It is the outcome of their own making, which is brought to perfection as regards the development of the human *mens*, limited and incomplete between the *utilitates* of life and its constituent relationship with *verum*. Man's world is the *certainty* of life, it is the mediation of *mind* and *authority*, mind which becomes body and action without having the features of a perfect model from which absolute principles can be inferred. After original sin the human being is never a totally defined entity; it is rather an existence that is always endowed with the limit of sense and usefulness. Given that «il certo è parte del vero» and «l'autorità parte della ragione» (*De uno 2007*, 49–50), the relationship between the ideal and the real is always necessarily incomplete. If fading were to prevail in the relationship between *verum* and *certum* in the absolute unity out of time, the human world could only exist as a manifestation of true divine order. In this case, the process of ascertaining and the «costanza» of action through law and philosophy-philology would be fading away. Therefore, considering the *reason* and *authority* of positive law as separated and contrasting items is a serious mistake among law experts and dogmatic philosophers. However even in the most advanced state of history, i.e. in full rationality, the dominion of *verum* over *certum* does not cease. Its presence in experience ensures that man's reality can never be vain. Only through *certainty* and the practice of the world is it possible to attain the truth of the principle of law, a place where the true order of things is included. Indeed, only here is it possible to collect those «semi» of truth, the *vis veri*, an inescapable structure of man which, after sin, invites him to live following the right order so as to find in law the strength of truth and the authority of human *societas*. Here, it is possible to understand that truth does not correspond to a particular form, as it is only given in the countless transformations of truth, in the possibilities to a «modificazione della mente» within the variable structures of *auctoritas*. Between *reason* and *authority* all the complexity of Vico's natural law is revealed. It is an expression of true divine order which is only partly emanated in the human world. Therefore, the true natural law bears witness to the participation of human *ratio* in the *lex aeterna* which, far from undervaluing its action, makes its characters and prerogatives more powerful from within. Hence, the thesis of the discipline of natural law regarding the continuity of human development based on the principle of spontaneous and autonomous inclination to social life, is transformed by the divine truthful structure which helps to explain, without ever solving it, the utilitaristic instance of singular individuality. This is the persuasive reply to the huge challenge of ancient and modern scepticism (from Epicurus to Bayle) which indirectly invite us to question the complicated issue of a principle of unification and communication between men. In Vico, the discussion on this theme cannot disregard some well-defined anthropological assumptions. For the human nature, tainted by original sin, the *ratio-voluntas* connection is based on a *foedus inaequale* which is expressed in the history of *auctoritas* and reflected in the specific form through which Providence can give back *ratio* to the fallen humanity. In the slow process of formation of society, the strength of rationality, the truth of a rational order wished by God is always present. This can be found also in the origins of history, when *certum* prevails and the corresponding imperative authority-wish of those who have the power over isolated individuals is based on the supreme violence of *suum,* the founding strength of the human world. Vico examines it in depth from a philosophical point of view to oppose to an alleged and false «età dell'oro», completely unfolded reason, the primitive reality of an obscure and fabulous time which represents human life as immersed in the fear of a thundering and lightning sky, within the violence of savage senses and passions. However the initial acquisitions of rights (the certainty of possessing women and of territories marked with boundaries) are the outcome of violent activities which, although they do not abandon the sphere of material utilities, are an expression and determination of the *idea* in *action.* This is confirmed by the «azioni personali» at the time of the «diritto delle genti maggiori» which Vico examines in Chapter 100 and defines as true «conditiones», referring to the content of the ancient law of the Twelve Tables and replacing the source Hotman with Justus Lipsius,[15] through a note, with a correction (only present in the *Emendationes*). Also in this variant, the theoretical need to support the reasons for a synthesis of *strength* and *perseverance* of *truth* is re-affirmed. A rule of conduct in the human condition of solitude tending to usefulness and greediness contributes to the formation of state life. Such introduction coincides with the transformation into public strength of the *ius privatae violentiae* which, introduced by the social struggles for the *usus* and *fructus* of the land and enhanced by the poetical-fantastic activity, continues to positively affect the new juridical and political phase starting state life. This can be identified with the passage from the law of the «genti maggiori» to the law of the «genti minori», a key point in all of Vico's reflections on the universal right, to explain the advent of *ius civile commune* from which stem the rules regarding peaceful and belligerent relationships between the States. This highlights the *emendatio* (not present in the printed version) which can be read in Chapter 135 («Del diritto delle genti minori»), where, with respect to the first civil societies born

15 *De uno 2007*, 56. On these sources and the others of the *Universal right* see Cuntreri (2015, 196–197).

out of wars, «virtutem» is replaced by «iustitiam».[16] Underpinning all this is the reference to models of ancient history and, in particular, to the power of the law-maker Solon which is referred to in Chapter 95 («Dall'autorità di natura nasce l'autorità giuridica») and further investigated only in an *emendatio* (not present in the printed version), by adding the term «potenza» to the original qualification of «sapiente» (*De uno 2007*, 54, line 10). This variant is in line with the reference, in the same chapter, to the model of ancient Rome, introduced by the abovementioned judgment on Brennus' that «fondavasi sul vero, quando diceva ai Romani: "La legge della possanza esser stata fra i mortali la più antica e la prima"; ma per ignoranza, o per arrogante reticenza, egli non aggiunse il punto essenziale di quell'argomento, "dovere una tal legge essere imposta da natura più eccellente e superiore"» (ibid.; *OG*, 108). Having recourse to Rome's *exemplum* and, in particular, to the history of its *ius gentium* testifies to the capacity of ensuring justice for *power,* of increasing the use and measure of *strength* according to reason. It bears witness to the marks of a great *civitas* which goes well beyond the borders of its historic existence, conquering the world with its irresistible and extraordinary power. A universal expression of knowledge and strength, Roman *iurisprudentia* affects and governs social relationships in which *auctoritas* recognizes the criterion of justice as a fundamental value of civil life. This is the origin of *ius belli* theorized following Grotius and, at the same time, departing from him, to make that *ius* leave the traditional concept considering it merely as a «riparazione di una "iniuria"» (Ilari 1981, 114). Vico's originality lies in his intuition of a non-judicial character of war which is introduced into another context of intelligibilty, i.e. «philosophy» considered as a suitable horizon for understanding the more general relationship between historical life and the eternal «circle» started from God and returned to him, to his wish that makes the winner possessing the greatest *strength* also the holder of the most efficient *reason.*

Having rejected the thesis of an abstract and not very plausible continuity in Roman history, the ideal of the ancient city and the republican system are reconsidered in relation to that original practice of actions and relationships in the *forms* of habits and customs from which public law originates. In Chapter 164 («Dei decreti del Senato nella popolare repubblica temperata d'aristocrazia»), Vico introduces, in the text and in the *Emendationes,* a marginal note which adds

16 Ibid., 82 (line 3). Nicolini and Cristofolini generically recall a marginal note without noticing its presence in the *Emendationes* (*OG*, 158, 160, 161).

the term «actor» to the definition of the functions of the Senate, «*Tutor pupilli absentis*».[17] Referring to the invitations of Gerardus Vossius' pages, the etymology of this term is an invitation to increase the meaning of a completed law, of an achieved synthesis of *auctoritas* and *esse sui iuris* (Carillo 2000, 390–392 and notes). In the complicated attempt to reach a conciliation of *liberty* and *authority* the fathers, in fact, keep the prerogatives of *iurisdictio*, proposing themselves as *auctores* of the decisions of the people. Nonetheless, the humanity of the law requires not only the authority by which it is supported but also consensus, since the Senate is a representative of the absent pupil and is no longer «qual dispensatore od autorizzante», considering that «l'autorizzazione del tutore vuol esser prestata dal tutore presente ad un pupillo egualmente presente, per un fatto presente ed attuale» (*De uno 2007*, 124–125). This political-juridical practice, which turns the exercise of *dominium* into *tutela iuris*, bears witness to the progressive strengthening of *libertas*, whose aim is to transform the Senate's *auctoritas* into a simple custom, in memory of a totally shattered supremacy. This issue, in the same place as *De uno*, is dealt with in relation to the question of the «pattuazione delle alleanze», which is a central point in Grotius' reasoning, that Vico knows and investigates, even though without mentioning it, through a marginal note on the right-hand margin, at the beginning of *Omissa aliquot* at the end of *De constantia*. Here the point of view of ancient Roman history is complemented by the political and juridical reality of the modern world which helps to distinguish between the politics of the Senate and the politics of the republics that «prive di questa mistura, propria di una repubblica di ottimati, mancano di questo grande vantaggio». Therefore they necessarily entrust all state affairs to a single man as the Athenians did by choosing Aristides or a few select and reliable people, as the Dutch did «nella spedizione del principe d'Orange per l'occupazione della Britannia, ma tutto questo con evidente pericolo di cadere in schiavitù».[18]

---

17 *De uno 2007*, 124 (line 32). Nicolini and Cristofolini introduce the marginal note in the text, referring it to an *errata-corrige* (*OG*, 229, note).

18 *DC 2013*, 240. The Italian translation of this integration to page 125 of the printed text is that of Nicolini-Cristofolini, inserted in the section «Notes to the first book» (*OG*, 748). On the forms of government with particular reference to the theme of the mixture after the known studies of Bobbio (1978, 5–27) and 't Hart (1987–1988,153–162) that favored non-existent contiguities with the *New Sciences*, the updated research of Caporali has grasped the specificity of the discourse, in the *Universal right*, on the *respublica mixta* and the "temperature", alternatives to the decadent solution of the *formae merae*. In particular see the commentary on *De uno 2007*: cf. Caporali (2009, 133–138), where he discuss «three crucial points» of the architecture of *De uno* and

The political problem of the «mixture» of the optimates' original characters with the possible excesses of the *popularis respublica* is at the basis of a great part of Roman history and jurisprudence as discussed in the final part of Chapter 171. Here, by referring to the «soli patrizi (...) giureconsulti», he stresses the emblematic political activity of Lucius Junius Brutus who, after conquering liberty, «adoperossi con ogni studio a ridurre la repubblica a stato di ottimati».[19] This is precisely the historical fact examined by Vico, who introduces a good number of corrections to the text. In Chapter 204 («Della penalità secondo la natura dei civili governi») a variation is made, only introduced in *Emendationes,* deleting the word «populus». This is a sign of a historical-philosophical difficulty in understanding and representing the meaning of the complicated transition from the aristocracy to the republic.[20] This is solved through the recourse to the model of the «respublica mixta», abandoned in *New Science,* but widely used in *De uno* as a model of «mitigation» of the Roman *libertas,* bound to bring about inevitable conflicts and, still, necessary to codify a balanced order of *dominium, libertas* and *tutela.*[21] In this regard, Vico's attention focuses on Roman history, regarded as a normative experience to be deeply understood in the peculiarity of its existence and, hence, to be rescued from the deforming action of the rhetorical-didascalic model, not completely abandoned by the humanistic-Renaissance tradition. Indeed, with the falling into disuse of the humanistic myth of the *legislator*, which is not sufficient to support the greatness and power of Rome, it is now a question of grasping any possible, indirect points of contact with Machiavelli's analysis in his *Discourses,* whilst recovering a reason for the strength which, through an exceptional concentration of virtue, has managed favour a time of peace and rationality. If thc univocity of the *formae merae* exposes the State to the certainty of its end, due to the exhaustion of such *virtus,*

De constantia: the forms of government, Roman history and the "eschatological" phase (ibid., 136).

19 *De uno 2007*, 134, 138. To «The faces of Brutus (from morals to new science)» is dedicated one of the chapters of Caporali (2006, 55ff.) that in the interpretation of the hero Romano has grasped important transformations with sharpness, from the arrangements (in *Universal right*), founded on the primacy of wisdom and morals, to the progressive theoretical settlements in the long transition to *New Sciences*, to that «*taxonomic* articulation in the relations between the three ages of each nation as the last answer to its challenge of thought» (ibid.).

20 Ibid., 176 (line 15). Of this no signal is in Nicolini-Cristofolini (cf. *OG*, 312, 313).

21 For a deepening of the theme and the others discussed in these pages I would like to refer to my recent monographs (Lomonaco 2017, Lomonaco 2018).

the «respublica mixta» embodies the values of moderation and of that which is in the middle. These values, even though not delivering from the crisis, manage to keep a certain destiny of decadence at distance. Originating from the wisdom of the «genti maggiori», this political-institutional solution leads to a dynamic balance between *ius naturale* and *ius civile* which, managed by Providence, does not eliminate the strains between the *ordines* but helps to channel them into the *certum* dimension, thus proposing again the complicated and unresolved question in *Universal right* of how to exit from the heroic age.

To draw a conclusion, if it is true that «all textual criticism problems are historical problems» (Garzya 1973, 28), the identity and the critical meaning of the proposed interventions are clearly highlighted in the anastatic reprint which follows below, published for the first time. This print can establish the quantity and quality of information and material that the relevant critical version will certainly have to describe, but without ever allowing the reader to have a direct view of Vico's page with all those meanings and all that suggestive and so-called «semic» evidence of the original (paper colour, scoring-out, changing thicknesses and quality of the ink used) which have been so far neglected or undervalued with respect to the better known and more studied variation marks in the text (punctuation, characters, marginal notes and changes by the author), the specific subject of a critical version. This implies Vico's connection between philology and philosophy because, taking everything into account, it is always an interpretation – never unique and final – which replaces an analysis of the individual, isolated variants and marginal notes with the study of the tradition of a text as a whole, also acknowledging and assessing a whole correcting system. In order to prevent the effort of textual criticism from falling into excessive philological impressionism or subjectivism, «it is necessary – as righlty pointed out by Placella – that "showing" is made more efficient than "interpreting" and that the latter is supported and documented by the former, so as to set up an open interpretation».[22]

Literaturverzeichnis

Badaloni (2005): N. Badaloni, *Laici credenti all'alba del moderno. La linea Herbert-Vico*, Florence.

Bobbio (1978): N. Bobbio, "Vico e la teoria delle forme di governo", in *BCSV*, VIII.

22 Placella 1990, 67. On the facsimile editions as an important support to the critical editions the Author has already insisted (Placella 1978, 57ff).

Caporali (2006): R. Caporali, *La tenerezza e la barbarie. Studi su Vico*, Naples.

Caporali (2009): R. Caporali, "Intervento in occasione della ristampa anastatica del *De universi iuris uno principio et fine uno*", in *BCSV*, XXXIX-1.

Carillo (2000): G. Carillo, *Vico. Origine e genealogia dell'ordine*, Naples.

Carillo (2001–2002): G. Carillo "Review to G. Vico, Universal Right [...]", in *BCSV*, XXXI–XXXII.

Costa (2002): G. Costa, "Review to G. Vico, Universal Right [...]", in *New Vico Studies*, 20.

Cuntreri (2015): A. Cuntreri, "Bibliografia delle fonti del Diritto universale di Giambattista Vico", in *BCSV*, XLV.

Faucci (1968): D. Faucci, "Vico e Grozio giureconsulti del genere umano", in *Filosofia*, XIX.

Garzya (1973): A. Garzya, "Per l'Edizione Nazionale di Vico", in *BCSV*, III.

Garzya (1997): A. Garzya, "Sui criteri dell'edizione critica dell'opera vichiana", in G Cacciatore and A. Stile (ed.), *L'edizione critica di Vico: bilanci e prospettive*, Naples.

Hart (1987–1988): A. C 't Hart, "La teoria vichiana sulla successione delle forme di Stato e le sue implicazioni politiche", in *BCSV*, XVII–XVIII.

Ilari (1981): V. Ilari, *L'interpretazione storica del diritto di guerra romano fra tradizione romanistica e giusnaturalismo*, Milan.

Ingegno (1991) A. Ingegno, "Da Malebranche a Vico", in *Filosofia e cultura, Per Eugenio Garin*, Rome.

Lomonaco (2017): F. Lomonaco, *Tracing the Path of Giambattista Vico's Universal Right*, Milan-Udine.

Lomonaco (2018): F. Lomonaco, *I sentieri di Astrea. Studi intorno al Diritto universale di Giambattista Vico*, Rome.

Malebranche (1955–1965): N. Malebranche, *Oeuvres complètes*, publiées sous la direction d'André Robinet, Paris, vol. XII.

Malebranche (1678): N. Malebranche, *De la Recherche de la vérité, où l'on traite de la nature de l'esprit de l'homme et de l'usage qu'il en doit faire pour éviter l'erreur dans les Sciences*. Quatrième Edition reveuë, et augmentée de plusieurs Eclaircissemens, Paris.

Nicolini (1936): F. Nicolini, "Nota", in *De uno 1936*.

Nuzzo (2017): E. Nuzzo, "Ai limiti dell'ortodossia cristiana. 'Principio di semplicità' e ordine naturale e storico in Malebranche e Vico", Atti del Convegno 'Malebranche e i suoi contemporanei' (Naples, 15–16/12/2015)", in R. Carbone (ed.), *Laboratorio dell'Ispf*, XIV.

Placella (1978): A. Placella "Alcune proposte per la nuova edizione delle Opere di Vico [in particolare di quelle filosofiche]", in *BCSV*, VIII.

Placella (1990): V. Placella, "Esperienze di un editore vichiano", in *I moderni ausili all'Ecdotica*. Atti del Convegno internazionale di studi (Fisciano-Vietri sul mare-Napoli), Naples.

Schaeffer (2003): J. D. Schaeffer, "On the One Principle and One End of Universal Law", in *New Vico Studies*, 21.

Claudia Megale

The Origins of the Vichian Interest in History: Themes and Profiles of the *De ratione*

Abstract: Just like all other Vichian texts, the *De ratione* is somewhat composite, and subject to several levels of reading. Of course, as inaugural Oration, it had the main objective of addressing the young scholars of the Neapolitan University, and to encourage them in cultivating modern knowledge and seeking unity. It meant to feed – among the Neapolitan jurists – the civil conscience that the phenomena of neo-feudalization had wanted differently oriented. The basic objective, however, remained the need for a gnoseological revolution and in order to do so, Vico took advantage of the reinterpretation of authors such as Plato, Augustine, Bacon and Galileo.

The *Oration* pronounced in Naples for the solemn opening of university studies in 1708 (published in 1709 with the title *De nostri temporis studiorum ratione*), besides exposing the fundamental reasons of the Vichian theory of knowledge in opposition to the Cartesian thought – which had been dominating Europe's philosophical and scientific culture for more than half a century – also starts a historicization of both human knowledge and its method that shall encounter no interruptions in the complex articulation of all his later meditations. The Oration «feconda» (watershed in Vico's thought) will also be the only one worth of publication, as said in the *Autobiografia* of 1723–1728:

> But in the year 1708 the Royal University resolved to have a solemn public inauguration of studies and to dedicate it to the king with an oration to be delivered in the presence of Cardinal Grimani, viceroy of Naples. The oration for this occasion was therefore to be published, and it gave Vico a happy opportunity to devise an argument that should bring some new and profitable discovery to the letters, - a desire worthy to be numbered among those of Bacon in his *New Organ of the Sciences*. It turns on the advantages and disadvantages of our manner of studying as compared with that of the ancients in all branches of knowledge: which disadvantages of our way could be avoided, and by what means (...)[1].

1 «(...) Nell'anno 1708, avendo la regia università determinato fare un'apertura di studi pubblica solenne e dedicarla al re con un'orazione da dirsi alla presenza del cardinal Grimani viceré di Napoli, e che perciò si doveva dare alle stampe, venne felicemente fatto al Vico di meditare un argomento che portasse alcuna nuova scoverta ed utile al mondo delle lettere, che sarebbe stato un desiderio degno da esser noverato tra gli

The works where Vico exposed his first theory of knowledge (Croce defined it «theory of knowledge of humility» (Croce 1997, 29) as opposing the Cartesian one 'of superiority') are dating 1709–1710: *De ratione, De Antiquissima italorum sapientia*, and all the related controversy, appeared on the «Giornale dei letterati d'Italia». In the following decade the reflection upon law and history of civilizations developed. Enzo Paci wrote: «The problem of the law -- becomes (…) a problem of morality. In *De Uno* and *De Constantia* it turns into a dialectical relationship with the general problem of philosophy and with the problem of art, thus introducing the core problem of the *Scienza nuova*» (Paci 1994, 102).

That is a «second navigation» through which Vico changes «route», especially if you think of his academic speeches from 1699 to 1707, and it helps grasping the themes of his philosophical formation. Vico states in the *Autobiografia* that they remained all unpublished, with the exception of the seventh one, the *De nostri temporis studiorum ratione.* But, in the *Aggiunta* of 1731, he confesses that he had handed the manuscript to his friend, Father Antonio Maria di Palazzuolo. Later, the discovery of the writings of his that were published in the total indifference of the contemporary scholars was due to Galasso: «The Orations are handled by way of with a hurried summary and a judgment that is not thoughtful».[2]

Since Gentile though, the interpreters of the Vichian thought agreed in considering the entire corpus of his academic discourses a sort of prelude of the author's mature philosophy, since they contain all the greatest ideas at the base of the construction of the future «teologia civile ragionata». Vico also supports this thesis. He claims in the *Vita* that in the works known as *Orazioni*, he had «addressed, although grossly» quite a few relevant topics (*Vita*, 66).

Having merged them into one large *corpus* "since the time of the first *Oration*" – in order to explain to the reader the process that would have taken him all the way to the *Scienza Nuova* – pushed interpreters and scholars to read his work as an *Organum* in which the problems of both *scienza* and *sapienza* (science and wisdom) would have been deepened until the birth of the *De ratione*. Donati identified two different *trilogies:* «the three first *Orazioni*, from 1699 to 1701, can be recorded under the indication: trilogy on the fundament of wisdom. After a two-year silence, the series continues in 1704, so the *Oration* of that year and

altri del Bacone nel suo Nuovo organo delle scienze. Egli si raggira d'intorno a' vantaggi e disvantaggi della maniera di studiare nostra, messa al confronto di quella degli antichi in tutte le spezie del sapere, e quali svantaggi della nostra e con quali ragioni si potessero schivare» (*Vita*, 59. English: *Vita E*, 146).

2 «Delle Orazioni si sbriga con un riassunto frettoloso e un giudizio evidentemente non ponderato» (Donati 1936, 167).

the following ones (dating respectively 1705 and 1707) form together a second segment, which can be called trilogy on the distinction of wisdom» (Donati 1936, 165).

In a strongly antithetical direction, Antonio Corsano, through a detailed and acute analysis, observed that each one of the *Orazioni*, individually «possesses considerable peculiarity of problems and accents, (but always) in the undeniable unity and coherence of its inspiration» (Corsano 1956, 28). Dissenting from Gentile – who had instead investigated the Renaissance, Cartesian and postcartesian sources, appreciating "the first stretch of speculative originality" – Corsano highlights "the ardent fervor in humanist faith, in dedication to the earnest and uncompromising Ciceronian religion, and of the Renaissance» (ibid., 26–27). It is not matter of pulling apart one or the other thesis here, or of preferring the reading of Donati to the one of Corsano or of favoring the structural framework of Gentile. Gentile certainly has meritoriously placed the attention on the first Vico, but he is also responsible for having given an all-Platonic-Cartesian interpretation of his work. He followed so closely the autobiographical statements that he stimulated Corsano to observe how «strange it is that Gentile, in accepting as a faith the version of the *Autobiografia*, did not asked himself whether those two elements of Vico's philosophical culture, the scientism (Cartesian, or Spinozian, or Malibranchean), and the fourteenth-century Platonic-Ficinian were not incompatible enough to be mutually exclusive» (Corsano 1935, 48–49).

In the *De ratione* – what has been defined the 'nihilisme' of the *Affetti di un disperato* appears to be significantly re-elaborated in a new pessimism, ending the short optimistic period that had characterized the previous speeches.

In facts, the humanistic exaltation of man in the first six *Orazioni* – recalling very much Pico della Mirandola – is replaced by an image of finite an imperfect man, well framed by historic concreteness. Nature becomes closer and closer to historical existence and the perfection to which man tends, is perceived as unattainable. «However, the *homo finitus et imperfectus* is not so far from the idea of man: but completes it, connects it, as matter, to a historical form. It is precisely because man is infinite and perfect that he has always needed, and he will always need a *ratio studiorum*, and indeed because man is always linked to an evolving historical reality that such a ratio can be distinguished from the *rationes* of other historic periods – while keeping a fundamental identity in its structure» (Paci 1994, 41).

It will be up to Vico, Professor of *rettorica,* to present in his *Prolusione* a new route, a phenomenology, in order to study, through a new method (*ratio studiorum*), the educational forms not in a theoretical abstraction but in the reality of their contents. The historical context also played a decisive role in the publication of the dissertation of 1708. Involved in the *Querelle des anciens et des modernes*, Vico wants to present his thoughts to the political authorities of the time – in a moment of radical dynastic changes. 1707 is a special year for the kingdom of Naples, which is subjected to the new Habsburg domination, under the reign of Charles III of Austria. The cultural world is in turmoil; the political plans of the Neapolitan civil class break down because of a long-standing political and cultural disorientation. In those years, in Naples, the history of ideas experiences the need to become a history of events, thanks above all to the commitment of prestigious jurists. Two in particular were the figures at the base of the legal formation of Vico.

First of all, Carlo Antonio De Rosa, who published in 1707 the *Resolutiones criminales*, a contribution concerning criminal law, considered a real watershed between old and new jurisprudence. His work witnesses the credibility crisis of the old probation system, based on judicial torture, building a bridge towards the principle of free conviction of the judge. The leading and influential magistrate De Rosa nurtured his own scientific and literary training, supporting young talents. And Vico, in the *Autobiografia*, tells that when he «decided to focus on tribunals» he was encouraged by Carlo Antonio de Rosa, «senator of the highest probity and protector of his house», to join an elderly and esteemed lawyer, Fabrizio del Vecchio (*Vita*, 39). Secondly, we need to recall the name of Nicola Caravita, author of a treaty (*Nullum ius romani pontificis in Regnum neapolitanum*) against the feudal claims of the Santa Sede on the Regno di Napoli. He was a professor of feudal law at the University of Naples, friend and protector of Vico. He interceded for Vico's getting his rhetoric chair and being accepted in the Academy Palatina. It is in the anti-feudal climate of the early eighteenth century that Professor Vico is asked to give the inaugural speech of the academic year 1708. After the literary *querelle* between the ancients and the moderns, the redefinition of the *ratio studiorum* tunes into «contemporary political-cultural antidogmatics orientations who had claimed *libertas philosophandi* in examining tradition and modernity (…), cultivating a syncretistic ideal of themes (Platonic-Neo-Platonic, Aristotelian and Ciceronian, atomistic and Epicurean) widespread in the Europe of Bacon and Descartes » (Lomonaco, *Introduction* to *De rat.*, 2–3).

Just like all other Vichian texts, the *De ratione* is somewhat composite, and subject to several levels of reading. Of course, as inaugural Oration, it had the main objective of addressing the young scholars of the Neapolitan University, and to encourage them in cultivating modern knowledge and seeking unity. It meant to feed – among the Neapolitan jurists – the civil conscience that the phenomena of neo-feudalization had wanted differently oriented. The basic objective, however, remained the need for a gnoseological revolution and in order to do so, Vico took advantage of the reinterpretation of authors such as Plato, Augustine, Bacon and Galileo.

As Croce wrote, the «Platonism, agnosticism, or mysticism of Vico is the fullest sense of the word original, because it forms the accompaniment of doctrines not only inferior to the average of contemporary thought, but greatly in advance of it. The first of these doctrines is the theory of knowledge as the conversion of the true with the created, Vico's substitute for the otiose criterion of the clear and distinct perception. (…) The second is the revelation of the nature of Mathematics, as unique among the forms of human knowledge (…) Finally, the third doctrine is the vindication of the world of *intuition*, *empirical knowledge*, *probability*, and *authority*, all those forms of experience which intellectualism ignored or denied» (Croce 1997, 28).

To achieve this methodological approach, Vico starts from one of his authors, Bacone, and a writing of 1623, called *De dignitate et de augumentis scientiarum*. He will use it to culturally motivate his plan of knowledge unity of contemporary man. With the proposal of a comparison between the method of the ancients and the one of the moderns, stands not only a new order of knowledge in its fundamental articulations (instruments, subsidies and end); there is the choice of cultural models, (Baconian and Anglo-Saxon), seen as an alternative to the lessons of the French – first of all, Descartes and Cartesianism. The Vico-Bacon relationship was sharply analyzed by Enrico De Mas who, pointing out all the citations of Verulamio, took up the fundamental issues by observing:

> Bacon's universality consists in seeing the be and the should-be of all sciences, gathering up in the universal encyclopedia of human knowledge, linking together Tacitus and Plato, the spirit of the Greeks with that of Romans, theory with practice. (…) (Vico) feels that with Bacon he found his own way, removing his own intellect from the roughness of his earlier works, to throw himself in the direction of the New Science.[3]

This judgment is confirmed by the statement of the Anglo-Saxon philosopher in the opening of the work through which he got involved in the dispute with Descartes and the Cartesians, and that marked that dissertation as a turning point

3 «L'universalità di Bacone sta nell'aver visto l'essere e il dover essere delle scienze tutte, raccolte nell'universale enciclopedia del sapere umano, unificando Tacito e Platone, e sintetizzando lo spirito dei Greci con quello dei Romani, la teoria con la pratica. (…) (Vico) sente che con Bacone ha ormai trovato la sua strada, avendo fatto uscire il suo ingegno dalla «rozzezza» dei suoi precedenti lavori per avviarlo decisamente verso il disegno della *Scienza Nuova*» (De Mas 1978, 14–15).

of his speculation. It is no coincidence that the *Autobiografia* will stress that the discovery of Bacon has been of use in the study of law, confirming the thesis according to which the *De ratione* wouldn't be just a search for a new method or a sterile criticism of Cartesianism, but the testimony of themes later taken up and developed:

> And now at length Vico's attention was drawn to Francis Bacon, Lord Verulam, a man of incomparable wisdom both common and esoteric, at one and the same time a universal man in the theory and in the practice, a rare philosopher and a great English minister of state. Leaving aside his other works, on whose subjects there were perhaps writers as good or better, from his *De augumentis scientiarum,* Vico concluded that, as Plato is the prince of Greek wisdom and the Greeks have no Tacitus, so Romans and Greeks alike have no Bacon. (…) Vico now proposed to have these three unique authors ever before him in meditation and writing, and so he went on elaborating his work of discovery, which culminated in the *The One Principle of Universal Law.* Accordingly he was wont, in his orations delivered in successive years at the annual opening of studies in the Royal University, to propose universal arguments brought down from metaphysics and given social application. From this point of view he treated of the ends of the various studies, as in the first six orations, or of the method of study, as in the latter part of the sixth and in the entire seventh.[4]

Furthermore, it should be emphasized that Vico doesn't refer to the work *Novum Organum scientiarum* – which in those years gained great fame throughout Europe. Every time Vico mentions him, he refers to some less frequented works. The choice to prefer his *aureum libellum, De augumentis scientiarum* of 1623, shows a connection of themes that had been well analyzed by De Mas when he observed: «Both consider the myth of a primitive and happier humanity, simpler

---

4 «Quando finalmente venne a lui in notizia Francesco Bacone signor di Verulamio, uomo ugualmente d'incomparabile sapienza e volgare e riposta, siccome quello che fu insieme un uomo universale in dottrina ed in pratica, come raro filosofo e gran ministro di stato dell'Inghilterra. E, lasciando da parte stare gli altri suoi libri, nelle cui materie ebbe forse pari e migliori, in quelli *De augumentis scientiarum* l'apprese tanto che, come Platone è il principe del sapere de' greci e un Tacito non hanno i greci, così un Bacone manca ed a' latini ed a' greci. (…) E, propostisi il Vico questi tre singolari auttori da sempre avergli avanti gli occhi nel meditare e nello scrivere, così andò dirozzando i suoi lavori d'ingegno, che poi portarono l'ultima opera De universi iuris uno principio, ecc. Imperciocché egli nelle sue orazioni fatte nell'aperture degli studi nella regia università usò sempre la pratica di proporre universali argomenti, scesi dalla metafisica in uso della civile; e con questo aspetto trattò o de' fini degli studi, come nelle prime sei, o del metodo di studiare, come nella seconda parte della sesta e nell'intiera settima» (*Vita*, 55. English: *Vita E*, 139–140).

then the current one. Therefore for them the task of philosophy can only consist in the restoration (*instauratio*) of the past, gone, but that has left traces. We must track back that trace and follow it until the end, until we return children, as men of the primitive age must have been» (De Mas 1978, 35–36). But as it often happens with the sources used, also in this case Vico starts a profound rethinking of the Baconian theses, as evidenced by the adversative conjunction ("Ma","but") through which he introduces his critical revision of his author's work:

> But while he discovers a new cosmos of sciences, the great Chancellor proves to be rather the pioneer of a completely new universe than a prospector of this world of ours. His vast demands so exceed the utmost extent of man's effort that he seems to have indicated how we fall short of achieving an absolutely complete system of sciences rather than how we may remedy our cultural gaps. This was so, I believe, because those who occupy the heights of power yearn for the immense and the infinite. Thus Bacon acted in the intellectual field like the potentates of mighty empires, who, having gained supremacy in human affairs, squander immense wealth in attempts against the order of Nature herself, by paving the seas with stones, mastering mountains with sail, and other vain exploits forbidden by nature.[5]

Although Bacon represents for Vico the happy dynamic synthesis between Plato and Tacitus, the cue given by his method for a *ratio studiorum* faults, however, of hubris, especially where he argues that nature must be subjugated and dominated by man, and not simply contemplated. Not being able to accept «from Bacon the myth of a perfect and ultra-historical culture: this would be against nature and, precisely for this reason, since nature determines the historical finitude of man, against history» (Paci 1994, 46). Vico performs the classic operation of re-imagining, recalling some Lucretian memory: «In facts all that man can know, as also man himself, is finite and imperfect» (*De rat.*, 11).

But Bacon was also the philosopher who had suggested the question of the *image* as 'medium' between finite and infinite. And this shall then be the problem, as Paci well highlighted, «of the profound dualism of history as history of man: history as past and history as future, finite history, gone, now become

5 «Etenim eius vasta desideria adeo humanam industriam exupe-rant, ut potius quid nobis ad absolutissimam Sapientiam necessario desit, quam quod suppleri possit, ostendisse videatur. Idque puto factum, ut solet, quod qui summa tenent, ingentia, atque infinita desiderent. Itaque talis in re literaria Verulamius egit, quales in rebus publicis maximorum potentes Imperiorum, qui summam in humanum genus potentiam adepti, ingentes suas opes in ipsam rerum naturam vexare, et sternere saxis maria, velificare montes, aliaque per naturam vetita irrito tamen conati sunt» (Vico *De rat.*, 10, 12. English: *De rat. E*, 4).

reality, the codified history of thought and on the other side the history codified as action» (Paci 1994, 45–46). Recalling Bacone is also a way to introduce the new sciences, because the *De ratione* begins with the sciences of nature. The study method requires *strumenti, sussidi e fine* (tools, supports and purpose). He refers to Bacon and combines the aims of the new technique with the rejection of abstract mathematical reasons.

The Cartesian criterion of clear and distinct truth comes into play with Bacon, questioned by a different and renewed metaphysics of the *mens*. The *mens* does not make use of analytic procedures anymore, because it relates to both modern geometry and the synthetic geometry of the ancients, able to reproduce the creative act of the origin of the world in the form of intuitive constructions and according to an affinity with the intellectual activity. «The importance given to experimentalism, which separates Vico from the French (and Cartesian) way, places him closer to the Italian and English methods (Galileo and Bacon) and also makes of him an enemy of both aristotelism and scholasticism» (Croce 1997, 25). In this way only *topica* and *geometria* can merge in a new study of mathematics, true watershed between Vico and his contemporary Cartesians. «If critics is the art of the true oration, topics is the art of the fruitful one» (*De rat.*, 37, 39). A good balance is assured by mechanics, considered by Vico as «creative science that turns our mind in the prolongation of the creative action of the God-nature» (Badaloni 1961, 331). From mechanics to all other sciences, the progression is linear. By reviewing the diverse disciplines, Vico urges young people to make use of the method of the *topica*: «We celebrate today critics only, and topics is left behind. That's quite wrong (…) topics, as field of education, should preceed critics (…)» (*De rat.*, 37). He thus accomplishes his anti-cartesian revolution, giving new strength to the forms of knowledge that Descartes had underestimated: naturalistic observation, empirical cognition about man and society, eloquence and poetry. And that's not all. The knowledge of the ancients is compared with the one of the moderns, especially in relation with the object of sciences: chemistry, physics and anatomy with the explanation of the circulation of blood, astronomy with the invention of telescopes. Vico demonstrates his appreciation for the modern scientific method and his disappointment for the new critics, and the consequent rejection of logic when applied to physics: «The new logic, which Arnauld represents, brings everything to the deductive procedure, despises the *verisimile*, does not follow the chain of examples: on the contrary, Cicero recommended the *topica* in order to develop both imagination and memory in young boys and only then advised to make them face criticism» (Badaloni 1961, 32). Arnauld keeps geometry in the field of non-productive imagination – a source of illusions. When he states, for example, that in the clear and distinct idea of a triangle there are three sides, and that those sides are three and three only – all of this can be affirmed to belong to the truth of the triangle and not to the idea of a triangle; it is in fact the triangle that has three sides, not its idea. For Vico such confusion between idea and real thing shows the critical weakness in distinguishing the reference levels. He assigns to geometry a pedagogical function of considerable importance, unthinkable for Arnauld. Another important moment is the argument about geometry to which the dissertation of 1709 attributes a great pedagogical function. The creative ability, the "rediscovery of new things" is a prerogative of the ingenuity that is kept in operation by geometry, which «holds in check the reasoning powers of the learner, in order that, when recalled to use, those powers may prove most penetrating».[6]

A peculiar use of the verb *acuo* is adopted – where the word *per* preceding the verb is to be translated in 'with continuity and to the end'. In opposition to the verb *cohibet*, precisely to indicate that geometry, and its learning, theoretically reinforce the minds, and also makes them – continuously and all the way to the end – sharp (*peracuat*), especially when the discipline is referred to its application. This is how the author creates an artifice that will lead him to his famous (and totally anticartesian) dictate: «we are able to demonstrate geometrical propositions because we create them; were it possible for us to supply demonstrations of propositions of physics, we would be capable of creating them ex nihilo as well».[7] The discourse will widen and then find a conclusion in the *De antiquissima*. In that work of 1710 – polemizing against analytical geometries – he will speak through a revisited Zenone, capable of combining geometry with metaphysics, in the beautiful pages dedicated to *punti* and *conati*. The Zenone-Vico will choose a synthetic geometry in an "eidetic" key, since the abstractions of the algebraic analysis lack visualization (*DA*, 105ff.). We can read in the *De ratione*

> Our modern advocates of advanced criticism rank the unadulterated essence of "pure", primary truth before, outside, above the gross semblances of physical bodies. (...) The Ancients knew how to avoid this drawback. In almost all their schools for youths, the role of logic was filled by geometry. (…) the Ancients required their youths to learn the science of geometry which cannot be grasped without a vivid capacity to form images. Thus, without doing violence to nature, but gradually and gently and in step with the mental capacities of their age, the Ancients nurtured the reasoning powers of their young men.[8]

---

6 «(…) Cohibet ingenia dum discitur, quo, dum ad usum revocetur, peracuat» (Vico *De rat.*,14, 64. English: *De rat. E*, 27).

7 «Geometrica demonstramus quia facimus; si physica demonstrare possemus, faceremus» (ibid., 564; English: ibid., 23).

8 «(…) Gli antichi, presso i quali la geometria era la logica dei fanciulli, evitarono tali svantaggi insegnavano agli adolescenti quella scienza che non si può intendere senza

For Arnauld, on the contrary, any knowledge is reached and organized through the use of two fundamental methods: *analysis*, also called *resolution* or *invention*, and *synthesis* of *composition* or *doctrine*. Although considering the second term superior to the first, when citing the procedures of geometry as an example of composition method, he gives some good examples but «does not connect to the idea of proceeding from genre to species but rather to the operative and combinatory procedure» (Senofonte 1989, 300). Here are the reasons why Vico concludes chapter III of *De ratione* stating the paradoxical but significant correspondence of the Arnauldian method with the Aristotelian lesson, then continued by Descartes's metaphysics and method:

> Arnauld himself, although his words seem to spurn this procedure, actually confirms and professes what I am stating. His treatise on *Logic* is replete with far-fetched and involved illustrations with difficult examples drawn from the deep storehouses of each discipline. Naturally, these illustrations and examples prove to be unintelligible to the young student (…) If logic is studied at the terminal stage of the school curriculum, these differences, besides those I have mentioned before, are avoided. What Arnauld presents though he provides useful examples, is hardly to be understood; the materials offered by the Aristotelians, instead, though perfectly intelligible, are of no use whatever.[9]

At the beginning of the XVIII century, mathematics was particularly studied in Naples and was often the topic of scientific debates in circles and academies. To be remembered, in particular, are the lessons of Agostino Ariani in the Palatine Academy, which defined geometry as «pura scienza», since it is not only based on extraordinary cognitive functions, but also has a pedagogical value. This value being at the center of the renewed philosophical historiography, so interested in defining the features of Neapolitan Cartesianism of XVII and XVIII centuries (Nuzzo 1984, 212ff.). The first reference to the theory of *verum-factum* is also made in the dissertation on geometries: «We demonstrate geometrical

---

attitudine a formare immagini, affinché, senza fare violenza alla natura, ma lentamente, secondo la capacità e l'età» (ibid., 34, 36. English: ibid., 13, 14).

9 «Arnoldus ipse, quamquam verbis negat, re tamen ipsa mihi confirmat, et profitetur: qui abditissimis cuiusvis generis disciplinarum exemplis suam Logicam refert: quae nisi artes, scientiaeque, unde depromuntur, antea perceptae sint, sine summa eloquentia, et labore summo praeceptoris, intelligi ab auditore aliquo pacto vix possunt. Itaque si Logica postrema discatur, praeter quae supra memoravimus, haec etiam vitantur incommoda; nempe et quod fert Arnoldus, qui, ut exempla utilia afferat, vix intelligitur; et quod ferunt Aristotelici, quorum exempla, ut intelligantur, inutilissima sunt» (ibid., 50. English: ibid., 20).

things because we do them. If we could demonstrate/prove physical things we would do them» (*De rat.*, 57). Also, in *De ratione* Vico expresses all his 'oratory' commitment. In these pages he formulates a political judgment, assisted by the theory of equity in its two forms, natural and civil, both necessary for the renewal of the forensic activity, a theme that will later be at the center of the *De uno* with a distinction between utility as «occasione» and *honestas* as the «cagione» of law (*De uno 2007*, italian transl. in *OG*, 60). If we want to concentrate in one expression a level of reading to be explored, we could speak of the Vichian proposal of a new *cogito*: the mind is activity and invention. But all this will find its natural development in subsequent writings where, according to the distinction made by Benedetto Croce, Vico will reach a second form of theory of knowledge: «His new theory of knowledge, keeping steady the general criterion of truth against the Cartesian criterion – this meaning that only he how does things knows them – a divided all things in nature world and human world; and observing that nature was done by Gog, so God only knows it, he restricted agnosticism to the physical world only, and declared that in the human world, as done by man, man has the science.» (Croce 1997, 33).

In the *De ratione studiorum* Vico's phenomenology doesn't aim to reveal the "being of the world", but tries to indicate its "sense". This is done by opposing the idea of probability to the idea of *necessity*, in order to contribute to the formulation of a new science based on the «verosimile» – all against the alleged absoluteness of scientific propositions. The revaluation of what is probable is fundamental for both the education and for the activity of the *mens*, ensuring an alternative to the Cartesian model. The relation with the verum is realized through the discovery of the «secondi veri, ossia i verisimili», of 'median' knowledges, somewhat in the middle between truth and falsity – object of the *topica*. The critical method is replaced by the «arte dell'orazione feconda», method of education of young people.

Vico also means to refer to the «doctrina moralis civilisque», crediting a model of wisdom that does not involve the individual – but men, as makers of social life. Education must above all have a practical purpose, directed towards ethics as much as toward politics; the demerit of the modern method is devoting very little to ethics and political education for their being entirely interested in the study of natural sciences: «Vico in *De ratione* breaks with the Cartesian tradition, and he appears conscious of his detachment not only on the grounds of a frank theoretical choice, but also on the base of the Neapolitan cultural and political organization. We shall consider that, although all Vico's life was philosophical, what we see arising here is a more complex awareness, which I would dare defining political (de Giovanni 1968, 162). It is not a matter of considering the *topica* as an alternative to criticism: it is matter of questioning the origins of the educational process, the primacy of rational 'machines'. To those, we must oppose a knowledge that, through a moment of *inventio*, prepares to critical activity, so «*topics,* as education field, should precede critics (Vico *De rat.*, 37). The new core of the reason becomes *inventio*: an activity that is competence of the intellect.

«The entire *Dissertatio* is the defense of a method that does not entail the rational demonstration, if not after the collection and the *dispositio* of the arguments in accordance with the unpredictable variety of the real».[10] Education must have above all a practical purpose, directed towards ethics and politics, following the lesson of the ancients. The comparison between *topica* and *critica* becomes, therefore, the one between *vero* and *verosimile*. Between what is demonstrated through logical operations and what concerns possible and probable, and whatever else can be acquired through experience and imagination. But also the comparison between the terms *scientia* and *prudentia* puts on one side logic, and on the other real experience. The term *prudentia* is a key word of the *Oration*, and concerns a kind of knowledge that can be reached through existential experience: So very far from logical-deductive thinking. The criticism of the Cartesian method is, therefore, aimed at the pedagogical concept of education that can't make use of a single methodology, but of a plurality that guarantees a total and integral development of the individual.

> To avoid both defects, I think, young men should be taught the totality of the sciences and arts, and their intellectual powers should be developed to the full; thus they will become familiar with the art of argument, drawn from the *ars topica*. At the very outset, their common sense should be strengthened so they can grow in prudence and eloquence. Let their imagination and memory be fortified so that they may be effective in those arts in which fantasy and the mnemonic faculty are predominant. At a later stage let them learn criticism.[11]

The intellectual formation of a man must be gradual and follow a precise educational path, a real *arbor scientia* as by Tagliacozzo, constituted by elements

---

10 «Tutta la *Dissertatio* è la difesa di un metodo che non giunga alla dimostrazione razionale, se non dopo la raccolta e la *dispositio* degli argomenti in accordo con l'imprevedibile varietà del reale.» (F. Lomonaco, *Introduction* to Vico, *De rat.*, XI).

11 «Igitur, ut utrumque vitetur vicium, existimem, adolescentes scientias, artesque omnes integro iudicio doceri, quo Topicae ditent locos: ac interea sensu communi ad prudentiam, et eloquentiam invalescant; phantasia, et memoria ad artes, quae iis praestant mentis facultatibus, confirmentur: deinde discere Criticam» (*De rat.*, 47. English: *De rat. E*, 19).

«all equally constituted by sciences bearing the same name, so that each science would appear in the tree three times, once in each branch, each single representation symbolically representing the three main stages of the history of each science and the three different natures through which it passed over time» (Tagliacozzo 1969, 601).

> But this advantage is offset by a drawback. Arts and sciences, all of which in the past were embraced by philosophy and animated by it with a unitary spirit, are, in our day, unnaturally separated and disjointed. (…) To avoid this serious drawback, I would suggest that our professors should so co-ordinate all disciplines into a single system so as to harmonize them with our religion and with the spirit of political from under which we live. In this way, a coherent body of learning having been established, it will be possible to teach it according to the genius of our public polity.[12]

In the *Dissertatio* poetry assumes a fundamental role that cannot be learned through an analytical method, since this method does not need fantasy, imagination and memory. The poetic and philosophical discourse pursuit the true universal ideal – not through the logical rigor that is typical of philosophy, but using the creative discourse of poetic wisdom. Poetry aims exclusively at achieving truth, in public life as in everyday life. Where ignorance, senselessness and chance prevail, instead. Poetry shows influences of scientific disciplines such as physics and astronomy, as many well-known poetic expressions sound like: "fire generated by clouds", "vapor condensed in the air" or "shadows of the earth".

In the careful examination of the tools of science Vico leaves aside the discourse on Christian theology because – as he states – it would be like comparing «true and flase, divine and human, Christ and Lycurgus and Numa» (*De rat.*, 121). Today the Christian religion can be defined as a science founded on dogmas and precise rules, made up of rituals and ceremonies. It is called "dogmatic theology", from which he derives "theology (…) called morality", based on the teaching of duties and virtues. In the past, the vision in matters of religion was rather confused, especially for what concerns the nature of the Gods; more space was given to philosophers who questioned about God and his existence, thinking that those reflections would in no way influence the people.

12 «(…) Sed huic commodo illud incommodum obiicitur; quod artes, scientiaeque, quas sola Philosophia uno tamquam spiritu continebat; hodie divisae, et distractae sunt. (…) Quare, ut id vitetur incommodum, vellem, ut Universitatum Antecessores unum omnium disciplinarum systema ad Religionem, et Rempublicam accommodatum componerent, quod doctrinam usquequaque conformem obtineret; idque ex publico instituto profiterentur» (ibid., 226, 230. English: ibid., 76–77).

People simply had to have faith and therefore follow all the teachings of the Christian religion.

After reviewing the tools of sciences, the subsidies – including manuals and precepts – that we use today in public life, get talked through. For Vico, they are a disadvantage more than an advantage, especially when they are framed in generic rules that cannot apply to all areas. Arts and precepts like *Oratoria*, poetry and history must carry out a precise task, so that «they can be useful, they need to be like the *Lari*: show how and where to go, through philosophy, to the contemplation of the great nature» (ibid., 129). This is made particularly difficult today by the arbitrary separation of arts and precepts from any philosophical reflection. In antiquity they used to constitute an organic whole, a unitary reality. Vico argues that precisely because of this separateness, today nothing can match the greatness of the ancient testimonies. And still today, the most famous Greek and Latin writers are taken as reference models. The division between arts and philosophy is polarized in a peculiar way in jurisprudence. Jurisprudence had always belonged to the tasks of philosophy among the Greeks. Philosophers taught the sense of justice, the respect for the laws, while the speakers and the pragmatists had the sole role of applying the legislation. The Romans, on the other hand, gave great importance to jurisprudence, basing all their knowledge on the knowledge of the laws. The philosophers were also *giureconsulti* and differed from the Greeks in the practical application of justice, moving it from a purely theoretical field to a material application in public life. They also divided the law into sacred, public and private, placing jurisprudence on the same level of wisdom for the Greeks: that is «knowledge of divine and human things» (ibid., 137).

A central aspect of Roman law was undoubtedly its sacredness and immutability – that were respected by the plebs with absolute devotion. The transition from the Republican Age to the *Principato* moved legislative powers even more within the walls of the imperial palace. Law evolved over the centuries and if they were once more limited, today they have multiplied proportionally, in order to respond to the variety of cases and situations:

> In the past, *jurisprudentia* was properly the science of formal justice, today it is, instead, the art of the equitable. Formerly, legal knowledge was universal, and characterized by inflexibility: today it is particular and pliant. Science is rigorous and unbending, whereas art is supple and adjustable to human habits and customs.[13]

---

13 «Igitur merito prius erat Scientia Iusti; hodie est Ars aequi: hoc est prius universalis, et rigida; hodie particularis, et flexilis: nam scientiae severae, nec quicquam declinant; artes autem commodae, et morigerae sunt» (ibid.,166. English: ibid., 58).

Modern jurisprudence has the merit of being less subjected to eloquence, and the concept of equity itself does not bend and does not depend on the skill and ability of the speaker to persuade and convince the audience. The *aequitas* that Vico wants to bring back to civil pedagogy assumes the role of glue in the frame of a civil conscience-maker State:

> Historical conscience offered to the law the knowledge to correct and to temper the applications of natural equity. We need laws (…) in harmony with the nature of modern monarchies and with the rise of the lawyer class in civil right. Regarding these, the old enquiries' refusal to examine natural law is reflected in the reconstruction of a knowledge grounded on the wise deliberations of a virtuous magistrate, on the celebration of a unitary experience of all and united in the civil authority, which itself is the mind and the body of the society. From this point of view, an abstract and ahistorical definition of reason cannot be accepted. *Iuris prudentia* requires particular parameters for orientation that fit with its specifically political aspect. Right is the place where society and state meet: therefore, law evolves together with the other two and gives direction to social life. For these reasons, it is necessary to promote this integration by means of an integral vision that is not restricted by particular interests and that integrates them with the purpose of a general utility congruent with the political doctrine.[14]

The analysis of law and jurisprudence represents, in the economy of the *De ratione*, a "historicist" turning point. It will obviously become full of ideas for future reflections because of the introduction of two important themes connected to jurisprudence: *fictio* and *filologia*. Law, as well as poetry uses *fictions*. Through a careful consequential construction Vico manages to find a close link between imagination – meant as creative possibility – and civil law. In order to adapt historical facts to the universal law, *jureconsulti fictionibus* is quite helpful. The mediating image is back, for what pertains law: «It is however

14 «La coscienza storica ha offerto al diritto conoscenze per correggere e temperare le applicazioni dell'equità naturale. Occorrono, infatti, leggi (…) in sintonia con la natura delle moderne monarchie e con l'ascesa del ceto forense nelle magistrature civili. In esse il rifiuto del vecchio giusnaturalismo investigante si riflette nella ricostituzione di una sapienza fondata sulle sagge deliberazioni di un magistrato virtuoso, sulla celebrazione di un'esperienza unitaria tutta interna all'autorità civile, essa stessa mente e corpo della società. Da questo punto di vista è inaccettabile la funzione astratta e astorica della ragione. La *iuris prudentia* richiede specifici criteri di orientamento, adeguati alla sua natura che è specificamente politica. Momento integrante dello Stato e della società, il diritto si evolve con essi, contribuendo a dare un ordinamento per la vita associata. Occorre, allora, favorire tale integrazione con una visione dell'insieme che superi l'interesse particolare e lo collochi in una prospettiva dell'utilità generale in conformità alla «dottrina politica» (F. Lomonaco, *Introduction* to *De rat.*, XXVI).

fundamental for the Vichian thought to consider that man is conquering his own highest humanity through the mediation of the image, and through that form of *fictio* called law» (Paci 1994, 58). Vico recognizes in the jurisprudence of the republican period – in addition to the solemn *stipulationes*, the effort of adapting the particular cases to the single laws, operating through a careful philological study of the terms. Hence, the great admiration for the philological work of the Roman jurisconsults, a work that could be defined as "metaphysical" in the sense of metaphysics of the *mens*. Croce obsessed: «By philology Vico does not mean only the study of words and their history, but because the words are attached to the ideas of things, first of all the history of things. (…) Philology embraces not only the history of languages and literatures, but also that of ideas and facts, of philosophy and of politics"» (Croce 1997, 39). So studying philology means studying the ideas of the mind and the ideas entered by God in our mind. This concept is taken up again in the *De antiquissima*: «The Latins m,eant by "mind" what we call *pensiero*, "thought"; and they claimed that mind is "given" or "imparted" to humans "by the gods" »[15]. Badaloni writes:

> On the other hand, political conclusion helps theoretical understanding; Vico´s most important discovery comes to fruition in its richness and in its boundaries tied to the spread of history's movements. (…) Vico will return to this concept, as well as to all the new logical paradigms of the integration of the facts produced by the course of history when specifying what he brilliantly revealed at first in this paragraph of the de ratione.[16]

Another topic that needs to be analyzed is the one concerning the artistic models that came from a more or less distant past, which on the one hand have left to posterity an immense and grandiose cultural heritage, but on the other, have prevented the development of an original creation – fundamental especially in the field of art. So the substantial difference is that while the genes of the past had as sole inspiration the beauty of nature, from which they derived their works, today all that can be drawn from the observation of it has already been fully exploited and used by our predecessors.

15 «Mens latinis idem quod nobis pensiero: et ab iisdem mens ominibus (a diis) dari, indi, immitti dicebatu" » (*DA* 188. English: *DAE*, 1988, 90).

16 «D'altro canto la conclusione politica aiuta la comprensione teorica; la grande scoperta vichiana si sta ormai maturando nella sua ricchezza e nei suoi limiti; e questi ultimi possono definirsi nel senso della estensione del movimento nella storia (…). Su questo concetto, come su tutto il nuovo modulo logico dell'inserimento dei fatti nel corso della storia, Vico ritornerà chiarendo e precisando, ciò che in questo paragrafo del *De ratione* è genialmente anticipato» (Badaloni 1961, 338).

> It would seem almost advisable, in order to have great artists, to have the great masterpieces of art destroyed. But since this would constitute an atrocious act of barbarism, and since few of us can aspire to the crown of greatness, let us keep our masterpieces, and let them be used for the benefit of lesser minds. Those, instead who are endowed with surpassing genius, should put the masterworks of their art out of their sight, and strive with the greatest to appropriate the secret of nature's grandest creations.[17]

Those are the arguments of the seventh *Oration*, all summarized in the identification of a new method which will follow, two years later, in the year 1710, the search for a new metaphysics "commensurated to the weakness of human thought" (*DA*, 251). This *consecutio* is not a coincidence; the *Scienza nuova* was not born like Pegasus from the blood of Medusa; that masterpiece was the result of a long and tortuous journey. The topics of Vico's philosophical reflection multiplied but did not change over the years. Far from talking about a 'young' Cartesian Vico, or a Lucretian pessimist, the Neapolitan philosopher always built his meditation on the need for acceptance of history and unintelligible and inviolable destiny of man.

From the *Affetti di un disperato* – the work of Lucretian inspiration composed in Vatolla in the year 1693 – to the *Scienza nuova* of 1744, the themes transformed like concentric circles having various centers, one of which is nature – which from the cosmos narrows down to human existence: «What for Vico is the world of facts, the substratum of history, the equivocal world, mysterious, fearful and fascinating of primitives, and of the primitive being that is always present in man, the world that could be indicated as the moment of existence – is the world that will allow civilization, work, spirit. It will then be the world of usefulness» (Paci 1994, 14). The Vichian philosophy is a reflection on the nature of man and, therefore, of his existence. The passions and pains tormenting the young philosopher and to which he does not know how to give a name for they are completely incomprehensible, almost unconscious («Lasso, vi prego, acerbi miei martiri,/ a unirvi insiem nella memoria oscura/(…) ch'io ben non vi conosco e pur vi sento») are not very different from the «sentire senza avvertire» of the *Degnità* of 1744. Certainly the author of the *Orazioni* is not the philosopher of the full

17 «Quamobrem optima artium exemplaria prorsus deleri necesse esset, ut optimos authores haberemus. Sed quando id barbarum, et nefarium est; et paucis datum ad summa eniti; ea minoribus ingeniis serventur: qui vero beatissima indole praediti sunt, ea aspectu amittant suo, ut optimam naturam cum optimis imitari contendant» (*De rat.*, 210. English: *De rat. E*, 72).

speculative maturity of the mid-eighteenth century, but a *fil rouge* runs through all his reflection.

It is like to a Peruvian *quipo* – the set of knotted cords, tied to a thicker rope but conceived to remain unaltered. Because every work of his is a knot that never detaches from the top. Each work has its own characteristic, its own function to be fulfilled, although in all of them there is the same dualism, nature and spirit that will never be resolved in a definitive synthesis. This is how the *De ratione* assumes a particular personality, as capable of grasping that syncretistic-universalistic attitude that will find its full development and its realization in the speculative greatness of the *Scienze nuove*.

Literaturverzeichnis

Badaloni (1961): N. Badaloni, *Introduzione G. B. Vico*, Milan.

Corsano (1935): A Corsano, *Umanesimo e religione in G.B. Vico*, Bari.

Corsano (1956): A. Corsano, *Giambattista Vico*, Bari.

Croce (1997): B. Croce, *La filosofia di Giambattista Vico* (1911), F. Audisio (ed.), Naples.

de Giovanni (1968): B. de Giovanni, "Il De nostri temporis studiorum ratione nella cultura napoletana del primo Settecento", in P. Piovani (ed.) *Omaggio a Vico*, Naples.

De Mas (1978): E. De Mas, "Vico e Bacone", in G. Tagliacozzo (ed.) *Vico e l'instaurazione delle scienze*, Lecce.

Donati (1936): B. Donati, *Nuovi studi sulla filosofia civile di G. B. Vico. Con documenti*, Florence.

Lomonaco (2014): F. Lomonaco, "Introduction to G. Vico", in *De rat.*

Nuzzo (1984): E. Nuzzo, *Verso la "Vita Civile" Antropologia e politica nelle lezioni accademiche di Gregorio Caloprese e Paolo Mattia Doria*, Naples.

Paci (1994): E. Paci, *Ingens sylva* (1949), V. Vitiello (ed.), Milan.

Senofante (1989): C. Senofonte, *Ragione moderna e teologia. L'uomo di Arnauld*, Naples.

Tagliacozzo (1969): G. Tagliacozzo, "Epilogue", in *Giambattista Vico. An International Symposium*, Baltimore.

Dominik Recknagel

Vicos *Vindiciae*. Eine Auseinandersetzung um den Naturrechtsbegriff

Abstract: *Vicos* Vindiciae. *A debate about the legal concept of Nature*: After very rare reception of his *Principj di una Scienza Nuova*, the first draft of his New Science, and the malevolent review about it out of complete ignorance in the *Acta eruditorum*, Vico's response in the *Vindiciae* was an occasion to express his outrage and to seek vindication for wholly academic and intellectual reasons. So the *Vindiciae* is a short summary of Vico's New Science of the common nature of the nations and his new system of natural law. But Vico's New Science is not a totally new doctrine of natural law theory. Finally there are to find some similarities between Vico's and Thomasian principles, which the latter, Christian Thomasius, introduced in his *Fundamenta iuris naturae et gentium* of 1705.

"Die deutsche Vico-Rezeption beginnt schlecht" (Trabant 1996b, 233). Mit diesen Worten eröffnet Jürgen Trabant in seinem Beitrag *Vico in Germanien* das Kapitel über die erste deutsche Rezension eines Werkes Vicos. Es handelt sich bei dieser Rezension um eine kurze und vernichtende Kritik bezüglich Vicos im Jahr 1725 erschienenem ersten Entwurf der *Principj di una Scienza Nuova* in der in Leipzig erscheinenden Rezensionszeitschrift *Acta eruditorum*. Sieht man von einer kurzen Notiz über das Erscheinen von Vicos *De antiquissima Italorum sapientia* aus dem Jahr 1710 in Johann Gottlieb Krauses *Neuem Bücher-Saal der gelehrten Welt*, von dem Artikel über Vico in Christian Gottlieb Jöchers *Allgemeinem Gelehrten-Lexikon* von 1751 und von einigen spärlichen Erwähnungen bei Hamann, Goethe und Herder am Ende des Jahrhunderts ab, sollte die Notiz über die *Scienza Nuova* in den *Acta eruditorum* aus dem Oktober 1727 die einzige publizierte deutsche Auseinandersetzung mit dem Werk Giambattista Vicos im gesamten 18. Jahrhundert bleiben (Ebd., 233–238).

In dieser kurzen Notiz über das Erscheinen von Vicos *Scienza Nuova prima* verbirgt sich ein mehrteiliger Generalangriff auf Autor und Werk gleichermaßen. Ende 1729 reagiert Vico auf die Rezension mit seinen *Notae in Acta eruditorum lipsiensia*, die gewöhnlich unter dem Nebentitel *Vici Vindiciae* zitiert werden.

Was war geschehen? Im Oktober 1725 hatte Giambattista Vico in Neapel bei seinem Verleger Felice Mosca die später in seiner Autobiographie so genannte *Erste Neue Wissenschaft*, die *Principj di una Scienca Nuova* publiziert, in der er die in seinen früheren Schriften, u.a. im *Diritto Universale*, angekündigte neue

Wissenschaft von einer gemeinsamen Natur der Völker präsentierte.[1] Vico war von seinem Entwurf völlig überzeugt. Er widmete ihn "den Akademien Europas" und beabsichtigte mit ihm, gleichermaßen die Hobbessche Philosophie und die Baylesche Philologie zurückzuweisen, da diese nicht auf einer Religion einer vorsehenden Gottheit aufbauten. Zudem war der Entwurf gegen die Naturrechtssysteme Grotius', Pufendorfs und Seldens gerichtet, weil diese angeblich nicht auf die göttliche Vorsehung gegründet waren. Vico ließ zahlreiche Exemplare des Buches nicht nur in Neapel, Rom und Venedig an gelehrte Freunde und Bekannte verteilen, er versandte sein Werk auch an berühmte Gelehrte und Institutionen im Norden Europas, so an Isaak Newton in London und Jean Le Clerc in Amsterdam, letzterer hatte immerhin eine wohlwollende Rezension über Vicos *Diritto universale* in seiner *Bibliothèque ancienne et moderne* im Jahr 1722 vorgelegt. Zur zunehmenden Verbitterung des Autors allerdings erhielt Vico für die *Erste Neue Wissenschaft* äußerst geringe Resonanz, die ihn nach einer Selbstaussage zu dem Gefühl veranlasste, das Buch "in eine Wüste geschickt" zu haben, und ihn immer mehr dazu antrieb, den persönlichen und mithin peinlichen Kontakt mit denjenigen zu scheuen, denen er sein Werk übermittelt hatte, da er nunmehr davon ausging, dass sie es nicht gelesen hätten. Zudem musste Vico polemische Ausfälle gelehrter neapolitanischer Kollegen ertragen, wie zum Beispiel die vielfach zitierte Äußerung von Nicola Capasso, dieser hätte sich nach der Lektüre der *Ersten Neuen Wissenschaft* "so wirr gefühlt, dass er sich in ärztliche Behandlung habe begeben müssen" (Schlüter 1999, 32).

In einer solchen Situation der Missachtung muss nun die Rezension der *Ersten Neuen Wissenschaft* in den *Acta eruditorum*, einer als lateinischsprachiges Rezensionsorgan äußerst bedeutenden und auf ganz Europa ausstrahlenden gelehrten Zeitschrift, umso mehr Entsetzen bei Vico ausgelöst haben. Hierbei handelte es sich um eine nur elf Zeilen umfassende Kurzrezension in der Rubrik neuer Literatur. Offenbar wurde sie vom Herausgeber Johann Burkhard Mencken verfasst, der sich hinsichtlich der genannten Informationen wiederum auf einen nicht namentlich genannten "amicum Italum" (Acta eruditorum Anno MDCCXXVII publicata, p. 383) berief.

Der zu betrachtende Rezeptionsverlauf ist, selbst in Anbetracht der Tatsache, dass wir uns hier im frühen 18. Jahrhundert befinden, als äußerst langwierig zu bezeichnen. Der Publikation von Vicos *Erster Neuer Wissenschaft* im Oktober 1725 und dem unmittelbaren Versand der entsprechenden Exemplare

1 Vgl. zum historischen Ablauf (*Vita 1990*, Aggiunta, 75); (Schlüter 1999, 26–40); (Verene 2009, 85–93); (Trabant 1996a, 138–143).

vermutlich auch an die Herausgeber der *Acta eruditorum* folgte die kurze Rezension in der Leipziger Gelehrtenzeitschrift erst im Oktober 1727. Noch zwei weitere Jahre sollten vergehen, bis Vico im August 1729 den entsprechenden Band der *Acta eruditorum* zufällig in der Neapolitanischen Buchhandlung seines Jugendfreundes Niccolo Rispolo entdeckte und die Rezension zur Kenntnis (Verene 2009, 85) nehmen konnte. Hinter dem geheimnisvollen italienischen Freund, der Mencken mit den Informationen versorgt haben könnte, vermutete Vico seinen Gegenspieler Pietro Giannone und dessen antikurialistischen Freundeskreis in Neapel (Schlüter 1999, 26–34). In der Forschungsliteratur werden noch die Namen von Giovanni Acampora oder Nicola Capasso als möglicher geheimer Informant ergänzt, die Identität desselben soll hier aber nicht weiter interessieren.

Die bösartige Rezension erregte Vico solchermaßen, dass er noch im selben Jahr 1729 im Besonderen auf zweierlei Weise schriftlich reagierte. Zum einen ließ Vico im November 1729 in Neapel seine *Notae in Acta eruditorum lipsiensia*, die *Vici vindiciae*, drucken, in denen er die boshafte Rezension und den dahinter verborgenen geheimnisvollen Informanten des Leipziger Herausgebers der *Acta eruditorum* Punkt für Punkt ausführlich widerlegte und seine Thesen aus der *Ersten Neuen Wissenschaft* neuerlich präsentierte. Zum anderen entwarf er einen Brief an den Herausgeber der *Acta eruditorum* Johann Burkhard Mencken, datiert auf den 14. November 1729, in dem er diesen bezichtigte, aufgrund der irrigen Informationen eines angeblichen und betrügerischen italienischen Freundes nur Eitles, Falsches und Feindseliges über sich und sein Buch in den *Acta eruditorum* referiert zu haben. Es schmerze sehr, so Vico weiter, durch einen so unschuldigen, großmütigen und gutgläubigen Gelehrten, wie Mencken einer sei, solche Bosheit, Niedertracht, Unredlichkeit und Missgunst zu erfahren. Vico plante, den Brief gemeinsam mit einem gedruckten Exemplar der *Vici Vindiciae* an Mencken zu senden, unterließ dies aber schließlich (*O*, 75).

Der Stein des Anstoßes, die kurze Rezension, war dabei für Vico eine leicht zu widerlegende, in formalen wie inhaltlichen Punkten völlig uninformierte und zudem bösartige Verurteilung des Vicoschen Werkes. Dies zeige sich schon daran, so betont Vico in den *Vindiciae* mehrfach, dass das Buch nicht, wie in der Rezension behauptet, im Oktav-, sondern vielmehr im Duodez-Format erschienen sei, somit der Rezensent offenbar das zu rezensierende Buch niemals in der Hand gehabt, geschweige denn gelesen hätte. Auch weitere formale Angaben über das Buch entsprächen nicht der Realität, so die unvollständige und damit verfälschende Wiedergabe des Titels, so die behauptete Anonymität des Verfassers, die, wenn auch nicht auf dem Titelblatt, so doch im Buch selbst sehr wohl mehrfach aufgedeckt sei, so auch die falsche Behauptung, der Verfasser sei ein

Abbé, ein kirchlicher Würdenträger, dem Vico leicht entgegen halten konnte, dass er seit dreißig Jahren verheiratet sei und fünf Kinder habe.

Die allgemeine Widerlegung der Rezension in solch formaler Weise eingeleitet, konnte Vico nunmehr dazu übergehen, die inhaltlichen Angriffe auf seine *Erste Neue Wissenschaft* konzentriert vorzunehmen. Hier erscheint zunächst hilfreich, Vicos in der *Ersten Neuen Wissenschaft* entworfene Theorie der gemeinsamen Natur der Völker und des Naturrechts unter Hinzunahme einiger spezifischer Aussagen und Thesen aus dem *Diritto universale* vorzustellen, dann bezüglich der in der Rezension aufgeworfenen Kritikpunkte zu prüfen und schließlich Vicos Erwiderung zu betrachten. Am Schluss des Beitrags soll der Versuch unternommen werden, die in Vicos Selbstverständnis und Selbstpräsentation völlig neue Wissenschaft des Naturrechts auf ihre möglichen Bezugspunkte in der Naturrechtsdebatte der Frühen Neuzeit zu überprüfen und dabei die *Fundamenta iuris naturae et gentium* (1705) des aus Leipzig stammenden hallischen Professors der Rechte Christian Thomasius als mögliche Quelle einiger Grundsätze und Gedanken in Vicos Theorie zu identifizieren.

Vico entwirft in seiner *Ersten Neuen Wissenschaft* eine Theorie des Naturrechts, die zwar wohlbekannte Elemente der Naturrechtsdebatte des späten 17. und frühen 18. Jahrhunderts beinhaltet und verarbeitet, dennoch in ihrem Aufbau und ihrer Struktur einen Neuentwurf bedeutet. Er geht von zwei Voraussetzungen, zwei Prinzipien der Wahrheit, aus: Zum einen, dass die göttliche Vorsehung die menschlichen Dinge bestimmt, zum anderen, dass der Mensch über einen freien Willen verfügt. Der freie Wille ermöglicht dem Menschen, in Übereinstimmung mit der Gerechtigkeit zu leben, und bestätigt den gemeinsamen Wunsch, sich Gesetze zu geben, soweit sie nicht dem Selbstinteresse widersprechen.[2] Der freie Wille als Prinzip ist aber ebenso dafür verantwortlich, dass das Gesetz und die Gesellschaft in Ausrichtung und Inhalt jeweils einzeln und kontingent je nach Ort und Zeit der menschlichen Geschichte differieren, die einzelnen Menschen über eine Universalität oder Notwendigkeit gar nicht informiert sind und teils partikulare und auch private Interessen verfolgen.

Während das erste Prinzip und das gemeinsame Bedürfnis nach einer Religion eine Gesellschaft von Atheisten von vornherein ausschließt, folgt der Wunsch nach dem Leben gemäß einer Idee der Gerechtigkeit aus drei der Menschheit und den verschiedenen Völkern immanenten Weisheiten bzw. Prinzipien: erstens das

2 (Sn25). Vgl. (Robertson 2005, 225–238). In der folgenden Darstellung des Inhalts von Vicos Erster Neuer Wissenschaft halte ich mich weitgehend an die Analyse von Robertson.

Bewusstsein der Existenz der Vorsehung, zweitens die Institution der Ehe und drittens die Institution des Begräbnisses. Diese drei Prinzipien gehören für Vico zur grundlegenden Weisheit der Menschheit, aus ihnen fließen Religion und Gesetze, schließlich Wissenschaften und Künste.

Ausgehend von den festgestellten Prinzipien wirft er den Gründern des natürlichen Rechts der Völker, die er in Grotius, Selden und Pufendorf gefunden zu haben glaubt, vor, ihre Lehren nicht auf die göttliche Vorsehung gegründet zu haben, zudem nicht erkannt zu haben, dass das natürliche Recht in den Gebräuchen, besonders in den religiösen Gebräuchen der Völker seinen Ursprung hat, und damit historischen Charakter und eine Entwicklungsgeschichte aufweist. Keineswegs dagegen würde es bloß auf einer ewig unveränderlichen Natur des Menschen beruhen, deren Annahme Grotius zu dem unverzeihlichen Fehler veranlasste, zu behaupten, dass sein Naturrecht auch gelten würde, wenn es kein Wissen von Gott gäbe.

Der Grund für diese bisherigen Fehler steht für Vico fest. Bisher fehlte es an einer Wissenschaft, die gleichermaßen die Geschichte und die Philosophie der Menschheit betrachtet. Die Philosophen gingen von einem von Raum und Zeit abstrahierten und immer gleichen Status der menschlichen Natur aus, die durch einen singulären Akt weiser Männer durch Religion und Gesetz zivilisiert worden wäre und immer gleiche Grundlage eines unveränderlichen Rechtes sei. Die Philologen bzw. Pragmatiker, unter die Vico die Dichter, Historiker und Rhetoriker zählt, dagegen glaubten, dass die Geschichte der Völker das Werk einzelner theologischer Dichter sei, tatsächlich aber solch vulgäre Theologie als gewöhnlicher Glaube die größten Missdeutungen Gottes beinhalte und den Völkern eine gemeinsame Herkunft andichte, von der sie kein Wissen hätten.

Vico findet den konkreten Startpunkt für seine Erkundung der Geschichte der Völker in der biblischen Historie, und zwar nicht im Sündenfall, sondern in der Zeit nach der Sintflut, in einem angenommenen Status der Wildheit des Menschen. Hier findet er den Ausgangspunkt des gefallenen und wilden Menschen, der anfangs allein seinen Selbsterhalt zum Ziel hat, und kann, der natürlichen Ordnung der Ideen folgend, die Entwicklung zum vergesellschafteten Menschen der Familien und Staaten nachvollziehen. Diese Vergesellschaftung nun bindet Vico nicht wie die meisten Naturrechtslehrer vor ihm an eine freie Vertragsbindung der zur Staatsgründung zusammengetretenen Menschen, die sich gegenseitige Treue versprechen, sondern an eine historisch dynamische Entwicklung unter der Anleitung Gottes. Die göttliche Vorsehung dirigiert die einzelnen Ziele der Menschen und Völker, auch gegen individuelle Absichten auf ein gemeinsames Ziel, die Gemeinschaft der Völker und den Gemeinsinn des sozialen Lebens. Der freie Wille des Menschen ist ebenso im Individuum nur unbestimmt, in der Menschheit als Ganzes aber zuverlässig ausgerichtet auf Nutzen und Notwendigkeit der menschlichen Natur. Hinsichtlich des Naturrechts wird für Vico entscheidend, dass bisherige Lehrer den solitären Menschen in den Mittelpunkt stellten und dabei die grundlegende Notwendigkeit der familiären Vergesellschaftung zur Zeugung von Nachwuchs missachteten, ebenso hätten sie vergessen, den Ursprung des unveränderlichen und ewigen Naturrechts in der Erbsünde zu suchen.

Ausgehend von der Situation nach der Sintflut, in der nach Vico die Nachkommen Noahs als Giganten die Erde separiert voneinander bewohnten, wie Tiere lebten, keinen Gott anerkannten, keine Ehe eingingen und keine Kinder als die eigenen respektierten, konnte nun als entscheidender historischer Zeitpunkt des Ursprungs von Gottesfurcht und Gesetzen angenommen werden. Die Furcht vor Blitz und Donner, die mangels besseren Verständnisses als die Waffen Gottes interpretiert wurden, und die Scham über die geschlechtliche Vereinigung in der Öffentlichkeit, von Vico als wirksames Instrument der göttlichen Vorsehung interpretiert, trieb die Giganten schließlich dazu, sich in Höhlen zu verstecken und Frauen mitzunehmen, die sie heirateten und mit denen sie feste Familien gründeten. Damit war der Ausgangspunkt gegeben, die drei Prinzipien Religion, Ehe und Begräbnis zu entwickeln und schließlich über einen langen Weg der religiösen Entwicklung zur monotheistischen, christlichen Religion zu finden. Vico präsentiert eine Einheit der menschlichen Geschichte der verschiedenen Völker gegen widersprechende Schulen der antiken Philosophie. Allein Platon hätte die Idee einer einheitlichen Gerechtigkeit vertreten, welches das Prinzip des Naturrechts sei. Vico bekräftigt die Rolle der Vorsehung Gottes in der Errichtung des natürlichen Rechts der Völker gegen atheistische Naturrechtsmodelle und ist sich überaus sicher, dass ohne den vorsehenden Gott die Menschheit entweder noch immer im Zustand der Wildheit, der Gewalt und Verderbtheit verharren oder gar nicht mehr existieren würde.

Damit ist Vico überzeugt, ein ewiges und universales Naturrecht der Völker verteidigt zu haben, indem er in seiner neuen Wissenschaft Philosophie und Geschichte gleichermaßen verarbeitet, um eine "ewige ideale Geschichte" zu entwerfen, die das Schreiben einer universalen Geschichte aus sicheren Quellen und sicherer Kontinuität möglich macht. Zentral ist dabei der Gedanke, dass die Prinzipien des Menschseins nicht in einer ewigen und unveränderlichen Natur des Menschen, einer quasi biologischen Ausstattung, manifestiert sind, die durch philosophische Wissenschaften bloß erkannt und ausgelegt werden müssen, sondern dass sich diese in der Geschichte entwickeln und weiterentwickeln, diese sich in historischen und sich wandelnden Institutionen, Kulturen und Bräuchen ausdrücken. Schließlich reicht es dazu nicht hin, den einzelnen

Menschen in seiner kontingenten Nutzensuche und Willensbildung zu betrachten, vielmehr ist die historische Entwicklung und die Kultur und Tradition von Völkern, Gesellschaften und Familien, überliefert etwa in den mythischen Erzählungen und Dichtungen, in den Fokus zu rücken.

Kehren wir nach dieser kurzen Übersicht wieder zur Rezension und Vicos Erwiderung auf dieselbe zurück. Genauso wie die fehlerhaften formalen Angaben bot die Rezension auch bezüglich der inhaltlichen Beschreibung genug Angriffsfläche. Der allgemeinen Charakterisierung des Buches dort als "neues System des Naturrechts" etwa kann Vico spitzfindig entgegenhalten, dass die eigentliche These seiner neuen Wissenschaft nicht das Naturrecht sondern die gemeinsame Natur der Völker sei, aus der durch alle Völker hindurch ein konstantes und universales Bewusstsein menschlicher und göttlicher Dinge erwächst. Erst das Resultat sei die Entdeckung eines neuen Systems des Naturrechts, das selbst in dem besagten Werk noch gar nicht entwickelt sei (*Notae AEE*, 111).

Daneben wird Vico in der Rezension vorgeworfen, weitläufig aus Prinzipien deduziert zu haben, die von denen abweichen, die bisher von Philosophen des Naturrechts verfolgt worden sind, und sich eher aus der Erfindungsgabe der päpstlichen Kirche ableiten. Dabei würde sich Vico gegen die Lehren und Prinzipien von Grotius und Pufendorf wenden und mehr dem Einfallsreichtum frönen als die Wahrheit zu verfolgen. Schließlich scheitere Vico aufgrund seiner weitläufigen und konturlosen Mutmaßungen in seinem eigenen Bemühen und würde dafür vom italienischen Publikum selbst vielmehr mit Abneigung als mit Applaus bedacht (Vgl. Acta eruditorum, cit., p. 383).

Gegen diese Anfeindungen nun reagiert Vico in seinen *Vindiciae* teils nicht weniger polemisch als es die Rezension tut, besonders in der Anrede des geheimnisvollen Informanten, dem er eigens eine direkte und umfangreiche Ermahnung am Ende der *Vindiciae* widmet, zahlt Vico die Vorwürfe, Unterstellungen und auch die persönlichen Beleidigungen mit doppelter Münze zurück (*De rat. 1990*, 129–134). Entfernt man aber hier den übermäßigen polemischen Ballast der Verteidigungsschrift, findet man einige zentrale Punkte der Vicoschen Argumentation hinsichtlich des Naturrechts in konzentrierter Form wieder, und zwar an dem Ort, an dem sich Vico mit der Anklage der Rezension über seinen vermeintlichen Umgang mit den Positionen der sogenannten Väter des Naturrechts Hugo Grotius und Samuel Pufendorf auseinander setzt (Ebd., 112–116).

Vico sieht sich einer vielschichtigen Anklage nicht nur seines eigenen Buches, sondern der gesamten römisch-katholischen Kirche gegenüber, der er nur heftig entgegentreten kann. So bezichtigt er den anonymen Rezensenten des Vorurteils, dass die genannten Autoren Grotius und Pufendorf sowie der in der Rezension nicht genannte, in der *Ersten Neuen Wissenschaft* aber sehr wohl angeführte dritte Autor John Selden, nur deswegen als Philosophen bezeichnet werden, weil sie nicht der römisch-katholischen Kirche angehören. Aus demselben Grund vermutet er, dass der Rezensent ihm, Vico, die Würde des Philosophen aberkennt, unterstellt also letztlich, dass die Bösartigkeit der Rezension nur Folge von konfessionellen Vorbehalten ist. Zudem vermutet Vico, dass der unbekannte Informant, dem Vicos Stellung als Professor der Philologie und Beredsamkeit bekannt sei, davon ausgehe, dass die Beredsamkeit kein Teil der Philosophie, Vico demzufolge kein Philosoph sein könne. In dieser persönlichen Verteidigung bekleideter Positionen scheint zudem ein zentraler Gesichtspunkt seiner neuen Wissenschaft auf, natürlich immer mit der Unterstellung verbunden, der Rezensent hätte das nicht begriffen, nämlich der, dass Vico Geschichte und Philosophie für seine Erkenntnis des Naturrechts verbunden sehen möchte und die Philologie in den Status einer wahren Wissenschaft erheben will. Schließlich unterstellt Vico dem Rezensenten, seine angeblich völlig neue Verteidigung der Legitimität der Monarchien (vgl. t'Hart 1983, 23–25) aus Gründen, die bisher keiner der Philosophen anerkannt hätte, nicht zu akzeptieren und ihm deshalb den Status des Philosophen abzuerkennen.

Diesem Konglomerat von Vorwürfen setzt Vico sein eigenes Verständnis und seine Kritik der klassischen Autoren des Naturrechts entgegen. Hier hat er Gelegenheit, die Grundprinzipien seiner neuen Wissenschaft und seinen Status als Philosoph noch einmal zu betonen. Zum einen gründet er sein System auf das Prinzip der göttlichen Vorsehung und sieht sich damit in einer exklusiven Position gegenüber dem genannten Autoren Grotius, dem er vorwirft, die göttliche Vorsehung völlig ignoriert zu haben, und der, jede Idee eines allmächtigen Gottes bestreitend, immer noch vermeinte, dass sein System gut gegründet sei. Pufendorf dagegen hätte zwar die göttliche Vorsehung anerkannt, aber auch das epikuräische bzw. deistische Prinzip der Nichtintervention Gottes in irdische Dinge. Beide Autoren glaubt Vico mit seiner neuen Wissenschaft bereits hier überwunden zu haben.

Neben dem Prinzip der göttlichen Vorsehung gründet Vico sein System auf das Prinzip des freien Willens im Menschen zur Wahl des Guten oder Bösen, und vermeint mittels dieser beiden Prinzipien erst die Voraussetzungen dafür gefunden zu haben, überhaupt über Gerechtigkeit, Recht und Gesetz sprechen zu können. Daher gebühre ihm noch vor den genannten Autoren und vor allem vor dem unbekannten Informanten der Ruhm, wahre Philosophie zu betreiben, da er sich hier zudem in direkter Tradition des göttlichen Philosophen Platon befinde.

Zudem entlarve sich der Informant als Protestant, wenn er Vico der Anhängerschaft der Papstkirche bezichtigt, und disqualifiziere sich damit selbst, wenn er als Anhänger Luthers und Calvins zu denen gehört, die den Glauben an die Existenz der blinden Notwendigkeit in die christliche Philosophie einführen und damit den freien Willen des Menschen versklaven (*De rat.1990*, 113). Hingegen sei doch gerade die Papstkirche der Hort der Wahrheit (Ebd., 114) und erst diese Kirche ermögliche Vico die Entwicklung seines Systems aus den Prinzipien der göttlichen Vorsehung und des freien Willens des Menschen, aus Prinzipien also, mit denen doch alle Völker übereinstimmten.

Schließlich sei äußerst merkwürdig, so Vico, dass der geheime Informant in seiner Anklage den dritten namentlich genannten Autoren John Selden gerade ausspare (Ebd., 115 f.). Dieser sei es doch gewesen, der sein Konzept der göttlichen Vorsehung aus der Heiligen Schrift abgeleitet habe. Würde man aber das Prinzip der göttlichen Vorsehung als Kennzeichen dafür heran ziehen, kein Philosoph zu sein, wie es der Informant Vico unterstelle, so würden neben Selden auch Platon und Cicero nicht als Philosophen angesprochen werden dürfen, was absurd sei.

Hinter aller Polemik verstecken sich also die Grundprinzipien von Vicos neuer Wissenschaft, die in äußerst subtiler Weise gegen den geheimen Informanten und Rezensenten gewendet werden. Genauso wie er sich als eigentlichen Philosophen in der Tradition von Platon und Cicero etablieren kann, der die Defizite der bisherigen Naturrechtslehrer wie Grotius und Pufendorf an ihrer Nichtbeachtung der Rolle der göttlichen Vorsehung für die gemeinsame Natur der Völker hat, kann er sich ebenso als Anhänger der Papstkirche hinsichtlich seines Prinzips des freien Willens gegenüber den protestantischen Autoren behaupten (Ebd., 114–116).

Obwohl Vico davon überzeugt ist, ein völlig neues System einer gemeinsamen Natur der Völker und eines Naturrechts entwickelt bzw. entdeckt zu haben, so sollen hier dennoch einige Gedanken und Thesen über einen möglichen Bezugspunkt geäußert werden. Dabei setzt sich Vico ganz bewusst und namentlich von den vermeintlichen Vätern des Naturrechts Grotius, Selden und Pufendorf in konkreten und ganz bestimmten Hinsichten ab, stellt sich aber auch allgemein in die Tradition der Naturrechtsdebatte, zu der er solch berühmte Gelehrte wie Jean Barbeyrac, Johann Heinrich Boeckler, Kaspar Ziegler, Johann Friedrich Gronovius, Johann Franz Budde, Ulrich Huber und schließlich auch Christian Thomasius zählt (Ebd., 123–124).

Überprüft man einzelne Elemente von Vicos Naturrechtsentwurf und seiner Historie der Vergesellschaftung und Staatsgründung im *Diritto universale* und in den *Vindiciae*, so fallen verschiedene Parallelen zum späten Naturrechtsentwurf eben jenes letztgenannten Christian Thomasius auf, den dieser unter anderem in den im Jahr 1705 erschienenen *Fundamenta iuris naturae et gentium* bzw. den *Grundlehren des Natur- und Völcker-Rechts* entwickelt hatte.[3] Diesen Parallelen möchte ich mich nun am Ende meines Beitrages widmen.

Schon hinsichtlich der angenommenen anthropologischen Grundausstattung des Menschen fallen erstaunliche Übereinstimmungen in den Theorien von Thomasius und Vico auf. Ausgehend von der Umkehrung einer traditionellen Ausgangssituation des Verhältnisses von Verstand und Wille im Menschen in der Naturrechtsdebatte beschreibt Thomasius den gefallenen Menschen durch Affekte und Leidenschaften in einem solchen Ausmaß in seinem Willen bestimmt, dass sich dieser Wille nicht mehr durch den Verstand lenken lässt (Ebd., 20–21; vgl. Grunert 2000, 204–208). In gleicher Weise beschreibt auch Vico in seiner Analyse der Auswirkungen des Sündenfalls auf den Menschen die Verkehrung der natürlichen Ordnung durch die Hinwendung zu Selbstliebe und Begierde, die den Willen des Menschen dazu veranlasst, die Vernunft zu beherrschen.

Daraus resultiert für beide Autoren, für Vico namentlich im Zeitalter der Heroen, auch die Aufgabe der staatlichen Autorität (Thomasius 1709, 63 und 86; vgl. Grunert 2000, 208–212), die aufgrund ihrer dominierenden Leidenschaften törichten Menschen zu lenken und zu dirigieren. Ein vernünftiger Zugang zu Inhalt und Verbindlichkeit des Naturrechts durch Vernunft als Inbegriff der Gerechtigkeit bleibt den meisten Menschen damit verwehrt und der Autorität überlassen. Nur von außen kann die Veranlassung zu normgerechtem Verhalten kommen – letztlich durch den Befehl der Obrigkeit, der durch die Androhung von Strafe verpflichtet. Auch die Rolle der Religion für den Staat wird von beiden Autoren in einer solchen Weise betont, dass die Religion bei Vico zur Voraussetzung des Staates wird und eine Gesellschaft von Atheisten unvorstellbar erscheint, und dass etwa bei Thomasius, bekannt für seine Forderung nach Toleranz gegenüber vielfältigen Konfessionen und Religionen, allein der Atheist in der Rolle des Feindes der staatlichen Ordnung "das fundament aller moralität auffhebt".[4] Vico greift damit zugleich die traditionelle Debatte über

3 (Thomasius 1705), typis et sumtibus viduae Ch. Salfeldii (…). Dt. Übersetzung von (Zeidler 1709).

4 (Thomasius 1709, 102 (I, 3, 88)). Vgl. (Gawlick 1989, 256–273); (Grunert 2000, 200–201).

den Ursprung der Gültigkeit von Gesetzen auf, indem er eine ewige Idee des Gerechten mit der Wirkung von Wille und Autorität verknüpft. Dies schließt an die Tradition der "via media" als zentraler Hinsicht in der Diskussion um die Herkunft der Verbindlichkeit von natürlichen Gesetzen an. Das häufig verleugnete, doch unausweichliche Ergebnis dieser Debatte bestand und besteht immer darin, dass einer Wahrheit über die intrinsische moralische Gut- oder Schlechtheit einer Handlung der entsprechende autoritäre Befehl in Form des Gesetzes entsprechen muss, um letztlich Gültigkeit beanspruchen zu können, wenn man überhaupt von gerechten Gesetzen sprechen möchte.

Eine weitere augenfällige Parallele findet sich in der Betonung der Bedeutung der Sprache als Inbegriff der geselligen Natur des Menschen. Wenn für Vico die Sprache als Grundlage gesellschaftlicher Kommunikation und Auseinandersetzung zur Voraussetzung der Produktion von Ideen ewiger Wahrheiten und damit zum Ursprung des Menschen überhaupt wird (Strassberg 2007, 91–92; König 2005, 74–93), so folgt er in diesem Gedanken Thomasius, der die Sprache an den Beginn seiner Erörterung der Sozialnatur des Menschen stellt, die Sprache der Vernunft und Geselligkeit gleichermaßen voraussetzt und damit die traditionell verstandene Rolle der Sprache als Ergebnis menschlicher Vergesellschaftung radikal umkehrt.

Damit wird zugleich der Selbstaussage Vicos aus *De uno* widersprochen, dass er es sei, der sich angeblich von allen Naturrechtslehren dadurch absetze, indem er die gefallene und nicht die integre menschliche Natur zum Ausgangspunkt seiner Erörterung der *principia humanitatis* wählt (Woidich 2007, 73–74). Selbstverständlich haben mindestens auch Grotius, Pufendorf und Thomasius die Bedürftigkeit des postlapsarischen Menschen an den Anfang ihrer Erörterung der menschlichen Natur gestellt und diese zur Ursache der Entwicklung hin zu Staaten gründenden und der Gesetze bedürftigen Menschen gewählt. Gerade hinsichtlich der Staatsgründung scheint Thomasius in den *Fundamenta* ein Ideengeber der Vicoschen Theorie zu sein, indem er die traditionelle Staatsgründungsthese der freiwillig und durch Zustimmung zur gemeinsamen Friedenssicherung sich vereinigenden Bürger bezweifelt und stattdessen eine historisch dynamische Entwicklung favorisiert, in der er vielmehr auf die biblische Geschichte und insbesondere genau wie Vico auf die postdiluvianische Staatsgründung Nimrods Bezug nimmt, eine historische Entwicklung ohne ausdrücklichen Vertragsschluss hin zu Staaten annimmt und die vermeintlichen Staatsgründungsereignisse vielmehr einer lückenhaften mythischen Überlieferung der Völker zuschreibt, die "gleichsam als ein Gedächtniß des ersten Ursprunges der Republique" (Thomasius 1709, 183) anzusehen ist.

Damit wird auch die Parallele zwischen der thomasianischen Theorie und der von Vico in den *Vindiciae* behaupteten völlig neuen Verteidigung der Legitimität der Monarchien (vgl. T'Hart 1983, 23–25) aus Gründen, die bisher keiner der Philosophen anerkannt hätte, deutlich, denn auch Thomasius geht hier von einer historischen Entwicklung von Familien zu Staaten aus, denn es sei, so Thomasius, "zweiffelhafftig, ob die Aufrichtung einer Republique also geschwinde und gleichsam auf einmahl geschehen sey, es ist auch zweiffelhaftig, ob die erste Republique aus unschuldigen, oder bösen und ungerechten Leuten bestanden" (Thomasius 1709, 183).

Schließlich ist Vicos Verweis auf die überlieferte Geschichtsschreibung und Dichtung als Quelle der Erkenntnis der gemeinsamen Natur und eines Naturrechts der Völker eine Methode, die über Thomasius bereits auf Grotius zurückgeführt werden kann. An prominenter Stelle in den *Prolegomena* von *De iure belli ac pacis* stellt er neben die Methode *a priori* zur Erkenntnis naturrechtlicher Grundsätze durch die menschliche Vernunft die Methode *a posteriori* zur Erkenntnis dieser Grundsätze durch Überlieferungen von Dichtern, Philosophen und Historikern, indem er davon ausgeht, dass "wenn viele aus verschiedenen Zeiten und allen Orten dasselbe als gewiß behaupten, dies auf einen allgemeingültigen Grund hinweist, der in unseren Erörterungen kein anderer sein kann als die richtige Schlußfolgerung, wie sie sich aus der Natur der Sache ergibt, oder die allgemeine Übereinstimmung" (Grotius 1950, 39–40). Deshalb hat das Werk *De iure belli ac pacis* den kollossalen Umfang, den wir noch heute feststellen können. Jeder von Grotius aufgefundene Grundsatz des Rechts der Natur wird durch eine ermüdende Vielzahl historischer, biblischer und auch mythischer Ereignisse und Begebenheiten bekräftigt und erläutert.

Auch Christian Thomasius stellt die geschichtliche Methode neben die Methode "abstrakt-rationalen" Erkenntnisgewinns durch die vernünftige Überlegung, kürt die beiden Methoden zu "zwei gleichrangigen Mittel[n] menschlicher Erkenntnis" und bezeichnet sie als "die zwey Augen der Weißheit".[5] In der Ausführung dieser Methoden zur Erkenntnis des natürlichen Rechts auf geschichtlichem Wege rekurriert Thomasius immer wieder auf das römische Recht und das germanische Recht, die er in unterschiedlicher Nähe zum Naturrecht verortet. Im Gegensatz zu Vico sieht er aber eine allgemeine Entwicklung

5 (Steinberg 2006, 353–367, hier pp. 356–360). Dort auch der Nachweis des Thomasius-Zitats: (Thomasius 1713, 82 (cap. 5, § 1). C. Thomasius, Höchstnöthige Cautelen welche ein Studiosus Juris, Der sich zu Erlernung Der Rechts = Gelahrheit auff eine kluge und geschickte Weise vorbereiten will, Halle, s.e., 1713, p. 82 (cap. 5, § 1). -> in Steinberg 2006.

des Verfalls am Werke, indem er dem germanischen Recht als älterem eine größere Naturrechtskonformität aus natürlicher Ursprünglichkeit zuspricht "im Gegensatz zu der degenerierten römischen Kultur derselben Epoche" (Steinberg 2006, 359).

Aus den genannten Gründen und Parallelen mag es naheliegend sein, Thomasius für einen frühen Ideengeber Vicos zu halten. Vielleicht ist es auch gerade die ideelle Nähe zu dem aus Leipzig stammenden Gelehrten, die Vico zu äußerster Bestürzung und energischer Reaktion bezüglich der Rezension in den *Acta eruditorum* veranlasste, hatte er möglicherweise gerade von dort mehr Zustimmung für seine neue Wissenschaft erwartet.

Literaturverzeichnis

Acta Eruditorum Lipsiensia, Leipzig.

Gawlick (1989): Günter Gawlick, „Thomasius und die Denkfreiheit", in: Werner Schneiders (Hg.), *Christian Thomasius 1655–1728. Interpretationen zu Werk und Wirkung*, Hamburg.

Germann (2006): Michael Germann, „Aufgeklärte Rechtswissenschaft und religiöses Vorverständnis: Höchstnöthige Cautelen welche ein Studiosus Juris, Der sich zu Erlernung Der Rechts = Gelahrheit auff eine kluge und geschickte Weise vorbereiten will", in Heiner Lück (Hg.), *Christian Thomasius (1655–1728). Wegbereiter moderner Rechtskultur und Juristenausbildung*, Hildesheim.

Grotius (1950): Hugo Grotius, *Drei Bücher vom Recht des Krieges und des Friedens 1625, übersetzt und eingeleitet von Walter Schätzel*, Tübingen.

Grunert (2000): Frank Grunert, *Normbegründung und politische Legitimität: Zur Rechts- und Staatsphilosophie der deutschen Frühaufklärung*, Tübingen.

T'Hart (1983): A.C. T'Hart, "Hugo de Groot and Giambattista Vico", in *Netherlands international law review* XXX.

König (2005): Peter König, *Giambattista Vico*, München.

Robertson (2005): John Robertson, *The case for the enlightenment: Scotland and Naples 1680–1760*, Cambridge.

Schlüter (1999): Gisela Schlüter, „Giannone und Vico. Eine Bestandsaufnahme nebst einer Detailfrage", in Giorgio Cusateli (Hg.), *Gelehrsamkeit in Deutschland und Italien im 18. Jahrhundert*, Berlin.

Steinberg (2006): Georg Steinberg, „Praxis und Theorie: Positives Recht im Naturrecht von Christian Thomasius", in Heiner Lück (Hg.), *Christian Thomasius (1655–1728). Wegbereiter moderner Rechtskultur und Juristenausbildung*, Hildesheim.

Strassberg (2007): Daniel Strassberg, *Das poietische Subjekt: Giambattista Vicos Wissenschaft vom Singulären*, München.

Thomasius (1705): *Christian Thomasius, Fundamenta juris naturae et gentium ex sensu communi deducta, in quibus ubique secernitur principia honesti, justi ac decori* (…), Halle, typis et sumtibus viduae Ch. Salfeldii (…), Halle.

Thomasius (1709): Christian Thomasius, *Drey Bücher der Göttlichen Rechtsgelahrheit, in welchen die Grundsätze des natürlichen Rechts nach denen von dem Freyherrn von Pufendorff gezeigten Lehrsätzen deutlich bewiesen* (…), Halle.

Thomasius (1713): C. Thomasius, *Höchstnöthige Cautelen welche ein Studiosus Juris, Der sich zu Erlernung Der Rechts = Gelahrheit auff eine kluge und geschickte Weise vorbereiten will*, Halle.

Trabant (1996a): Jürgen Trabant, „Vindizierte Vaterschaft oder Vicos Digression über das Ingenium und das Lachen“, in Bernhard Dotzler (Hg.), Cachaca. *Fragmente zur Geschichte von Poesie und Imagination*, Berlin.

Trabant (1996b): Jürgen Trabant, „Vico in Germanien 1750–1850“, in Frank-Rutger Hausmann (Hg.), *Italien in Germanien. Deutsche Italien-Rezeption* 1750–1850, Tübingen.

Verene (2009): Donald Philip Verene, „Vico's Reply to the False Book Notice. The Vici Vindiciae“, in *Giambattista Vico. Keys to the New Science*, ed. by Thora Ilin Bayer and Donald Philip Verene, Ithaca.

Woidich (2007): Stefanie Woidich, *Vico und die Hermeneutik: Eine rezeptionsgeschichtliche Annäherung*, Würzburg.

Zeidler (1709): J.G. Zeidler, C. Thomasius, *Grundlehren des Natur- und Völcker-Rechts, nach dem sinnlichen Begriff aller Menschen vorgestellet, in welchen allenthalben unterschieden werden die Ehrlichkeit, Gerechtigkeit und Anständigkeit* (…), Halle, s. e.

Stefania Sini

"Old European and Catholic Cheerfulness" some Observations on "Literature" according to Giambattista Vico between the Republic of Letters and the World of Nations*

Abstract: While examining those aspects of his "minor" works that fit into the classicistic, old-time-Europe paradigm, this essay aims at reflecting on the placement of Vico's intellectual figure in regards to the formation of the modern system of "literature".

> Perché si divolgâro
> le loro alte immortali opre d'ingegno,
> né in Pindo né in Parnaso
> ebber più templi e regni e propie terre,
> ma profane e private
> andâro da per tutto egre e raminghe
> l'alte figlie di Giove
> e ne le regie corti,
> a' caldi prieghi di ben vista pace
> util vie più di gloriosa guerra,
> radi e brievi ricovri elle trovâro [...]
> (*Poesie*, 279–280).

1. In this article I would like to propose some points to reflect on surrounding the placement of Vico's works and philosophy in regards to the formation of the modern system of "literature", which is designated by most contemporary scholars with the term "literary modernity" and placed—with different chronological indications—between the middle and the end of the 18th century[1].

I would like to clarify immediately that by "literary modernity" I do not mean Vico's philosophical or epistemological modernity, the object of multitudes of studies, as well as lively, long-standing and well-noted discussions among

---

* I would like to thank Valentina Dafne De Vita, Giovanna Esposito and Christoph Haar for their kind help in the translations of vichian texts.

1 See (Jauss 1967); (Brioschi 1995, 5–22); (Brioschi 2002, 31–80); (Spinazzola 2001), (Spinazzola 2008, 9–12); (Guglielmi 2000, 1–20); (Luperini 2006).

eminent specialists[2]. Nor does it concern the stance adopted by the Neapolitan thinker in *De ratione* and in his other writings towards *Querelle des anciens et des modernes*[3]. The endeavour is rather to read Vico's contribution from the perspective of literary theory and the history of criticism, whose periodizations do not coincide with those of philosophical thought, of science, or of history itself, which are in turn out of phase. On the other hand, I consider the figure of Giambattista Vico to be an exemplary case to use in verifying the heuristic capacity of the concept of literary modernity itself, and the consistency of the breakthrough that literary studies identify it with.

I refer therefore to literature as an idea and institution that takes shape with the end of the classicist literary model, within the context of concomitant large scale social and cultural phenomena that accompany the decline of the 15th–16th century humanist tradition, such as the definitive affirmation of Italian over Latin in intellectual production (creative and scholarly), of occupational journalism over the erudite; the vigorous development of publishing; the notable expansion of the reading public and the growing success of the novel, a new "product" available to the collective imagination that conquered the traditional genre system, dealing a fatal blow to poetic rules, "novelizing" the genres and contaminating them with its own constituent refractoriness with respect to canons and prescriptions[4].

It is in such a context, moreover, that the cultural hegemony of rhetoric—already hit hard by Cartesian attacks—and of the arts of memory is worn away, and that witnesses the appearance of aesthetics as an autonomous science. This does not deny the legacy of the venerated discipline of the *ars bene dicendi*, but subjects its principal articulations (*inventio, dispositio, elocutio*) to a radical reshaping, this way contributing to the crisis and progressive and unrelenting

2 Among the numerous voices that have been engaged in the debate, it is sufficient to recall Paolo Rossi's positions in 1969, reiterated afterwards in various other interventions. See (Rossi 1969); (Rossi 1981, 51–82), then in (Rossi 1999 275–303), (Parte IV *Devozioni vichiane*, pp. 397–479 with interlocutors Nicola Badaloni, Eugenio Garin, Gianfranco Cantelli, Mario Sina ecc.). See (Cacciatore/Tessitore 1996–1997, 219–225). See therefore (Lilla 1993) and the many different reactions to which the "Bollettino del Centro Studi Vichiani" duly refers, one among many being (Cacciatore/ Caianiello 1996–1997, 205–218). See further (Cristofolini 2001), and the objections from the perspective of "storicismo critico quale teoria e critica della ragione storica" (with particular attention to Kant's reflective judgment) by (Tessitore 2007, 187–195)

3 See the many references in (Battistini 2004), *passim*; (Battistini 1995, 15–38); (Lomonaco 2009, 7–34).

4 See (Bakhtin 2012, 9–179; 608–643) (Engl. trasl. (Holquist 1981)).

corrosion of the principles of authority and imitation on which it was held up through the centuries[5].

2. This is how 1751, the year in which the first volume of Baumgarten's Aesthetics is published (Baumgarten 2016), represents a chronological boundary signalling the coming of literary modernity and at the same time the decline of that classicist paradigm whose long duration had coincided with the entire western tradition of expressive language beginning with Homer. This is confirmed in 1757 by Hume's *Of the Standard of Taste* (Hume 1757), in which the formula which was soon to become a maxim, "Beauty is no quality in things themselves: it exists merely in the mind which contemplates them", resonates. Two years later, in 1759, Lessing writes for Nicolaï's magazine *Briefe, die neueste Literatur betreffend*, already adopting the term *Literatur* from the title in the sense in which it would be established from that time forward[6]. Finally, in 1790, the fundamental text *Kritik der*

5 As Salvatore Tedesco comments with reference to Baumgarten's note on § 14 of his *Ästhetik* (Baumgarten 2016, §14) "The concept of *inventio* comes to be rethought first of all in accordance with the"psychology of the moderns"; Baumgarten essentially returns to the Baconian analysis of the ancient concept of *inventio*, to replace it with a broader concept responding to the new doctrine of the inferior faculties and therefore to the centrality attributed to the *facultas fingendi*. Doing so, however, without expressing polemical intentions regarding rhetorics, Baumgarten highlights the existing link between his own psychological doctrine and a meticulous rethinking of rhetorical tradition: the sensitive conception of the beautiful and the rhetorical *movere* form for Baumgarten an indissolvible hendiadys. [...] not less significant is the reference to the "rules for thinking beautifully and movingly". *Emendatio*, a Cartesian theme, and also of Spinoza and Tschirnhaus, as it is later of Thomasius and finally of the same Leibnitz-Wolff school, is an especially meaningful one if read in a methodological key, combined with exquisitely rhetorical themes, in this way allowing for the recovery of rhetoric's methodological patrimony inserting it in a vaster circulation with the ontology and theory of knowledge". The same dynamic of rupture in continuity also concerns *dispositio*, rethought by Baumgarten in epistemological terms, *elocutio* and *actio* in semiotic terms. See (Tedesco 2001, 78). See also (Amoroso 2000); (Raulet 2016, 127–142).

6 (Nicolai 1759) According to Robert Escarpit, this is the first historical instance of the modern term literature. See (Escarpit, 1970) On the passage of *Belles-Lettres* to *Littérature*, see (Delon 1988); for a lexicological survey of the emergence of the word "littérature", see (Caron 1992).

Urteilskraft (Kant 1995) is printed, sealing the change by then already initiated with all the peremptory force of Kantian criticism, also placing by the side of the new name "another, not less topical: the name of the discipline, aesthetics, to which the sovereignty of the entire "system of the arts" is now conferred"[7]. From this moment forward the criteria for judgment eschew the pretence of objectivity of the classicist axiology itself: "the accent placed on αἴσθησις" and on "subjective universality referring to the judges' sphere" lay bare such a pretence, now considered an unwelcome anachronism. "The judgment suggested by the 'subject's reflection on his own experience' definitively dislocated its focus outside the circle of competences to which the faculty of justifying the production and fruition of the artistic object was entrusted" (Brioschi 2002, 29).

From this moment onwards – a "moment" which in reality extends heated decades – we see how "in the representation which the literary institution gave of itself" the testimonies – both theoretical and existential—recording the crisis of a progressive break multiply increasingly. This break, while separating the sciences from letters, irrevocably pushes away the 'today' from the by now lost "naive" organic cohesion between life, nature and the rules of the art of ancient poetry[8].

---

7 (Brioschi 2002, 77). Kant writes: "Um zu unterscheiden, ob etwas schön sei oder nicht, beziehen wir die Vorstellung nicht durch den Verstand auf das Objekt zum Erkenntnisse, sondern durch die Einbildungskraft (vielleicht mit dem Verstande verbunden) auf das Subjekt und das Gefühl der Lust oder Unlust desselben. Das Geschmacksurteil ist also kein Erkenntnisurteil, mithin nicht logisch, sondern ästhetisch, worunter man dasjenigeversteht, dessen Bestimmungsgrund *nicht anders* als *subjektiv* sein kann". And further: "Obgleich also Kritiker, wie *Hume* sagt, scheinbarer vernünfteln können als Köche, so haben sie doch mit diesem einerlei Schicksal. Den Bestimmungsgrund ihres Urteils können sie nicht von der Kraft der Beweisgründe, sondern nur von der Reflexion des Subjekts über seinen eigenen Zustand (der Lust oder Unlust), mit Abweisung aller Vorschriften und Regeln, erwarten". (Kant 1995, 148; 370).

8 "Time fracture, in the first place, that distances us definitively from classicism; the same humanistic philology, we know, had already demonstrated how precisely the knowledge of the distance would be the preliminary condition for recovering its authentic meaning: only that now the work of the classics will no longer be encountered, in that it is fundamental to a perennial tradition, as an object immediately available to imitation-emulation, but as otherness, an unrepeatable experience of a past in itself finished, whose admired revisitation, even if it wants to propose it as a model, will be by now inseparable from *pathos* for the ancient world, from nostalgia

When the world of the *literati* widens, dividing itself internally, and the territories of knowledge plot the respective confines with fresh clarity, the word "literature" coming to designate a distinct *corpus* of texts, a mass of genres no longer defined by traditional rhetorical criteria, but rather "by an aesthetic attitude whose determination would return to a distinct faculty of the spirit" and to an intentionality turned towards a jagged and plural expressive horizon, unpredictable and constitutively open[9].

3. An analogous image of the disruption and crushing of a firmly unified, centuries-old system is provided by Ernst Robert Curtius in 1948 in *Europäische Literatur und lateinisches Mittelalter*. According to the illustrious philologist, the break in continuity would be identified a few decades after the end of the 18th century: in the circumstances of 1832, the year of Goethe's death. "Die europäische Literatur," Curtius writes, "ist der europäischen Kultur zeitlich koextensiv, umfaßt also einem Zeitraum von etwa sechsundzwanzig Jahrhunderten (von Homer bis Goethe gerechnet)" (Curtius 1993, 22; trad. it. Curtius 1992, 20). Furthurmore, for the German philologist the compactness of the system also implies an historical-geographic dimension: the western literary tradition, whose decisive connotations referred back to the Latin and medieval Latin matrix, coincides with the unity of Europe: "Wenn Europa ein Gebilde ist, das an zwei Kulturkorpern teilhat, dem antik-mittel-meerischen und dem modern-abendländischen, so gilt das auch von seiner Literatur" (Ibid., 16).

The wholeness focused on by Curtius in this 'great time' is intended "chronotopically" and is based on the individuation of constant factors: themes, formal institutions, organizations. As Cesare Segre writes, each chapter of *Europäische Literatur und lateinisches Mittelalter* "demonstrates not only the continuity of themes across the centuries, but also the industriousness of the institutions (schools, monastic centres) and the elaboration of rhetorical, philological, and philosophical concepts, which together maintain and rework,

the lost country. Fracture, in the second place, between scientific culture and literary culture" (Brioschi 1995, 6).

9 It is certain that the literary institution discovers itself to be, at the same time in which it specialises and claims its sovereign space, a no longer unified institution. To the perpetual universality of the rules, on which the suitability or the degradation of taste are measured from time to time, the sense of succession and of molteplicity takes over, that trusts at most in the individual value of the single work the capacity to draw on a particle of the absolute. But this absolute will have to be distilled right inside of the contingency in which it is immersed: in the horizon of Modernity, accepted or rejected, where anyway it takes form. Ibid., p. 7.

revitalising classical heritage"[10]. The long-lived and authoritative *principium individuationis* that guarantees the cohesion of the system in synchrony and diachrony is ultimately rhetorical by nature:

> The starting point of our inquiry was the historical fact that the Mediterranean-Nordic West was culturally one. Our goal was to demonstrate the same unity in its literature. We had, therefore, to make manifest certain continuities which had hitherto been overlooked. A technique of philological microscopy permitted us to find identical structural elements in texts of the most various origins-elements which we were justified in regarding as expressional constants of European literature. They indicated a general and generally disseminated theory and practice of literary expression. One of these common denominators was rhetoric.[11]

In the context of such a "common denominator", *topoi* govern the continuity, as has been noted, analytically examined, pondered, and retraced by Curtius in their innumerable eventualities and forms, and in the conservation through the centuries and territories of their solid presence of structural constants[12]. With

---

10 (Segre 1992), where the great Italian philologist does not keep silent about his reservations on the ideological base of Curtius's work. For an analytical and plural rereading of *Europäische Literatur und lateinisches Mittelalter*, see (Robert 2009), a cura di I. Paccagnella e E. Gregori, Padova, 2011.

11 "Unsere Betrachtung ging von der geschichtlichen Lebenseinheit des mittelmeerisch-nordischen Abendlandes aus. Das Ziel war, sie auch für die Literatur zu erweisen. Es mußten also Kontinuitäten sichtbar gemacht werden, die bisher übersehen wurden. Eine Technik philologischen Mikroskopierens erlaubte uns, in Texten verschiedenster Herkunft Elemente von identischer Struktur aufzudecken, die wir als Ausdruckskonstanten der europäischen Literatur auffassen durften. Sie wiesen auf eine allgemeine und allverbreitete Theorie und Praxis des literarischen Ausdrucks hin. Ein solcher Generalnenner ist die Rhetorik gewesen" (Curtius 1993, 235; e.: Curtius 2013, 255).

12 It must also be remembered that the issue emphasized by the German philologist on the foundational role of rhetoric in European tradition is part of an historical context still marked by the suspicion regarding the ancient discipline, context therefore antecedent to the decisive Perelmanian revaluation and to the rebirth of rhetoric in the second twentieth century. For instance Curtius opens the V chapter "Topik" remarking that antique rhetoric is a "forbidding subject": "Where are there still readers who like the young Goethe, would find" "alles Poetische und Rhetorische angenehm und erfreulich?" Thus, Curtius continues, "Wo noch ein Publikum, das sich durch *Curiosities of Literature* und *Amenities of Literatures* fasseln liesse?"; "und wenn schon Rhetorik auf den modernen Menschen als fratzenhaftes Gespenst wirkt – wie soll man es dan wagen, ihn für Topik zu interessieren, die selbst der Literaturwissenschaftler kaum dem Namen nach kennt, weil er die Kellerräume – und Fundamente! – der europäischen Literatur entschlossen meidet?" (Curtius 1993, 93); (Curtius 1992, 95).

the beginning of literary modernity the historical topics presented with an abundance of examples in *Europäische Literatur* will in this way exhaust the cohesive function which it has been performing in a thousand-year-old expressive world.

4. Finally arriving at Vico, a first reflection might suggest a comparative examination between the topics he theorized and defended strenuously in his writings and the historical topics presented by Curtius[13]. The comparison could turn out to be feasible, but not in the territory of *De ratione* or *Scienza nuova* – from which it is not possible but to recognize the immeasurability of the mutual perspectives – but rather on that of the *Institutiones oratoriae*, whose didactic taxonomy refer to many of the *auctoritates* similarly essential for Curtius, and where we find several meeting points between rhetorics and classical poetics which are just the primary object of study for the German philologist.

We will come back, naturally, to the sensitive Vichian topics, but in the meantime let us try to see what Vico's own conception of literature is, where his experience as reader and writer fit – also of poetic compositions and "ameni" writings –, what he means by the literary institution and how it is established in his own intellectual activity. Rather than dwelling on his glowing "discoverte" and on the "chiave maestra" that "gli ha costo la ricerca ostinata di quasi tutta" his "vita letteraria" – which according to a widespread judgment would make the thinker's place leap forward well past the turnaround we are questioning –, it is worth reflecting on his own "vita letteraria", exploring above all the peripheral areas. The moments to examine concern, in short, Vico's minor creative activities, his use of the terms "letterato" and "letteratura"; the image that he has of his own public and the contours of his horizon of expectation; as well as his appraisal of contemporary literary production.

In *Vita scritta da se medesimo* we observe immediately the frequent use of the words "letterato" and "letteratura", beginning with the topical premonition filled with nighttime vigils which the young Giambattista "during the summer", spent "at his desk", in front of which his "good mother", "after rousing from her first slumber and telling him for pity's sake to go to bed, would often find that he had studied until daybreak":

> This was a sign that as he grew older in the study of letters he would vigorously maintain his reputation as scholar[14].

Let us remember also the very negative judgment that Croce gave to Curtius's work. See (Croce 1950, 118–121).

13 Curtius never names here the Neapolitan philosopher and seems to ignore his thought.

14 «Lo che era segno che, avvanzandosi in età tra gli studi delle lettere, egli aveva fortemente a diffendere la sua stima da letterato» (*Vita*, 6; *Vita E*, 112–113).

In this and in many other possible examples the term therefore appears in the wholly common and traditional sense of "scholar" or "student", of a person dedicated to books – reading and writing – and to knowledge[15]. In some passages of the text the lexemes and its variants are repeated with evident insistence:

> Meanwhile the viceroy, the Duke of Medinaceli, had restored *literature* in Naples to a glory not seen since the time of Alfonso of Aragon, by founding an academy for its cultivation, composed of the very flower of men of letters. This had been suggested to him by Don Federico Pappacoda, a Neapolitan gentleman of good taste in *letters* and a great esteemer of scholars, and by Don Nicola Caravita. Since the most cultured *literature* had begun to rise into great favor among the noble classes, Vico, urged thereto the more by the honor of having been numbered among the academicians, now applied himself wholly to the profession of *humane letters*[16].

Here, then, is the qualification that Vico takes on as his own identity, conforming to the rest of Porcia's project, addressed properly to the "Letterati d'Italia" and also bearing the dedication *Ai Generosi, e Gentili Letterati d'Italia* in epigraph[17].

---

15 "Als Übersetzungsäquivalent für *grammatice* wurde *litteratura* gebraucht (Quintilian II 1, 4): von *littera abgeleitet* wie Grammatik von *gramma*. Das Wort *litteratura* bedeutet also zunächst nicht Literatur in unserm Sinne; der *literatus* ist ein Kenner der Grammatik und der Poesie (wie noch der *lettré* in Frankreich), aber nicht notwendigerweise Schriftsteller […]. Die Ausweitung des Begriffes Grammatik führte leicht dazu, daß die Grenze zur Rhetorik verwischt oder überschritten wurde, was schon Quintilian rügt". (Curtius 1993, 52).

16 «Frattanto il signor Duca di Medinaceli vicerè aveva restituito in Napoli il lustro delle buone *lettere* […] con un'accademia per sua erudizione fior fiore de' *letterati* propostagli da Federico Pappacoda, cavaliere napoletano di buon gusto di *lettere* e grande estimatore de' *letterati,* e da don Nicolò Caravita; onde, perché era cominciata a salire appo l'ordine de' nobili in somma reputazione la più colta *letteratura*, il Vico, spintovi di più dall'onore di essere stato tra tali accademici annoverato, tutto applicossi a professare umane *lettere*» (*Vita 1990*, 28. English: *Vita E*, 137. Italics mine)

17 (Calogerà 1728, 127–143) published in appendix to (Diana 2013). "A sort of pedagogical encyclopaedia", notes Rosario Diana, "a manual for a letterato's training, in which every young talent, through the authoritative examples of excellent lives, spent in the practice of research, would have been able to revive models of formative processes on the basis of which to construct that most adapted to oneself. And all of this - here the element of great novelty and interest - not in the classical structure of a treatise […] but in the persuasive form of a narration. Here the central moment would have been the relationship between two or more real individuals historically associated - the intellectual autobiography/ies that recount/s one's own story, from one side, and, on the other, the reader/ aspiring letterato, who questions this intellectual story in order to delineate the personal one still to be realized, on the supply of other experience. (ibid., p. 61).

A gleaning of the *Progetto* is enough to demonstrate how frequently the word "letteratura" and others etymologically associated with it can be used:

> ...a universal practical treaty contained in a volume wherein wherein it is possible to know how much knowledge everyone should have of every type of *literature*, and [..] (with) a very large space for criticisms to help practicing the talents.
>
> ...the quality and the *good taste* of our *letterati* is to be known in everyplace dedicated to the *literature*. (A handbook to bring) in every place where (Italian writers) are unknown or in every place where there is no desire to have a reasonable, sincere and discrete knowledge (of them).
>
> ...heroic indifference to teach those less advanced regarding *good taste*.
>
> ...the blend that diverted away from the universal *good taste*.
>
> We are not able right now to publish complete the entire work. In any case, we are happy to offer an essay of it with the life of Giambattista Vico, renowned Neapolitan *Literatus*. We decided to begin with Vico's autobiography because his work is more compatible with our project and our idea than the other works have received.[18]

Moreover, when we notice that the syntagm "buon gusto" is just as frequently employed in the text, we can wonder to which point Vico – even while adopting the syntagm himself – would agree in attributing to the aesthetic ideal that it designates the same theoretical importance attributed by Porcia and by the community of Letterati called on by him.

5. In any case, once the *Vita* is composed in conformity with the guidelines of the Progetto, in the Aggiunta of 1731 Vico will specify that "he wrote it as a philosopher":

> meditating the causes, natural and moral, and the occasions of fortune; [...] and lastly he (meditated) the effect of his own exertions in right directions, which were destined later to bear fruit in those reflections on which he built his final work, the *New Science*,

18 un trattato universale pratico tutto in volume racchiuso di quanto saper si dee in ogni genere di letteratura, e [...] un vasto campo di critica per esercitarvi gli ingegni. [...] far riconoscere ovunque vi sia sapor di lettere il nome, e 'l merito, e il buon gusto dei nostri Letterati, del qual par, che altrove o non s'abbia, o aver non si voglia una ragionevole, sincera e pesata contezza. [...] eroica indifferenza ad ammaestramento di chi non sente molto avanti nel buon gusto... [...] gli abbagliamenti devianti dal buon gusto universale [...] Per ora noi non ci ritroviamo in arnese di pubblicare intera quest'Opera, e però ci contentiamo di darne un saggio colla Vita del Sig. D. Gio: Battista de Vico celebre Letterato Napoletano da lui stesso descritta, e che più dell'altre, che fin ad ora ci son pervenute, s'accosta all'idea da noi conceputa (Calogerà 1728, 57–74; 111–116. Italics mine. Trans. by Valentina Dafne De Vita and Christoph Haar).

> which *was to demonstrate that his intellectual (letteraria) life was bound to have been such as it was and not otherwise*[19].

In the light of the "providential plot" that informs Vico's autobiography and "makes him predestined" (Battistini 1995, 55), we observe the "distant anaphora" articulate the text and describe the significant events of an exemplary *bildung*, that are ineluctable signs of "tale e non altra riuscita di letterato" (Ibid., 46. See *SN44 1990*, 1240–1241).

The obstacles are also proof of this:

> Adverse fortune later dealt a blow to his *scholarly (letterato)* repute, but since the matter was beyond his control this very adversity gained him an honor which a subject is not even permitted to desire under a monarchy[20].

It is not without importance that Vico here refers to his epigraphic work, of whose changing fortunes he recounts to a public of the highest lineage. The lack of approval of the inscriptions composed for the funerals of the emperor Joseph held in Naples in May of 1711, aggravated by the blow of having the work be attributed to Matteo Egizio – events which the text only alludes to in a reference to the injury inflicted on his "stima di letterato" – find first important redress in 1720 when he was commissioned to write the inscriptions for the Empress Eleanor's funeral, "le quali esso concepì con tal condotta che, sceverate, ognuna vi reggesse da sé e, tutte insieme, vi componessero una orazion funerale". His satisfaction is such that the author decides to transcribe the entire text in his autobiography[21]. And if ultimately these epigraphs "were not put up", they nonetheless merit immortalization along with the record of the "gentilissimo cavaliere napoletano" Niccolò d'Afflito's visit, who at the name of the "signor cardinal" expresses his great regret for the "disgrazia immeritevolmente accaduta".

The reference to this "brief conversation" *(Vita E*, 63–65) confirms the importance attributed by Vico to the more distinguished client's praise for his copious

---

19 «Imperciocché meditò nelle cagioni così naturali come morali […]; meditò […]; meditò […]; meditò finalmente, in certi suoi sforzi di alcuni suoi sensi diritti, i quali avevangli a fruttare le riflessioni sulle quali lavorò l'ultima sua opera della *Scienza nuova*, la quale appruovasse *tale e non altra aver dovuto esser la sua vita letteraria*» (*Vita 1990*, 69; *Vita E* 182. Italics mine).

20 «Quindi l'avversa fortuna volle ferirlo nella stima di letterato; ma, perché non era cosa di sua ragione, tale avversità fruttògli un onore, il quale nemmeno è lecito desiderarsi da suddito sotto la monarchia» (*Vita 1990*, 63; *Vita E*, 176 Italics mine).

21 As Gian Galeazzo Visconti reminds us, this is "the composite scheme of *corpus unicum*" of which Vico makes use also for the ten inscriptions in honour of Giacomo III. Stuart. (*IL*, 70).

and at times renowned epigraphic production[22]. This concerns not only the monumental sphere but also the ephemeral architecture and printing, as shown by the volumes intended to bi-dimensionally reproduce solemn public events for posterity. For example, the 1708 book dedicated to Giuseppe Capece's and Carlo di Sangro's funerals for which Vico prepares "l'iscrizioni, gli emblemi e i motti sentenziosi e la relazione di que' funerali" carrying out the role of "master of ceremonies" that had belonged to Emanuele Tesauro fifty years earlier. Vico also discusses this "libro figurato in foglio, magnificamente stampato a spese del real erario" in his autobiography with unconcealed pride and ostentation of documents[23].

Although the philosopher defines such work as "studi ameni" comparing it to "studi severi" (*Vita 1990*, 62), the fact remains that the groups of inscriptions reviewed by Fausto Nicolini and later published again by Gian Galeazzo Visconti[24] constitute a not insignificant part of Giambattista Vico's creative output, and of his relationship with his cultural and civil environment. Sovereigns' arrivals, weddings, funerals, religious events and public events of major or minor importance represent the most frequent occasions in which he is employed to produce

22 (See: *IL*). See (Nicolini 1930, 129–200). As Fausto Nicolini writes, Vico's reputation in the epigraphic sector was truly undisputed, to the point that "his same contemporaries, who faulted him for denied justice, allowed him at least the recognition of being the first or among the first of the Neapolitan epigraphists and latinists of the first half of the Settecento" (ibid., p. 129).

23 *Vita*, pp. 62–63. *Publicum / Caroli Sangrii / et / Josephi Capycii / Nobilium Neapolitanorum / Funus / A Carolo Austrio / III Hispan. Indiar. & Neap. Rege / indictum / et / Ab Illustrissimus, Excellentissimusque Viro / Wirico Com. de Daun / CJosephi Caes. Militum Tribuno, ejusq. Copiis / In Regno Neap. Cum summo imperio Praefecto,/ & Regni Moderatore Pro-Rege* / CURATUM / NEAP. Typis Felicis Mosca, Anno cIↃI ↃcIccVIII / Permisso Publico. Il testo degli *Acta Funeris*, a cura di T. Armignacco, è ora in *Minora*, pp. 161–185. The reproductions of the inscriptions in copper and the inscriptions are now in *Le iscrizioni e le composizioni latine*, edited by G. G. Visconti, cit. pp. 14–33. For an analysis of this book– as well as of the volume dedicated in 1738 by the Università di Napoli to the wedding of Carlo di Borbone and Amalia di Sassonia (In Regis / Caroli Borbonj, / et / Amaliae Saxonicae / Nuptjs / RegiaE Neapolitanae Academiae / Obsequentis / Officium / Excudebat Neapoli ex publica auctoritate / Felix Carolus Musca MDCC XXX VIII.) (whose four Vichian inscriptions are published in (*IL*, 54–57) in the light of Vico's participation in the culture of the "scritture esposte" of the "enunciazione tipografica" of his time, I refer back to (Sini 2005, 318–335).

24 "And who knows how many others would have gone or existed anonymously in this or that Neapolitan church" (Nicolini 1930, p. 129). See (De Franciscis 1984, 3945–3954).

inscriptions for clients[25] from time to time taking the shape of high exponents of political power, religious orders, cultural institutions and private citizens[26]. Vico therefore operates in a literary system that effectively encompasses within its boundaries epigraphic writing as an authoritative form of expression.

6. Besides by epigraphic writing, Vico's work is characterized equally conspicuously by his poetic output. As Andrea Battistini remarks, if we look through the catalogue of Vico's writings, "his greatest works turn out to be almost overwhelmed by the flood of verses motivated by the opportunity to commemorate births, deaths, marriages, entrances into religious orders, doctorates, or name days. The hundred or so poems in Italian and the thirty Latin compositions are testimony to a commitment that, beyond the far more modest results, must not have been much inferior to that which produced the masterworks" (Battistini 1990, 1361). The author wanted to refer to some of these poems in the *Vita*, noting how in youth he often practiced "negli usi di poetare" "con lavorar canzoni, durando ancora il primo abito di comporre in italiana favella, ma sull'avvedimento di derivarvi idee luminose latine con la condotta de' migliori poeti toscani" (*Vita 1990*, 23). He also recognizes in these same pages his literary doubts, even unconscious ones (as in the case of Tasso, where Vico realises later that he had imitated the poet in the song for Ippolita Cantelmi's wedding to Vincenzo Carafa), and isn't hesitant to refer to the collections in which his compositions are published. These show a clever expertise in the use of verses (primarily the hendecasyllable and the septenary but also the pentasyllabic line characteristic of the arcadian canzonetta), and of the strophic forms (both those canonical ones from Petrarchan tradition – the canzone and the sonnet – and later those more in vogue in the Colonia Sebezia) and denounce the flagrant presence of multiform stylistic suggestions and tones and a stratification of lexical and phraseological echoes now ascribable to Carlo Buragna's and Gregorio Caloprese's Petrarchism, now to

25 "In morte di Caterina d'Aragona" (1697); "Per l'edicola eretta a San Gennaro in occasione dell'eruzione vesuviana del 1707"; "In occasione della processione dell'Inghirlandata"; "Per la terrasanta dei farmacisti napoletani" (1738); "Per un palazzo restaurato nella via napoletana di San Giovanni a Carbonara" (1740). See (*PoesieL*, 195–196; 205; 209); (*IL*, 9; 10–11; 52; 59; 84).

26 "Per un arco elevato a Carlo di Borbone in Livorno" (1732); "Pel ritorno dell'Università di Napoli nel Palazzo degli studi" (1736). See ibid., pp. 198; 200. In morte di Virgilia Pignatelli; "Pei ritratti di illustri Cappuccini". See (*IL*, 47; 49; Minora). (Visconti 2000, 187–208). See (Nicolini 1930, 135; 140–141).

Della Casa, and of course to Arcadia[27]. "Messa la mente in ceppi, ed in difficoltà di spiegarsi" "col verso e con la rima"[28], Vico subjects his own "parlar poetico" to a training in writing the vernacular incardinated on the purist precepts of Lionardo di Capua[29], that, although often interrupted by contact with favoured Latin, "gli diede la facultà, essendo vecchio, in tal lingua come di lavorare queste poesie così di tessere due orazioni, e quindi di scrivere con isplendor di tal favella la *Scienza nuova*"[30].

It is difficult, in fact, to gather in this multitude of compositions distinctly original features worthy of interest that have not already come to the attention of the most authoritative interpreters (like Enzo Paci, Franco Lanza, and Nicola Badaloni for *Gli affetti di un disperato*). It would certainly be worthwhile, elsewhere, to dedicate special analytical attention, following the valuable indications of Amedeo Quondam and of Andrea Battistini, to the 1721 polymetric epithalamium *Giunone in danza* and to the "canzone pindarica, però in verso sciolto" (*Vita* 1990, 65) (still freer than the "canzone a selva" of the arcadian Alessandro Guidi) *Origine, progresso e caduta della poesia* (1723)[31]. We would find the discoveries made up around the mythology and the anthropological and historical perspective already traced, to which the mature Vico bends the poetry, and with this crosses the threshold of literary modernity. For the purposes of our

27 I must refer again to (Quondam 1970, 298–332).

28 As he writes to Gherardo Degli Angioli. See Lettera *del chiarissimo Giambattista Vico / All'Autore in Eboli, e va stampata nella / Seconda Parte delle sue Giovanili Rime / Nel 1726*, in *Epistole*, p. 124.

29 See (Vitale 1965, 89–159), (Vitale 1986, 173–272); (Vitale 2016); (Nencioni 1988).

30 *Vita*, p. 66. On the stylistic and linguistic work to which Vico submits the first edition of *Scienza nuova*, see the fundamental (Fubini 1965).

31 "This 1723 canzone constitutes another essential moment in the specification of the development of Vichian thought, so much more important if one considers that both this [...] and *Giunone in danza* are placed in an arc of time, immediately sheltered by the *Scienza nuova*, of intense theoretical weight that did not find clear possibilities for documentary reconstruction through the few contemporary works, and thus even a detail [...] recuperable from the analysis of these canzoni assumes a not-indifferent importance for a more articulated Vichian history". (Quondam 1970, 320–321). For an historical-literary placement of Vichian poetic components and for their punctual exegesis refer, apart from to Quondam, to the decisive pages of Battistini's comment on the texts anthologised by Meridiani Mondadori. See (*O*). On *Origine, progresso e caduta della poesia* follow Massimo Lollini in his ample and dense work which tackles the question of Vichian poetry from a theoretical and theoretical-aesthetical point of view. See (Lollini 1994, 181–182 and *passim)*.

considerations here we will limit ourselves to some brief comments on two other texts by Vico: the sonnet to Gherardo Degli Angeli and the canzone for the occasion of Clemente XII's election to the papal throne.

7. The first composition interests us primarily because of the figure of the dedicatee, connected to Vico by a significant web of literary questions. Let us take the letter sent by Vico on the 26th December 1725 to the twenty-year old poet from Eboli (*O*, 121–126), a text which, though it might create the impression of "ircocervo cronologico e grammaticale"[32], remains of importance to Vico's reading of Dante, "di quel divino Poeta, che alle fantasie dilicate d'oggi dì sembra incolto, e ruvido anzi che no", to whom the melancholic youth looks "per un certo natural senso" and "non per riflessione"[33]. The poet's verses – "alquanti Sonetti ed un Capitolo", favoured by an opportune isolation among the "selve e i boschi" – come to be received by the philosopher "con l'aspetto dei principj della poesia" "ultimamente scoverti col lume della scienza nuova dintorno alla natura delle nazioni" by him, forming them into an extraordinary confirmation in "tempi troppo assottigliati da' metodi analitici" and among "orecchi ammorbiditi da musiche effeminate". Gherardo, who will include the letter in his 1726 collection of *Rime* and will benefit from a preface by Vico in the opening of his 1730 volume of *Rime*[34], will thereby become the litmus test of the revolutionary theories about poetry, about the eloquence and sublime style put forward in the *Scienza Nuova*. Like Vico and like Dante, he also "ha intrapreso una via aspra e virile", tied to them both by "una simpatia di collerico ingegno" and by "un disdegnoso gusto per le facili amenità, per i consueti fiori che si possono cogliere ai margini dei pascoli arcadici" (See: Capaci 2008).

---

32 (Fubini 1965b, 147). For the philosophical aspects of the letter see (Agrimi 1969, 3–4; 433–476).

33 Vico compares the figure of Dante to that of Homer at this height, not without Gravina's suggestion. On the change of perspective in the *Scienza nuova* of 1730, see (Cristofolini 2006, 10–19). See (Vallone 1996, 403–444); (Placella 2003); (Verdicchio 2007, 103–117); (Nagy 2009, 155–180).

34 *Giambattista Vico al Leggitore*, in (de Angelis 1730). To reassure the Leggitore – a name that here includes the superiors and brothers of the order–, Vico does not fail to specify that the traditional incompatibility between poetry and eloquence, something he himself affirms multiple times (with reference to the notorious "*ridenda Poemata*" by Cicero) to have found in Gherardo (as well as in the past in Giovanni Della Casa and Giulio Camillo Delminio) a luminous exception: "Cotal riflessione ti può dare certo argomento, o *Leggitore*, che 'l nostro valoroso Giovane abbia a riuscire anche un grande Predicatore" (ibid.).

If the conceptual core that upholds Vico's interpretation of Gherardo's poetic world is constituted by the refusal of the principle of imitation ("ella non già mi sembra esser imitatore di Dante, perché certamente, quando ella compone, non punto pensa d'imitar Dante" (*O*, 125)), the sonnet *Garzon sublime* is part instead of a social custom, a mundane etiquette shared and reinforced by common acquaintances[35], and here, in particular, of the most ancient and time-tested tradition of responsive verses in which Vico demonstrates a certain familiarity[36]. It is in fact a sonnet in response to another one by Degli Angeli which praises the author ("O divin uomo"), his city and its times ("o glorioso e grande / luogo ov'ei nacque, o fortunata e d'oro / presente etade") for the publication of the first *Scienza Nuova*:

> How he [man] lived when water and acorns
> were food for the world, in a new noble work
> Every country and every costume
> Paints and expands the vast sea of science.[37]

Vico, *comme il faut*, answers him 'per le rime':

> With the Thunder Jupiter forced the man from the acorn
> To admire his divine work
> Because on their talents and beauty
> only the one who spreads his own power all over the place has a mastery[38].

If the content of this sonnet elliptically evokes the origin of civilization triggered by the terror and amazement of Jove's thunder, the first metaphor and the birth of poetic logic, the form and the justification for the composition does not go beyond the performative nature of a polite and playful exchange: an evident gesture of belonging "to the international arcadian [...] of common-social usage in a celebratory function of occasion poetry", for which composing means

---

35 As for example the affiliation with the Colonia Sebezia (with the name Tiodamo) and Angiola Cimmino's salon. On this last one see: Cavazza 2012, 92–93 *passim*).

36 For example, he exchanges them with Roberto Sostegni and Filippo Pirelli. See (*PoesieL*, 103; 106–107 *passim*); (*Poesie*, 288–289).

37 «Com'ei vivesse in fin da che acqua e ghiande/fu cibo al mondo, in nuovo alto lavoro/le nazion tutte e ogni costume loro/dipinge e immenso mar di scienza spande» (Battistini 1990, 1402 transl. by Valentina Dafne De Vita and Christoph Haar).

38 Col tuon Giove forzò l'uom da le ghiande/ad ammirare il suo divin lavoro,/ché sugli ingegni e le vaghezze loro/sol può chi 'l poter suo per tutto spande (*Poesie*, 282, transl. by Valentina Dafne De Vita and Giovanna Esposito).

producing "a perfect device, both on a structural as well as linguistic level, ready for every intended use" (Quondam 1970, 303; 307). Homage, then, to the rules of the tradition and to the venerable literary system that governs them, for the two interlocutors in indisputable vigour, today just as yesterday.

8. Vico also refers to the canzone *Nella promozione della Santità di Clemente XII al sommo pontificato* in his autobiography, remembering first of all the coincidence in the timing that brings together yet again the *opus maius* and its dedicatee:

> While Vico was engaged in writing and seeing through the press the *Second New Science*, Cardinal Corsini, to whom the first edition had been dedicated, was elevated to the papcy. It was accordingly to His Holiness that this second edition was dedicated.[39]

Dedicatee and missed patron, since, despite the reticent allusion found in the preceding pages of the autobiography to a generic "colpo di avversa fortuna", the philosopher certainly could not have forgotten in Corsini's withdrawl from the obligations of *patronage*, due to which he was forced to compress the voluminous manuscript of *Scienza nuova in forma negativa* into "un libro in dodicesimo di dodici fogli, non più, in carattere di testino" (*Vita 1990*, 54). A subtle contentious tone is perceptible from the end of the period – "e sì dovette [...] anco questa dedicarsi" – and even more from the clarification that immediately follows it: in the missive sent to him by Neri Corsini, nephew of the new pope, "si ringraziava l'autore dell'esemplare che questi, senza accompagnarlo con lettera, gli aveva dedicato" (Ibid., 93), where the importance given to the omission of the accompanying letter – ostentation of privilege or "getting his own back"– is amplified by the fact that this is essentially the last episode in the autobiographical account, before the information on his precarious state of health and the conclusive weighing of a life spent competitively, despite calumnies and adversity, "a ritruovare la *Scienza nuova*".

The canzone in honour of Clement XII's ascent to the papal throne, in hendecasyllables and free septenaries, adopts the solution, as Quondam and Battistini indicate, of relegating "opportunamente" "gli obblighi celebrativi" in place of congedo, confirming "un'attenzione costruttiva assente dalle prove anteriori" (*O*, 1368); (Quondam 1970, 323). From an aerial perspective – reversed

39 «Mentre il Vico scriveva e stampava la Scienza nuova seconda, fu promosso al sommo pontificato il signor cardinal Corsini, al qual era stata la prima, essendo cardinale, dedicata, e sì dovette a Sua Santità anco questa dedicarsi» *Vita*, pp. 82–83, *A*, 197. See the various accounts of the disadventure in (Nicolini 1744) *con le varianti del 1730 e di due redazioni intermedie inedite e corredata d note storiche*, a cura di F. Nicolini, Bari, 1911, pp. XXIX-XXX, e da (Paoli 1997, 118–121 e passim). I permit myself to refer again to (Sini 2005, 287–291).

in comparison to that made by the "lungo aguzzar l'occhio ne' vetri" –, in swift and light flight "di pianeta in pianeta e d'astro in astro", the poet contemplates the world and – to say it with one of the philosopher's recurrent formulas – "la lunga scorsa di secoli". Like in the *Conchiusione dell'Opera* in the second and third *Scienza Nuova*, the author positions himself above, where the course of the nations is visible in its entirety, and he describes the evens that must happen out of necessity, insomuch as they have already occurred and in the same way will occur. The zodiac band, sculpted in bas-relief, gathers the peoples' power and their ambition that are succeeded shrunken and ephemeral (… "O insensata cura de' mortali"…) and nevertheless obedient to "dura necessitade":

> Inaccessible for light, I see a scattered region
> that encloses and envelopes the world,
> where on notes of well-fixed diamond
> I read about great empire there carved high
> which, all together kept
>
> on one side,
> The Latins and the Greeks and the Assyrians and the Medes and the Persians,
> with magnanimous effort
> try and strive to pull/the whole Earth of populations and kingdoms;
> at the opposite end, instead,
> all are dragged by the strong and pleasing gesture
> across vast fields of the immense abyss
> by the highest Jupiter.[40]

Here, albeit in brief hints, are the luminous discoveries of the *Scienza nuova*, together with pride for the researcher's successful maturation, who from a vision of the things "tutte scevere e sole" comes to pick them appropriately arranged to show the truth:

> Look now, look how
> those who seemed obscene and ugly to you
> Or as broken by the fate
> Or created as horrible monster by the case
> Well compared each other and well understood

40 «Sparsa veggi'io d'inaccessibil luce/zona che cinge e tiene avvolto il mondo,/ov' a note di ben saldo diamante/alto vi leggo sculti i grand'imperi;/i quai ben da una parte/tutti insieme attenuti/latini e greci e assiri e medi e persi/con magnanimo sforzo/ciascun tenta e s'adopra a sé di trarre/tutto l'orbe de' popoli e de' regni;/ma da la parte opposta/ tutti col suo forte soave cenno/pei vasti campi de l'immenso abisso/gli si strascina dietro il sommo Giove» (*Poesie*, 284–285, trans. by Giovanna Esposito).

> Show you now
> The eternal forms of wonderful objects.[41]

The course of the nations is scanned in solemn and well-calibrated lines that restore the cataclysmic force of the events and their inexorable fall. The Dantean and Petrarchan echoes (the Petrarch of *Italia mia*) that resound in the representation of Rome's decadence acquire more drama the more we focus on the symbolic force that Roman history embodies in Vichian thought. It is the moment of the fall, of internal and external barbarism:

> Of her happiness euphoric and insane
> woman from the province,
> flares up in caprice and pleasure
> insolently dissolute Rome,
> who to celebrate with marble and bronze and gold
> She looks like she desires to offend nature with her richness;
> As a wonderful
> Splendid and enormous cave
> Of so much cruel, huge horrid beasts
> From the iced Aquilo
> Barbarians people climb down to set fire to her.[42] [...]

To heal the crisis it cannot be anything but the "celeste" knowledge of the "vero Iddio", that "con prove di miracoli e martìri" propagates in the world. The composition turns now to its conclusion, with the last stanza dedicated to the glorification of the pontiff dedicatee, "il gran Clemente", "del catolico gregge il gran pastore"[43]. All in all, it occupies very little space in this celebration, pulsating instead from the energy of Vichian thought and its powerful historical path. If we accept Quondam's opinion according to which the canzone "constitutes the most organic and intense example of philosophical poetry of the first phase of the Arcadian era" (Quondam 1970, 323), the reasons are found precisely in its avoidance of the occasion for

41 Vedi ora, vedi come/quelli che ti parean e laidi e brutti,/o dal fato scoppiati/over dal caso usciti orrendi mostri/rapportati tra loro e bene intesi/quai ti presentan ora/di bellissimi obbietti eterne forme (Ibid., 285–286, trans. by Valentina Dafne De Vita and Christoph Haar).

42 Di sua felicitade ebbra ed insana,/donna de le provincie,/infuria nei capricci e ne' piaceri/sfacciatamente dissoluta Roma,/che per ornar di marmi e bronzi e d'oro/parve insultare a la natura il fasto;/com'a meraviglioso/splendi d'ampio covile/di tante crude, immani, orrende fiere,/da l'aquilon gelato/scendon barbare genti a darle il foco (Ibid., 286).

43 Who, Vico writes, "quivi al gran d'uopo e al paragon di tutti / gli altri almi, incliti padri, ognun de' quali / fôra degno pastor di tanto gregge [...] s'alza al sagro soglio" (ibid).

which it was written, and in its departure from the ritual framework of the commendation that the elegant volume, printed in that same 1730 by Felice Mosca and sent to Clement (without an accompanying letter), wanted to seal.

9. Returning to the question with which we began, regarding Vico's position relative to literary modernity, one ought really to review his entire poetic output, including the compilations he edited as well as the Latin compositions, they too being a part of his poetry that cannot be ignored[44]. We will find, we think, a confirm of Quondam's and Battistini's statements on the stringent link between the thinker's poetic activity and his desire to escape cultural and social isolation (also considering the risks he ran equal to those of *Affetti di un disperato*), so that, for example, his not unequivocal adherence to Crescimbeni's camp would demonstrate his clear intention "of active presence that will find early confirmation also in the usual Vichian role of poet and editor of compilations for important occasions in Neapolitan official life" (Quondam 1970, 311). Therefore if "one of the activies that occupied Vico most (and, if one looks carefully, in a moment of extreme speculative tension and of exposure of the theoretical system itself) between 1719 and 1729 is the organization of collections of occasion poetry", we are faced with "a precise condition of intellectual life, chosen freely and carried out with notable energy, such that to authorize a more detailed analysis that does not satisfy itself with attributing them with a generic label of representative works beyond the obvious qualification of minors" (Ibid.).

This is how, in such a context, poetry for Vico becomes a conscious "instrument of social communication" (Ibid.). Those texts, such as *Giunone in danza, Origine, progresso e caduta della poesia,* and *Nella promozione della Santità di Clemente XII al sommo pontificato* in which the *topoi* identified by the *inventio*, running from *dispositio* and formed by *elocutio*, are the same as in the major works, acquire special significance under this profile. Poetic *memoria* and theoretical *memoria* are superimposed in the *actio* proven and agreed on within the literary community. Here the philosopher is able to put to the test high content and bitter meditations by means of highly standardized language constrained by stylistic, rhetorical, and metric requirements, in order to place them this way in a device appropriate for the horizon of expectation of a non-specialist public. Simplifying, embellishing, and returning, Vico clarifies for himself, rendering his own discoveries "didactically" available, therefore manifesting "a will that is not at all aimed at isolated meditation, but ready to subject to scrutiny not only the practicality of its own ideas and

44 For example the epigrams and the compositions for weddings collected and translated by G. G. Visconti in (*IL*, 109 ss).

interpretations but implicitly also their substance, placing them directly in front of an intellectual group that on the occasion of the collection of verses came together again as both authors and readers" (Ibid., 315).

10. Certainly such an intellectual posture, from which the philosopher offers the fruits of his work to a reception which turns out to be – also in the confines of a substantially more restricted circuit – more open, diffused, and varied compared with that of the scholars able to fully understand the greatness of such fruit, seems to contradict numerous declarations made by Vico regarding the current state of culture. The latter's degradation might in fact, in his opinion, have been due precisely to the expansion of the public, to the diffusion of books and to the range of cultural production available to anyone.

We can remember how already in *De ratione* XIII, in the section dedicated to the press, the professor complains about the "an overflowing amount of books on the most diverse topics" "offered for sale and not only to Kings Ptolemies, but to any private individual, and at affordable prices"[45] He derives a severe judgment from it, regarding the transformation of an editorial market ever more attentive to the synchronic and diachronic articulation of the horizon of expectation (essentially, to the differentiations and rapid changes in taste)[46], a factor which constitutes by all evidence one of the conditions which opens the possibility of literary modernity[47]. In addition to this, the polemical *vis* strikes the axiology of

45 "*Iam ingenti copia, et varietate, ubique locorum, non Ptolemaeis Regibus tantum, sed cuivis privato homini, commodis preciis dictis, prostant.*" The situation is described through the *topos* of the "conviti troppo lauti e sontuosi" ("*in lautis, opiparisque coenis*") that lead the diners to discard „the usual, nutritious foods" for the „refined dishes with less nutritive power" ("*et boni succi amoveri iubent; et excuratis, ac minus utilibus se ingurgitant*") (*De rat.*, XIII) (*IL*, 247). On food metaphors, see (Curtius 1992, 154–156).

46 "*Scriptores vivos hac frui laude vidi, ut eorum opera duodecim, et fortasse plus eo typis mandata sint: nunc vero non tantum contemni, sed sperni quoque: alios diu incultos, et desolatos, tandem, aliqua ex obliquo occasione data, nunc a doctissimo quoque celebrari. Quin eruditissimos viros memini, quaedam literarum prorsus damnare studia: nunc, mutato iudicio, in iisdem totos versari video*". (*De rat.* XIII) (*IL*, 249–250).

47 "Obviously, the most simple and superficial products for entertainment reach the wider public; while those more elaborately developed have less numerous recipients, though culturally more authoritative. From one side, therefore, we have a majority literature, for the many poorly-instructed not-very-competent not-very-needy readers, also if not at all devoid of a legitimate and understandable taste; from the other side a literature for the minority, for the few trained in good reading and groupable in the discussed but eminent category of graduates in fine literature. This schism and fluidification of

the new related to the dynamic of supply and demand[48], appropriately described as "moda", that Vico does not fail to register[49]. An axiology imposed with the baroque aesthetic of *meraviglia*, which from that point began to corrode the classicist structure based on the repetition of rhetorical *topoi*, and which will prevail from Romanticism onwards, governing the aesthetics of the avant-garde with its autophagic logic (See: Brioschi 2002b, 30–32 *e passim*).

If we look then at the changes of the literary system ("literary" in the sense that the term will soon acquire) in force in Vico's time, at the idea of literature that is affirming itself, and at the diffusion of expressive practices that have a decisive impact on such an idea, for example the popularity of genres and products "per le dame" – primarily the novel –, there is more than one record of the open hostility manifested by the philosopher on this front. One need only bring to mind the sour tone echoed in the letter to Luigi Esperti against "il Mondo tutto marcio in amori di Romanzi" (already with Gassendi), and against "questo secolo dilicato, e vistoso, nel quale dagli più con poco studio, e co' soli naturali talenti si vuole comparir dotti; e fanno la loro capacità regola de' libri: onde stimano buoni i soli spiegati, e

---

the literary horizon is mostly considered the fondamentale historical innovation of the modern age compared to the ancient, where the literature was one and indivisible. There is no doubt that things went objectively like this. But in the corporative lens of the professional letterati this evolution of time, which certainly opened up difficult problems, faced grave risks but on the other hand showing great possibilities, was presented prevalently as a regression: a fatal barbarisation, in front of which only a defensive fortress was conceivable, to safeguard authentic artistry or at least to commemorate it posthumously" (Spinazzola 2008, 10).

48 "Molte le cause di ciò. Ciascun'epoca ha il suo genio. La novità, al pari della bellezza, fa commendare alcuni difetti, che, con lo scorrere del tempo, appariscono evidenti; tra gli scrittori, quelli ansiosi di cogliere un immediato frutto dai propri studi s'attengono allo stile del tempo; anche nelle lettere imperversano fazioni, servilismi e avversioni; altresì nella repubblica letteraria vi ha chi conosce a menadito gli arcani del potere; e i giovinetti quanto più sono modesti e ingenui, con credulità tanto maggiore renderanno omaggio agli uomini che sembran loro venerandi per sapere" (*IL*, 251)

49 See the letter to Luigi Esperti: "Perciò non piacciono Libri, che quei, i quali, come le vesti, si lavorino sulla moda: ma questo spiega l'Uomo socievole sopra le sue eterne propietà. Gli scrittori, che amano, vivi udire gridarsi i loro nomi, e con una gloria tempestiva accoppiar l'utile, e far guadagno de' Libri, indirizzano le penne al gusto del Secolo, perche più speditamente volino a seconda del Tempo. Ed in vero sarebbe materia degna di tutta l'applicazione degli Ingegni ben'informati de' particolari nella Repubblica delle lettere, di scrivere *sulle occulte, o straniere cagioni della Fortuna de Libri*" (*Epistole*, p. 127).

facili, di cui si possa per passatempo ragionar con le Dame" *Epist.*, pp. 127–128. Above all, the image which Vico displays of his own interlocutor remains faithfully and tenaciously anchored in the principles of the classicist paradigm. It is in fact a public not subject to the perturbations of history, in a word, eternal:

> Most of what I have told up to now was said to help you, oh good reader, (to understand) the doctrine of this work: now few things remain to be said, besides to request that you judge this book kindly. However, (I want to give you) one last warning about the knowledge that Longinus, who was considered with admiration from everyone as the prince of the critics, gives to the orators. (Longinus believes that) to do sublime orations, the orators need to have purpose of eternal fame. For this reason, Longinus gave two recommendations to aspiring orators that all of us, both those who work with eloquence and all the other scientists, always keep in mind. (And I did that too) while I was meditating this work. The first one is (to ask to yourself): how did Plato or Varro or Quintus Mucius Scaevola understand my work? The second one is: how will posterity consider the things that I am writing? Because of the esteem that I have for you, I decide to have these men as judges. Because despite the chances of the epoch, of the nations, of the languages of customs of modes and tastes in knowledge, they maintain their fame, the first as divine philosopher, the second as the most erudite philologist of the Romans and the third as the wisest jurist. These three wise men venerate as oracle the Crassis, the Marc Antonys the Sulpizios, the Caesars, the Ciceros. Moreover, you have to take into consideration that this work could have been exhumed in a city destroyed over one thousand years ago, and it (the work) could be found as from an anonymous author, because his name got lost. And then you can see that not my time, not my life and not my name could persuade you to have a worse judgment regarding my work.[50]

---

50 «... molto finora detto si è, per facilitarti, o benigno Leggitore, la lezion di quest'Opera: mi rimane or pochissimo a dire, per priegarti a giudicarne benignamente. Perocchè dei sapere, che quell'utilissimo avviso, che Dionigi Longino, riverito da tutti per lo Principe de' Critici, da agli Oratori, che, per far orazioni sublimi, loro bisogna proponersi l'eternità della Fama; e, per ciò conseguire, ne dà loro due pratiche; noi da' lavori dell'Eloquenza a tutti di qualsivoglia Scienza innalzando, nel meditar quest'Opera, abbiamo sempre avuto dinanzi gli occhi. La prima pratica è stata; come riceverebbono queste cose, ch'io medito, un Platone, un Varrone, un Quinto Muzio Scevola? La seconda pratica è stata quella, come riceverà queste cose, ch'io scrivo, la Posterità. Ancora per la stima, ch'io debbo fare di te, m'ho prefisso per Giudici tali huomini; i quali per tanto cangiar di età, di nazioni, di lingue, di costumi, e mode, e gusti di sapere, non sono punto scemati dal credito, il primo di divino Filosofo, il secondo del più dotto Filologo de' Romani, il terzo di sappientissimo Giureconsulto, che come Oracolo venerarono i Crassi, i Marcantoni, i Sulpizj, i Cesari, i Ciceroni. Oltracciò dei far questo conto, che tal Opera fussesi disotterrata poc'anzi in una Città rovinata da ben mille anni, che porta cancellato affatto il nome dell'Autore: e vedi, che non forse questo mio tempo, questa mia vita, questo tal mio nome t'inducano a farne un giudizio men

We are far from literary modernity. What emerges, rather, as Jürgen Trabant writes, is a world whose "Die kulturellen und vor allem sprachlicher Erfahrungen Vicos sind im wesentlichen die einer griechisch grundierten, italianisierten Latinität, einer jahrtausendealten Kontinuität von den homerischen Gedichten bis ins 18. Jahrundert" (Trabant 1994, 126–127). It is therefore the same continuity highlighted by Curtius' historical topics which we have already discussed. The continuity which in Vico seems to assume the fairly optimistic, even euphoric, features of the "heiter Gemeinsamen"[51]. Trabant observes that little time will pass and "Die gedankliche Durchdringung sehr verschiedener Sprachen und Kulturen wird Vicos alteuropäische, Katolische Heiterkeit dramatisch zerstören, so daß als Gemeinsames tatsächlich nur das Unsägliche übrigbleibt, das hinter allen Sprachen ist" (Ibid., 119). But Vico does not move beyond the traumatic threshold.

11. Of course, we cannot ignore the fact that Vico removed this allocution to the reader in the last edition. And we can contrast the terrible, unforgettable pages on the peoples who "marciscano in quell'ultimo civil malore" of the barbarism of reflection. Nevertheless a plexus remains of irreconcilable or very strident questions: the theoretical and argumentative incommensurability between Vico's

---

che benigno». *Sn30*, pp. 90–92, trans by Valentina Dafne De Vita and Christoph Haar. "Petrarch wrote epistles to Cicero and to posterity. Such an idea, of an uninterrupted dialogue towards a remote past and to an undetermined future, presupposed in its turn the idea that one and only one is the imprescriptible patrimony of laws capable of imprinting the seal of art on the writer's word. This 'art' consists in the first place, classically, of a quality of style, of a sum of rhetorical virtues, rather than identifying itself, as it would be in modernity, with a complex of genres 'specifically' designated to the exercise of an autonomous aesthetic function: universal virtues in the time and of themselves capable of whatever significant sort of discourse, settling this way in a solid whole the legacy of the writings delivered to collective memory. [...] The great tradition of intellectual prose that flourished in the Renaissance, including the work by Galileo and his followers, had authoritatively strengthened the prestigious connection between verbal art and thought reflected as a still-living component order that intended to be essentially unitary" (Brioschi 2002c, 40–41).

51 Ibid. in support of which see the following: "Ma dappertutto l'*Europa Cristiana* sfolgora di *tanta Umanità*, che vi si abbonda di *tutti i beni*, che possano *felicitare l'Umana Vita*, non meno per gli *agi del corpo*, che per gli *piaceri* così *della mente*, come dell'*animo*. E tuttociò in forza della *Cristiana Religione*; ch'insegna *verità* cotanto *sublimi*, che vi si sono ricevute a servirla *le più dotte Filosofie de' Gentili*; e coltiva *tre Lingue*, come *sue*, la più antica del Mondo, l'*Ebrea*, la più dilicata, la *Greca*, la più grande, ch'è la *Latina* (*Sn44*, p. 514).

extremely modern statements on the sensitive topics, on the figures as "trasporti dal corpo umano" and therefore on rhetoric as the original language of the species, which is entered as historical authenticity, and no longer as an anachronic corpus of rules, what the *ars bene dicendi* was for centuries, from one side, and from the other the not few affirmations like those seen around the "mondo tutto marcio in amori di romanzi". It is worth remembering that in 1719, when Vico edited a poetry compilation in honour of Antonio Carafa's wedding, "alla quale contribuisce con la dedica, cinque sonetti, una canzonetta e due carmi latini" (Battistini 1994, XLII), in London Daniel Defoe published *Robinson Crusoe*, the first exemplary expression of the "der modernen bürgerlichen Epopöe" (Defoe 1719). Furthermore: the idea of an" "old european and catholic cheerfulness" ascribable to Vichian thought, will be shortly displaced by an image of a more modern Europe, that of Montesquieu's *Esprit des lois* of 1748, where "The point of departure of the foundation of Europe is identified in the total collapse of ancient civilization, between the 4th and 5th centuries A.D."[52]

The modern idea of Europe would be born here: from the Enlightenment representation masterfully outlined by Voltaire "of a society of the spirits", "an ensemble of States joined by a powerful cultural unity"; "it is on this Europe, that of artists, scholars, philosophers, and men of science, that Voltaire imposes the seal of autonomy, of a strong spiritual and cultural unity, and most of all distinct from the rest of the world". And if, as Alessia Scognamiglio writes, it can be believed that "it is at precisely this Voltairean idea of Europe intended as a republic of letters and "society of spirits" that it is possible to trace back the dedication of the 1725 *Scienza Nuova* that Vico makes "alle Accademie d'Europa" (Ibid.), "beyond the encomiastic gesture of gratification towards the cultural institutions with the hope of obtaining, apart from personal recognition, help in diffusing the work", this dedication "also responds, or perhaps responds most of all, to the intention on Vico's part of valorizing a type of 'community' and 'European' knowledge with this gesture, in which the most sensitive and open intellectuals of the 18th century would identify the strongest and most modern way of creating culture"[53].

Creating this image of Europe in cultural, scientific, and literary ferment, Vico should have recognized and shared its innovations, where instead he

52 Scognamiglio 2011, 86. It is interesting to note that where Montesquieu sees the break of a tradition and the origin of Europe, Curtius indicates a decisive moment of continuity for the already long-lived European "organism".

53 Ibid., 87. See (Battistini 2004b, 19–39). For a synthetic but dense reflection of the idea of Europe, see (Pioletti 2016, 9–30).

demonstrates on several occasions to oppose them with obstinate resistance. Modern literature remains alien to him: it is just that literature which begins at exactly that moment to call itself as such and which owes to perceiving and evaluating subject's emancipation from the external duress of standards, rules, and mimetic imperatives its condition of possibility (what will soon be called *Urteilskraft*). However, it is also true that Vico contributed considerably to this emancipation with his poetic logic and his sensitive topics. Perhaps then it might be possible to look again, to readjust that image of an irreversible break between ingenuous and sentimental, before and after, that the prevalent literary historiography seals with the notion of literary modernity. Between the first and the following one there is an intermediate zone, vast and multifaceted, that should not be underestimated, equally modern and nevertheless still tied by some restrictions on to the ancient examples: the baroque aesthetic with the accentuation of the meraviglia, that triggers the charge, from this point on dominating more and more, of the axiology of the new, and with the concettist emphasis concentrated on the role of the clever listener who joins the distant terms of metaphors and acuteness, filling the voids of enthymemes and of Degnità, thereby opening the way to the future aesthetic of the reception; the pastorals of Arcadia, yes, even those, through which a severe philosopher can nevertheless turn to a community of *letterati* and attempt to explain to them his own luminous *discoverte*.

Literaturverzeichnis

Agrimi (1969): M. Agrimi, *La lettera di Vico a Gherardo degli Angioli*, in (ed.), *Trimestre*, III.

Amoroso (2000): L. Amoroso, *Ratio & Aesthetica. La nascita dell'estetica e la filosofia moderna*, Pisa.

De Angelis 1730: G. De Angelis, *Rime scelte*. Firenze.

Bakhtin (2012): M. Bakhtin, "Slovo v romane; Roman, kak literaturnyj zhanr", in Bakhtin (Hg.), *Sobranie sochinenij, T. 3. Teorija romana* (1930–1961), Moskva, Jazyki slavjanskikh kul'tur.

Battistini (1990): Commento e note, in *O*.

Battistini (1995): A. Battistini, "Vico nella cultura retorica e filosofica del suo tempo", in Battistini (ed.), *La sapienza retorica di Giambattista Vico*, Napoli.

Battistini (1995b): A. Battistini, "I topoi autobiografici della Vita di Vico", in (ed.), *La sapienza retorica di Giambattista* Vico, Napoli.

Battistini (2004): A. Battistini, *Vico tra antichi e moderni*, Bologna.

Battistini (2004b): A. Battistini, "Un orizzonte europeo", in Battistini (ed.), *Vico tra antichi e moderni*, Bologna.

Baumgarten (2016): A. G. Baumgarten, „im Spannungsfeld zwischen Ästhetik, Logik und Ethik". in A. Hallerkamp, D. Mirbach (ed.), *Sonderheft 15 der Zeitschrift für Ästhetik und Allgemeine Kunstwissenschaft*, Hamburg.

Brioschi (1995): F. Brioschi, "Tradizione e modernità", in Brioschi e C. Di Girolamo (ed.), *Manuale di letteratura italiana. Storia per generi e problemi. V. III. Dalla metà del Settecento all'Unità d'Italia*, Torino.

Brioschi (2002): Brioschi, "La letteratura e il suo doppio", in Brioschi (ed.), *Critica della ragion poetica e altri saggi di letteratura e filosofia*, Torino.

Brioschi (2002b): F. Brioschi, "Assiologie della modernità", in Brioschi (ed.), *Critica della ragion poetica e altri saggi di letteratura e filosofia*, Torino.

Brioschi (2002c): F. Brioschi, „La grande trasformazione", in Brioschi (ed.), *Critica della ragion poetica e altri saggi di letteratura e filosofia*, Torino.

Brioschi (2008): F. Brioschi, "Editoriale. La modernità nel Duemila", in Brioschi (ed.), *La modernità letteraria*.

Cacciatore/Tessitore (1996–1997): G. Cacciatore-F. Tessitore, "Alcuni 'storicisti' tra "devoti" e iconoclasti" vichiani", in *BCSV* XXVI–XXVII.

Cacciatore/ Caianiello (1996–1997): G. Cacciatore – S. Caianiello, "Vico anti-moderno?", in *BCSV* XXVI–XXVII.

Calogerà (1728): "Progetto ai Letterati d'Italia per scrivere le loro vite, del Signor Conte Giovanartico di Porcìa", in A. Calogerà (ed.), *Raccolta d'opuscoli scientifici, e filologici*, Venezia, Zane, tomo I.

Capaci (2008): "L'Iliade infernale di Dante: Giambattista Vico", in Capaci (ed.), *Dante oscuro e barbaro. Commenti e dispute* (secoli XVII e XVII). Saggio introduttivo di A. Battistini, Roma.

Caron (1992): Ph. Caron, Des "belles-lettres" à la litérature: une archeologie des signes du savoir profane en langue française (1680–1760), *Bibliothèque de l'Information grammaticale*, Louvain-Paris.

Cavazza (2012): A. Cavazza, "Dalle biblioteche dei dotti alle toelette delle dame. La conversazione filosofica e scientifica nell'Italia dei lumi", in (ed.), *I castelli di Yale*.

Cristofolini (2001): P. Cristofolini, *Vico Pagano e barbaro*, Pisa.

Cristofolini (2006): P. Cristofolini, *Prefazione a G. Vico, La Discoverta del vero Omero seguita dal Giudizio sopra Dante*, a cura di P. Cristofolini, Pisa.

Croce (1950): B. Croce, "Dei filologi 'che hanno idee'", in (ed.), *Quaderni della critica* 16.

Curtius (1992): E. R. Curtius, *Letteratura europea e Medio Evo latino*, a cura di R. Antonelli, trad. it. di A. Luzzatto, M. Candela e C. Bologna, Firenze.

Curtius (1993): *E. R. Curtius, Europäische Literatur und lateinisches Mittelalter*, Tübingen und Basel.

(Defoe 1719): D. Defoe, *The Life and Strange Surprizing Adventures of Robinson Crusoe, of York, Mariner: Who lived Eight and Twenty Years all alone in an uninhabited Island on the Coast of America, near the Mouth of the Great River of Oroonoque; having been cast on Shore by Shipwrewck, where in all the Men perished but himself. With an Account how he was at last strangely deliver'd by Pyrates. Written by himself*. Printed for W. Taylor at the Ship in Pater-Noster Row, London.

Delon (1988): M. Delon, *L'idéé d'ënergie au tournant des Lumières* (1770–1820), Paris.

Diana (2013): R. Diana, *Configurazioni filosofiche di sé. Studi sull'autobiografia intellettuale di Vico e Croce*, Prefazione di G. Cacciatore, Roma.

Escarpit (1970): R. Escarpit, *Le litteraire et le social: Elements pour une sociologie de la litterature*, Paris.

De Franciscis (1984): A. De Franciscis, "Giambattista Vico e le catacombe napoletane", in (Hg.), *Sodalitas. Scritti in onore di Antonio Guarino*, Napoli.

Fubini (1965): M. Fubini, "Dalla prima alla seconda "Scienza nuova"", in Fubini (ed.), *Stile e umanità di Giambattista Vico. Seconda edizione con una appendice di nuovi saggi*, Milano-Napoli.

Fubini (1965b): M. Fubini, "Il mito della poesia primitiva e la critica dantesca di G. B. Vico", in Fubini (ed.), *Stile e umanità di Giambattista Vico. Seconda edizione con una appendice di nuovi saggi*, Milano-Napoli,

Guglielmi (2000): G. Guglielmi, "Canone classico e canone moderno", in Moderna, II.

Hume (1757): D. Hume, *Four Dissertations*, London.

Holquist (1981): M. Holquist, "Discourse in the Novel; Epic and Novel", in Holquist (ed.), *The Dialogic Imagination*, Texas.

Jauss (1967): H. R. *Jauss, Literaturgeschichte als Provokation der Literaturwissenschaft*, Konstanzer Universitätsreden, Nr. 3, Konstanz.

Kant (1995): E. Kant, *Critica della capacità di giudizio*, testo tedesco a fronte, a cura di L. Amoroso, vol. I, Milano.

Lilla (1993): M. Lilla, *Vico: the Making of an Anti-Modern*, Cambridge (Ma), London.

Lollini (1994): M. Lollini, *Le muse, le maschere e il sublime. G. B. Vico e la poesia nell'età della "ragione spiegata"*, Napoli.

Lomonaco (2009): F. Lomonaco, *Introduzione a G. Vico*, in *De rat.*

Luperini (2006): R. Luperini, *L'autocoscienza del moderno*, Napoli.

Nagy (2009): J. Nagy, "L'interpretazione vichiana di Dante", in (ed.), "*Quaderni Danteschi*" IV.

Nencioni (1988) G. Nencioni, "Corso e ricorso linguistico nella Scienza nuova", in (Hg.), *La lingua dei "Malavoglia" e altri scritti di prosa, poesia e memoria*, Napoli.

Nicolai (1759): F. Nicolai, *Briefe, die Neueste Litteratur betreffend*. I-ter Theil, Berlin.

Nicolini (1744): F. Nicolini, "Introduzione dell'editore" in G. Vico (ed.), *La Scienza nuova giusta l'edizione*.

Nicolini (1930): F. Nicolini, "Giambattista Vico epigrafista. Notizie storico-bibliografiche", in "Archivio storico per le province napoletane", nuova serie, anno XVI (1930), Napoli.

Paoli (1997): M. Paoli, "L'autore e l'editoria italiana del Settecento. Parte terza (I): i mecenati", in *Rara Volumina. Rivista di studi sull'editoria di pregio e il libro illustrato*.

Pioletti (2016): A. Pioletti, "La filologia romanza e l'idea di Europa", in *Le forme e la storia. Rivista di Filologia Moderna*. Dipartimento di Scienze Umanistiche, Università degli Studi di Catania.

Placella (2003): A. Placella, *Gravina e l'universo dantesco*, Napoli.

Quondam (1970): A. Quondam, "Il 'lavorar canzoni' del Vico: la poesia nell'età della 'ragione spiegata'" in *La rassegna della letteratura italiana* LXXIV.

Raulet (2016): G. Raulet, *Logica inventionis und epistemē esthetikē. Die leisen übergange eines bahnbrechenden unbruchs, in Schönes Denken. A. G. Baumgarten im Spannungsfeld zwischen Ästhetik, Logik und Ethik*. in A. Hallerkamp, D. Mirbach (ed.) *Sonderheft 15 der Zeitschrift für Ästhetik und Allgemeine Kunstwisseschaft*, eds A. Hallerkamp, D. Mirbach, Hamburg.

Robert (2009): Ernst Robert, "Curtius e l'identità culturale dell'Europa". In Atti del XXXVII Convegno Interuniversitario, Bressanone / Inssbruck.

Rossi (1969): P. Rossi, *Le sterminate antichità*. In *Studi vichiani*, Pisa.

Rossi (1981): P. Rossi, "Chi sono i contemporanei di Vico?", in *Rivista di Filosofia*, LXII.

Rossi (1999): P. Rossi, *Le sterminate antichità e nuovi saggi vichiani*, Firenze.

Scognamiglio (2011): A. Scognamiglio, „Una nota su Vico e il medioevo", in A. Sorrentino (ed.), *La cultura mediterranea nei Principi di Scienza nuova*, Roma.

Segre (1992): C. Segre, „Quei luoghi comuni che fecero l'Europa", in *Corriere della Sera*.

Sini (2005): S. Sini, *Figure vichiane. Retorica e topica della Scienza nuova*, Milano.

Spinazzola (2001): *La modernità letteraria*, Milano.

Spinazzola (2008): V. Spinazzola, "Editoriale. La modernità nel Duemila", in *La modernità letteraria* I.

Tedesco (2001): S. Tedesco, *L'estetica di Baumgarten*, Palermo.

Tessitore (2007): F. Tessitore, "Vico 'religioso e moderno'", in Tessitore (ed.), *Altri contributi alla storia e alla teoria dello storicismo*, Roma.

Trabant (1994): J. Trabant, *Neue Wissenschaft von alten Zeichen: Vicos Sematologie*, Frankfurt am Main.

Vallone (1996): A. Vallone, "Vico e il vichismo tra storici e letterati dinanzi a Dante", in Vallone (ed.), *Storia della letteratura meridionale*, Napoli.

Verdicchio (2007): M. Verdicchio, "Vico lettore di Dante", in (ed.), *Quaderni di Italianistica* XXVIII.

Visconti (2000): G. G. Visconti, *Scritti latini storici e d'occasione*, Napoli.

Vitale (1965): M. Vitale, *Leonardo di Capua e il capuismo napoletano*, in *ACME* XVIII.

Vitale (1986): M. Vitale, *L'oro della lingua. Contributi per una storia del tradizionalismo e del purismo italiano*, Milano-Napoli.

Vitale (2016); M. Vitale, *L'«autodidascalo» scrittore. La lingua della Scienza nuova di Giambattista Vico*, Roma.

Autorinnen und Autoren

Romana Bassi is Associate Professor of Moral Philosophy at the University of Padova. She received her PhD in Philosophy of religionfrom the University of Perugia and has been working at Padova since 2006. In recent years, she held visiting positions at St. Anne's College - Oxford, the Warburg Institute - London, and Boston University. She is the author of essays and volumes on Francis Bacon, Giambattista Vico, Jean-Jacques Rousseau, as well as on Eighteenth-century Venetian philosophical debates (Antonio Conti, Giuseppe Toaldo and Melchiorre Cesarotti).

Giuseppe Cacciatore is an Emeritus Professor at the University of the Studies of Naples "Federico II". Since the 1986 he has been national member of the "Moral and Political Sciences Academy of the national Sciences, Literature and Arts Society" in Naples. In the 1994 assumed the direction of the Centre of vichian Studies of the CNR of Naples. From the 2001 to the 2007 he was the Director of the Philosophy Department "A. Aliotta" of the University of Naples "Federico II". He has written essays and books on Dilthey, Humboldt, Droysen, Troeltsch, Cassirer, Rickert; he is author of recherches on the modern and contemporary Italian philosophy, comprehending books and essays on Vico, Cuoco and Ferrari, Colecchi, De Meis, Imbriani, Croce, Villari and Piovani; he has written essays on the contemporary Marxism, and the socialist and meridionalistic post-war Left; and he is author of studies on the contemporary Spanish and Latin-American philosophical culture and also on the philosophy of the inter-culturality.

Giuseppe D'Anna ist Professor für Geschichte der Philosophie an der Università Cattolica del Sacro Cuore di Milano. Er beschäftigt sich mit Themen und Problemen des modernen Rationalismus, der deutschen Ontologie des XX Jahrhunderts und mit interkultureller Philosophie. Wichtige Publikationen: Categories. Histories and Perspectives (2017), I dispositivi dell'immaginazione. L'interculturalità come memoria, identità e costruzione della realtà sociale (2017), Freiheit und Recht bei Spinoza (2016), Entre lo „proprio" y lo „ajeno". El concepto filosofico de Heimat en el pensamiento de Hölderlin (2016).

Antonino Falduto ist wissenschaftlicher Mitarbeiter am Seminar für Philosophie der Martin-Luther-Universität Halle-Wittenberg und Postdoctoral Research Fellow am Department of Philosophy der University of St. Andrews in Großbritannien, gefördert durch ein Feodor-Lynen-Forschungsstipendium der Alexander-von-Humboldt-Stiftung. Er studierte Philosophie in Pavia, Dublin,

Göttingen, Turin und Mainz und promovierte 2012 mit einer Arbeit zur Vermögenstheorie Kants und der Rolle des moralischen Gefühls in der menschlichen Handlung (die daraus entstandene Monographie *The Faculties of the Human Mind and the Case of Moral Feeling in Kant's Philosophy*, Berlin/Boston 2014, erschien 2016 als Paperback). Seine Lehr- und Forschungsschwerpunkte sind die Geschichte der Klassischen Deutschen Philosophie und der Schottischen Aufklärung.

Rossella Gaglione is graduated in Philosophy at the University of Naples "Federico II" with a thesis about the Improvisation in Vladimir Jankélévitch's works. Upon being awarded a diploma in Piano at the Conservatory of Avellino "D. Cimarosa", she's graduated in Musicology at the same Conservatory. She's currently a PhD student in Philosophy at the University of Naples. She has published articles and she has held conferences about musicological and philosophical themes. Her recent works include: *Virtù, virtuosità e virtuosismo. Il "circolo vizioso" di Vladimir Jankélévitch* (ISPF lab, 2018) and *Perché l'uomo (non) è un animale. A proposito di una monografia vichiana* («Bollettino del Centro di Studi Vichiani», A. XLVIII, 2018).

Giulio Gisondi has studied Philosophy at the University of Naples Federico II. He has a PhD from the University of Paris-Sorbonne and the University of Salento (Lecce, Italy). He has been a fellow of the Italian Institute for philosophical studies of Naples and the Warburg Institute of London, and a postdoctoral fellow of the Italian Institute for the historical studies of Naples. He is actually a fellow Georges and Pierre Regard at the Institute for the history of the Reform at the University of Geneva. He collaborates with the chair of history of modern philosophy at the University of Naples Federico II. His researches focuses on history of Renaissance philosophy and history of modern ideas, with a particular interest to the philosophy of Giordano Bruno and Giambattista Vico and the notion of *method* and *vinculum*.

Julia V. Ivanova is associate professor at the Department of General and Applied Philology at the Faculty of Humanities of the State University - Higher School of Economics (Moscow). She graduated from the Moscow State Pedagogical University with a thesis on Plato and Proust and obtained her PhD degree at the same university with a thesis on the exegesis in saint Augustin. She is an author of a series of books and articles, dedicated to the history of Neo-Latin literature in the Renaissance Italy, anti-Machiavellian early modern political writers, the history of the doctrines of method in the early modern intellectual culture. The collective monograph on the Quatrocento Italian

Renaissance literature one of main contributors she had been was awarded the Flaiano Prize (Premio Flaiano 2008, Italian Studies Prize).

Matthias Kaufmann, studierte Mathematik, Philosophie und Politische Wissenschaft. Promotion in Philosophie 1986 in Erlangen (Diss.: *Recht ohne Regel? Die philosophischen Prinzipien in Carl Schmitts Staats- und Rechtslehre*, Freiburg/München 1988). Habilitation 1992 (Habilitationsschrift: *Begriffe, Sätze, Dinge. Referenz und Wahrheit bei Wilhelm von Ockham*, Leiden/Köln 1994), seit 1995 Professur für Ethik an der Martin-Luther-Universität Halle-Wittenberg. 2005 Gastprofessur an der Universidade Estadual do Ceará in Fortaleza. Seit 2008 Sprecher der Graduate School Society and Culture in Motion (www.scm.uni-halle.de). Preise etc.: 1988 Heinz-Maier-Leibnitz-Preis, 2008 *Premio internazionale di saggistica „Valitutti"* der Provincia di Salerno, seit 2009 Mitglied in der *Academia di Scienze Morali e politiche* der *Società Nazionale di Scienze, Lettere e Arti a Napoli*. Neuere Buchveröffentlichungen: *Recht*, Berlin/Boston 2016; Hrsg. (mit H.Stefan) *Architektur des Lebens: Das Alter*, Frankfurt/M. 2017.

Stefan Knauß (*1983) studierte Politikwissenschaft, Medien- und Kommunikationswissenschaft und Philosophie in Halle, Catania und Parma (2003–2009). Er promovierte mit der Arbeit Von der Conquista zur Responsibility while Protecting an der Martin-Luther-Universität Halle-Wittenberg (2015). Seit 2017 ist er Wissenschaftlicher Mitarbeiter am Seminar für Philosophie an der Universität Erfurt. Seine Arbeitsschwerpunkte sind Rechtsphilosophie (insbesondere Menschenrechte und Humanitäre Interventionen), Interkulturelle Philosophie & Dekoloniales Denken (insbesondere Lateinamerika) und Umweltethik.

Fabrizio Lomonaco is Full Professor of History of Philosophy at the University of Naples "Federico II". From the 2007 to the 2012 he was the Director of the Philosophy Department "A. Aliotta" of the University of Naples "Federico II". He is President of the Interuniversity Consortium "Mediterranean Civilization" and Vice President of the Italian Society of the History of Philosophy. He directs the periodicals "Civiltà del Mediterraneo" (Naples) and "Logos" (Naples). He is the author of more than 500 publications devoted to the seventeenth-and eighteenth-century Dutch juridical and philosophical culture. He has cultivated specific interests of study on Descartes and Vico, Caloprese and Gravina and about Vico's school in Southern Italy from Metastasio and Spinelli, Filangieri and Pagano. His most recent works include the monographs on *Tracing the Path of Giambattista Vico's Universal Right* (Milan-Udine, 2017); *Il vichismo di Francesco De Sanctis* (Naples, 2017) and *I sentieri di Astrea. Studi intorno al Diritto universale di Giambattista Vico* (Rome, 2018).

Claudia Megale has received her Ph.D. in Philosophical Sciences at the University of Naples "Federico II". She has published articles on Vico and Cassirer, Descartes and Galileo, Jaspers and Piovani about the themes of language between psychology and literature. In particular she has published essays and monografs on *Esplorando la coscienza. Filosofia, psicologia e letteratura in Pietro Piovani* (Rome, 2013) and on *Con Vico nei «sotterranei dell'anima»*, afterwords to G. Vico, *De Antiquissima italorum sapientia con gli Articoli del «Giornale de' Letterati d'Italia» e le Risposte del Vico* (Naples, 2013). Her recent works include monographs on Vico, *Latenze vichiane* (Rome, 2015) and *Ricerche vichiane* (Rome, 2016) and essays on Vico's *Universal Right*

Dominik Recknagel (Dr phil. 2009) has studied Philosophy and History at Halle University (Germany). He was coordinator of a project on European natural law theories at Halle University. His publications include a monograph on the natural law theories of Suárez and Grotius (2010) and several articles on natural law in Spanish scholasticism and in early modern, especially German, debates.

Stefania Sini is Associate professor of Comparative literature and Italian literature at the University of Eastern Piedmont (Vercelli, Italy). Her researches deal on Giambattista Vico (*Figure vichiane. Retorica e topica della Scienza nuova*, Milano, 2005), history of rhetorics, literary criticism and the anthropology of literature. She works also on Russian thought and theory of literature of the first decades of the twentieth century, especially on Mikhail Bakhtin (*Michail Bachtin. Una critica del pensiero dialogico*, Roma, 2011) and Russian formalism (*Contrasti di forme. Boris Èjchenbaum teorico della letteratura*, Milano, 2018).

Pavel V. Sokolov is associate professor at the School of Philosophy at the Faculty of Humanities and a leading research fellow of the Poletayev Institute of Historical and Theoretical Studies in the Humanities of the State University - Higher School of Economics (Moscow). He graduated from the Lomonosov State University of Moscow in 2009 with a thesis on the Latin reception of Moses Maimonides' and obtained his PhD degree at the Higher School of Economics with a thesis on the problem of certainty in the Late Medieval and Early Modern Biblical hermeneutics. He is an author of a series of articles and two books, dedicated to the history of Biblical hermeneutics, early modern political thought, early modern history of medicine, history of the doctrines of method in 16th – 17th centuries political science.

Personenverzeichnis

Treffpunkt Philosophie

Herausgegeben von Matthias Kaufmann, Dieter Birnbacher,
Jan C. Joerden, Wolfgang Kersting, Peter Koller, Georg Lohmann,
Georg Mohr, Joachim Renzikowski, Wilhelm Vossenkuhl

Band 1 Matthias Kaufmann (Hrsg.): Recht auf Rausch und Selbstverlust durch Sucht. Vom Umgang mit Drogen in der liberalen Gesellschaft. 2003.

Band 2 Georg Lohmann (Hrsg.): Demokratische Zivilgesellschaft und Bürgertugenden in Ost und West. 2003.

Band 3 Matthias Kaufmann (Hrsg.): Wahn und Wirklichkeit – Multiple Realitäten. Der Streit um ein Fundament der Erkenntnis. 2003.

Band 4 Matthias Kaufmann / Joachim Renzikowski (Hrsg.): Zurechnung als Operationalisierung von Verantwortung. 2004.

Band 5 Matthias Kaufmann / Lukas Sosoe (Hrsg.): Gattungsethik – Schutz für das Menschengeschlecht? 2005.

Band 6 Sibylle Plunger: Patientenautonomie und Willensfreiheit im Umfeld der Gerontopsychiatrie. Über die praktische Realisierbarkeit philosophischer Denkansätze in der Medizin. 2007.

Band 7 Arne Moritz / Harald Schwillus (Hrsg.): Gartendiskurse. Mensch und Garten in Philosophie und Theologie. 2007.

Band 8 Matthias Kaufmann / Robert Schnepf (Hrsg.): Politische Metaphysik. Die Entstehung moderner Rechtskonzeptionen in der Spanischen Scholastik. 2007.

Band 9 Andrés Eduardo Saldarriaga Madrigal: Person und Gerechtigkeit. Der systematische Zusammenhang von Personenkonzeption und Gerechtigkeitsphilosophie. 2009.

Band 10 Dominik Recknagel: Einheit des Denkens trotz konfessioneller Spaltung. Parallelen zwischen den Rechtslehren von Francisco Suárez und Hugo Grotius. 2010.

Band 11 André Gursky: Rechtspositivismus und konspirative Justiz als politische Strafjustiz in der DDR. 2011.

Band 12 Sebastian Schnelle: Im Namen Allahs? Gewaltrechtfertigungsstrategien islamischer Fundamentalisten aus westlicher Perspektive. 2013.

Band 13 Chun-yip Lowe: Zum ewigen Frieden: Die Theorie des Völkerrechts bei Kant und Rawls. 2015.

Band 14 Stefan Knauß: Von der Conquista zur Responsibility while Protecting. Die Debatte zur humanitär gerechtfertigten Kriegsführung aus lateinamerikanischer Perspektive. 2016.

Band 15 Matthias Kaufmann / Hermann Stefan (Hrsg.): Architektur des Lebens – Das Alter. Eine interdisziplinäre Studie. 2017.

Band 16 Giuseppe Cacciatore / Matthias Kaufmann / Fabrizio Lomonaco (Hrsg.): Zwischen Sprache und Geschichte. Vicos Methode beim Umgang mit Recht und Naturrecht. 2020.

www.peterlang.com

www.ingramcontent.com/pod-product-compliance
Ingram Content Group UK Ltd.
Pitfield, Milton Keynes, MK11 3LW, UK
UKHW041827100926
8556IPUK00002B/56

9 783631 787335